utb 5702

AF810390

Eine Arbeitsgemeinschaft der Verlage

Brill | Schöningh – Fink · Paderborn
Brill | Vandenhoeck & Ruprecht · Göttingen – Böhlau · Wien · Köln
Verlag Barbara Budrich · Opladen · Toronto
facultas · Wien
Haupt Verlag · Bern
Verlag Julius Klinkhardt · Bad Heilbrunn
Mohr Siebeck · Tübingen
Narr Francke Attempto Verlag – expert verlag · Tübingen
Psychiatrie Verlag · Köln
Psychosozial-Verlag · Gießen
Ernst Reinhardt Verlag · München
transcript Verlag · Bielefeld
Verlag Eugen Ulmer · Stuttgart
UVK Verlag · München
Waxmann · Münster · New York
wbv Publikation · Bielefeld
Wochenschau Verlag · Frankfurt am Main

Prof. Dr. Margareta Kulessa lehrt Volkswirtschaftslehre an der Hochschule Mainz.

Maruan El-Mohammed, M.Sc. ist wissenschaftlicher Mitarbeiter an der Hochschule Mainz.

Margareta Kulessa / Maruan El-Mohammed

Mikroökonomie und Wettbewerb: Soziale Marktwirtschaft verstehen

Mit eLearning-Kurs

2., vollständig überarbeitete und erweiterte Auflage

UVK

Umschlagabbildung: © AdrianHancu · iStock

Bibliografische Information der Deutschen Nationalbibliothek
Die Deutsche Nationalbibliothek verzeichnet diese Publikation in der Deutschen Nationalbibliografie; detaillierte bibliografische Daten sind im Internet über http://dnb.dnb.de abrufbar.

2., vollständig überarbeitete und erweiterte Auflage 2025
1. Auflage 2021

DOI: https://doi.org/10.36198/9783838563770

© UVK Verlag 2025
– Ein Unternehmen der Narr Francke Attempto Verlag GmbH + Co. KG
Dischingerweg 5 · D-72070 Tübingen

Das Werk einschließlich aller seiner Teile ist urheberrechtlich geschützt. Jede Verwertung außerhalb der engen Grenzen des Urheberrechtsgesetzes ist ohne Zustimmung des Verlages unzulässig und strafbar. Das gilt insbesondere für Vervielfältigungen, Übersetzungen, Mikroverfilmungen und die Einspeicherung und Verarbeitung in elektronischen Systemen.

Alle Informationen in diesem Buch wurden mit großer Sorgfalt erstellt. Fehler können dennoch nicht völlig ausgeschlossen werden. Weder Verlag noch Autor:innen oder Herausgeber:innen übernehmen deshalb eine Gewährleistung für die Korrektheit des Inhaltes und haften nicht für fehlerhafte Angaben und deren Folgen. Diese Publikation enthält gegebenenfalls Links zu externen Inhalten Dritter, auf die weder Verlag noch Autor:innen oder Herausgeber:innen Einfluss haben. Für die Inhalte der verlinkten Seiten sind stets die jeweiligen Anbieter oder Betreibenden der Seiten verantwortlich.

Internet: www.narr.de
eMail: info@narr.de

Einbandgestaltung: siegel konzeption | gestaltung
Druck: Elanders Waiblingen GmbH

utb-Nr. 5702
ISBN 978-3-8252-6377-5 (Print)
ISBN 978-3-8385-6377-0 (ePDF)
ISBN 978-3-8463-6377-5 (ePub)

FSC www.fsc.org MIX Papier | Fördert gute Waldnutzung FSC® C016368

Inhalt

Vorwort zur 2. Auflage

Die 2. Auflage unseres Lehrbuchs hat uns erlaubt, vereinzelte Fehler und Ungenauigkeiten der 1. Auflage zu korrigieren, verschiedene Ausführungen zu präzisieren sowie die eine oder andere Angabe zu aktualisieren. Außerdem finden sich in der nun vorliegenden Auflage einige neue Absätze, etwa zur Problematik gesellschaftlicher Indifferenzkurven, zu den Herausforderungen an die Soziale Marktwirtschaft und zur 11. Novelle des Gesetzes gegen Wettbewerbsbeschränkungen.

Unser Dank gebührt erneut *Ali Saif* für die Überarbeitung von Abbildungen und für das gewissenhafte Korrekturlesen. Für die sehr hilfreiche Diskussion modelltheoretischer Zusammenhänge danken wir *Agnes Sputek*. Ebenso möchten wir uns bei *Carsten Kühl* für seine wertvollen Anregungen zum Teil B des Lehrbuchs bedanken. Schließlich gilt unser Dank unserem Lektor *Rainer Berger* für die unkomplizierte und freundliche Zusammenarbeit. Es versteht sich von selbst, dass alle – leider nie auszuschließenden – verbleibenden Fehler allein uns anzulasten sind.

Mainz, im April 2025

Margareta Kulessa und Maruan El-Mohammed

Vorwort zur 1. Auflage

„Mikroökonomie und Wettbewerb: Soziale Marktwirtschaft verstehen“ ist der Versuch, unsere Lehrveranstaltungen zur Mikroökonomie und zur Einführung in die Volkswirtschaftslehre an der Hochschule Mainz in ein Buch zu gießen. Es ist speziell für Bachelor-Studierende der Betriebswirtschaftslehre und des Wirtschaftsrechts gedacht, aber auch für Studierende nicht-wirtschaftswissenschaftlicher Disziplinen, die sich mit der Funktionsweise von Gütermärkten bzw. der Wirtschafts- und Wettbewerbsordnung der Bundesrepublik Deutschland vertraut machen möchten.

Das Buch beginnt mit einer Einführung, die zu lesen wir allen empfehlen, bevor sie sich den anschließenden drei Teilen zuwenden.

- **Teil A** erklärt das neoklassische mikroökonomische Grundmodell der „vollständigen Konkurrenz“ und zeigt, dass ein freier Markt unter bestimmten Annahmen zum größtmöglichen Wohlstand führt.
- **Teil B** erläutert die wirtschaftspolitische Konzeption der Sozialen Marktwirtschaft, welche Freiheit und größtmöglichen Wohlstand nur für möglich hält, wenn ein sozialpolitischer Ausgleich herbeigeführt wird und die Märkte durch einen wettbewerbs- und ordnungspolitischen Rahmen eingehegt werden.
- **Teil C** hat die Theorie und Politik des Wettbewerbs zum Gegenstand, die sich vor langem von der neoklassischen Preistheorie emanzipiert haben. Sie befassen sich vorrangig mit der Frage, welche rechtliche Schranken den Unternehmen vorgegeben werden sollten, damit der Wettbewerb seine Funktionen entfalten und zu möglichst großem Wohlstand führen kann.

Grundsätzlich bedarf es zum Verständnis eines Teils nicht des Studiums eines anderen Teils. Wir haben uns mit anderen Worten bemüht, das Buch modular aufzubauen. Gleichwohl finden sich Querverweise im Text, sodass Interessierte die Zusammenhänge verfolgen können.

Für die Unterstützung bei der Erstellung dieses Lehrbuchs danken wir sehr herzlich *Ali Saif* und *David Kulessa.* Ali ist Student des Wirtschaftsrechts und gab uns viele wertvolle Hinweise, die in unsere Überarbeitung des Teils A eingeflossen sind. David ist Student der Publizistik und seine hilfreichen Anmerkungen zu Teil B dürften dessen Verständlichkeit spürbar erhöht haben. Außerdem danken wir unserem Lektor *Rainer Berger* dafür, dass er uns motiviert, mit viel Geduld begleitet und den (kritischen) Überblick behalten hat. Alle im Buch verbliebenen Fehler sind selbstverständlich uns anzulasten.

Wir danken außerdem unseren Familien, die uns stets bestärkt und unterstützt haben, obwohl wir sie während des Entstehens dieses Lehrbuchs gewiss vernachlässigt haben.

Abschließend hoffen wir auf Verständnis, dass wir aus Gründen der besseren Lesbarkeit auf einen geschlechtergerechten Sprachgebrauch („gendern“) in weiten Teilen verzichtet haben. Wir verwenden ausschließlich die männliche Form immer dann, wenn es um Anbieter, Nachfrager, Produzenten und Konsumenten geht.

Mainz im Juli 2021
Margareta Kulessa und Maruan El-Mohammed

Abkürzungen

Abb. | Abbildung
AEUV | Vertrag über die Arbeitsweise der Europäischen Union
BD | Blu-ray Disc
BIP | Bruttoinlandsprodukt
BKartA | Bundeskartellamt
BNetzA | Bundesnetzagentur
BWL | Betriebswirtschaftslehre
CDU | Christlich Demokratische Union Deutschlands
c. p. | ceteris paribus
CSU | Christlich-Soziale Union in Bayern
DDR | Deutsche Demokratische Republik
DK | Durchschnittskosten
DVD | Digital Versatile (Video) Disc
EU | Europäische Union
EuGH | Europäischer Gerichtshof
F&E | Forschung und Entwicklung
FDP | Freie Demokratische Partei
Fkt. | Funktion
FKVO | EU-Fusionskontrollverordnung
GG | Grundgesetz
GRS | Grenzrate der Substitution
GRT | technische Grenzrate der Transformation
GVO | Gruppenfreistellungsverordnungen
GWB | Gesetz gegen Wettbewerbsbeschränkungen
HHI | Herfindahl-Hirschman-Index
Pkt. | Punkt
PMK | Produktionsmöglichkeitenkurve
RS | Rate der Substitution
SGB | Sozialgesetzbuch
SIEC | Significant Impediment to Effective Competition
SPD | Sozialdemokratische Partei Deutschlands
SSNIP | Small But Significant Non-Transitory Increase In Price

Std. | Stunden
SVE | Struktur-Verhaltens-Ergebnis
UWG | Gesetz gegen unlauteren Wettbewerb
VWL | Volkswirtschaftslehre

Einführung | Begriffliche Grundlagen und Wirtschaftssysteme

eLearning-Kurs | Zu diesem Kapitel werden Single- und Multiple-Choice-Fragen angeboten. Der folgende Link oder der QR-Code führen Sie zu den Fragen.

https://narr.kwaest.io/s/1326

1 Begriffe und Abgrenzungen

1.1 Volkswirtschaftslehre

Die **Volkswirtschaftslehre** befasst sich mit der Darstellung, Erklärung und Untersuchung wirtschaftlicher Zusammenhänge. Sie wird auch als Nationalökonomie bezeichnet.

Wirtschaften ist der Umgang mit knappen Mitteln zur Erfüllung von Bedürfnissen. Ziel menschlichen Wirtschaftens ist es, das Spannungsverhältnis zwischen begrenzt verfügbaren Gütern und unbegrenzten Bedürfnissen zu verringern.

Güter sind Mittel, die zur Befriedigung menschlicher Bedürfnisse geeignet sind. Man unterscheidet zwischen **knappen** und **freien Gütern**, wobei nur erstgenannte der Bewirtschaftung bedürfen, da zweitgenannte per definitionem im Überfluss vorhanden sind. Beispiele für die relativ seltenen freien Güter sind Sand in der Wüste und Salzwasser auf dem Meer. Luft ist hingegen ein Gut, das in früherer Zeit zwar oftmals als Beispiel für ein freies Gut angeführt wurde. Aber heutzutage konkurrieren vielerorts verschiedene Akteure wie z. B. die Luftschadstoffe emittierende Industrie, die Autofahrer und die atmenden Menschen bei der Nutzung des nunmehr knappen Gutes „saubere Luft".

Effektives Wirtschaften orientiert sich am **ökonomischen Prinzip**, d. h. das Verhältnis von Bedürfnisbefriedigung zum Mitteleinsatz soll so groß wie möglich sein. Das Prinzip lässt sich entweder als **Maximalprinzip** (maximale Zielerreichung mit gegebenen Mitteln erreichen) oder als **Minimalprinzip** (gegebenes Ziel mit minimalen Mitteln erreichen) operationalisieren. Ein Beispiel aus dem Fitnessbereich wäre, entweder einen höchstmöglichen Muskelanteil mit 4 Std. wöchentlichen Trainings aufzubauen (Maximalprinzip) oder einen bestimmten Muskelanteil mit möglichst wenigen Trainingsstunden zu erzielen (Minimalprinzip).

Bei der **Volkswirtschaftslehre (VWL)** steht im Unterschied zur **Betriebswirtschaftslehre (BWL)** nicht die Perspektive eines einzelnen Unternehmens im Mittelpunkt, sondern die VWL betrachtet **Märkte** von außen. Gelegentlich wird dies so umschrieben, dass die BWL die Froschperspektive einnimmt, während die VWL das wirtschaftliche Geschehen aus der Vogelperspektive betrachtet.

Ein **Markt** ist der **analytische Ort des Zusammentreffens von Angebot und Nachfrage.** Beispiele sind Märkte für Waren, Dienstleistungen, Produktionsfaktoren (Arbeit, Realkapital, Boden) oder Geld. Der Begriff des Orts ist hier nicht im physischen, sondern im abstrakten Sinne gemeint. Freilich existieren Märkte, die tatsächlich an einem geografischen Ort stattfinden, so etwa Floh- und Wochenmärkte. Die meisten Märkte sind jedoch durch geografisch gestreute Anbieter und Nachfrager charakterisiert. Auf virtuellen Märkten findet der Tausch der Leistung an gar keinem geografischen Ort statt; Beispiele sind Online-Finanzdienstleistungen und Datingportale.

Die Volkswirtschaftslehre gliedert sich in die **Wirtschaftstheorie** und die **Wirtschaftspolitik**. Die **Wirtschaftstheorie** versucht, wirtschaftliche Zusammenhänge zu erklären. Beispielsweise widmet sie sich der Frage, welche Wirkungen von einem Preisanstieg für Tabak ausgehen. Somit geht es um die Herleitung von Ursache-Wirkungs-Zusammenhängen. Idealerweise ist die Wirtschaftstheorie werturteilsfrei, weswegen sie auch zur **positiven Theorie** gezählt wird.

Die **Wirtschaftspolitik** geht hingegen von einem Ziel (einer Norm) aus und fragt, ob und wie sich dieses Ziel erreichen lässt. Entsprechend gilt sie als **normative Theorie**. Die Wirtschaftspolitik bedient sich der Kausalaussagen der Wirtschaftstheorie, um Mittel für die Zielerreichung zu identifizieren. Wenn zum Beispiel die Wirtschaftstheorie zeigt, dass ein Anstieg des Tabakpreises zu einem Rückgang des Tabakkonsums führt, dann ergibt sich der wirtschaftspolitische Schluss: Wenn ein Rückgang des Tabakkonsums angestrebt wird, lässt sich dieser durch eine Verteuerung von Tabak erreichen.

Eine gängige Einteilung der **Volkswirtschaftslehre** und insbesondere der Wirtschaftstheorie ist die in **Mikroökonomie** und **Makroökonomie**. Der wesentliche Unterschied zwischen beiden ist das Aggregationsniveau. In der **Mikroökonomie** geht es typischerweise um die Analyse eines Marktes für ein Gut wie z. B. Eiskrem. Demgegenüber geht es in der **Makroökonomie** um die gesamte Volkswirtschaft. Es werden **gesamtwirtschaftliche Märkte** betrachtet. Ein Beispiel ist der gesamtwirtschaftliche Gütermarkt, auf dem die Nachfrage nach allen Gütern der privaten Haushalte, Unternehmen, des Staates und des Auslandes auf das Güterangebot aller einheimischen Produzenten trifft.

1.2 Volkswirtschaft

Eine **Volkswirtschaft** ist die **Summe aller Einzelwirtschaften** in einem abgegrenzten Raum. Beispiele für eine Volkswirtschaft sind Deutschland, China und die USA. Der Begriff der Volkswirtschaft ist indes nicht einzig für Staaten reserviert, sondern wird auch für größere Einheiten (z. B. Eurozone oder Europäische Union) und für kleinere Einheiten (z. B. Bayern, Texas) verwendet. Dabei gibt es keine einheitlichen Kriterien dafür, wann von einer Volkswirtschaft, einer Regional- oder von einer Lokalwirtschaft gesprochen wird. Vielmehr erfolgt dies teils „intuitiv". Beispielsweise erscheint es plausibel, über Grönland als Volkswirtschaft zu sprechen, aber kaum jemand würde Köln als Volkswirtschaft bezeichnen – obwohl Kölns Wertschöpfung und Bevölkerungszahl ein Vielfaches betragen.

Die **Einzelwirtschaften** in einer Volkswirtschaft sind die privaten Haushalte, die Unternehmen und der Staat. Die Abgrenzung von Einzelwirtschaften erfolgt nach funktionalen und nicht nach personellen Gesichtspunkten. Zum Beispiel ist der private Haushalt dadurch definiert, dass er konsumiert und Produktionsfaktoren für den Produktionsprozess zur Verfügung stellt; ein Unternehmen ist aufgrund seiner Funktionen des Produzierens, Investierens und der Nachfrage nach Produktionsfaktoren als solches definiert. Anstelle von Einzelwirtschaften wird auch von Wirtschaftssubjekten gesprochen. Ein **Wirtschaftssubjekt** ist die kleinste Wirtschaftseinheit, die selbständig wirtschaftliche Pläne aufstellt und ökonomische Entscheidungen trifft. Wirtschaftssubjekte können natürliche oder juristische Personen sein. Sie können aus einer Person (z. B. Singlehaushalt) oder mehreren Personen (z. B. Familie, Mehrpersonenunternehmen) bestehen.

2 Das gesellschaftliche Allokationsoptimum (Wohlfahrtsoptimum)

Ausgangspunkt ist eine Volkswirtschaft mit gegebenen Ressourcen. Aus ökonomischer Sicht sollte nun derart gewirtschaftet werden, dass mit gegebenem Input der maximale Output realisiert wird (Maximalprinzip). Die **Produktionsfaktoren** (z. B. Arbeit, Sach- und Naturkapital) stellen den **Input** dar. Der für die Menschen letztlich relevante **Output** ist der Nutzen, der aus den erstellten Gütern erwächst. Unter Nutzen wird in der VWL so etwas wie das Wohlergehen bzw. die Zufriedenheit verstanden. Üblicherweise wird unterstellt, dass der Nutzen eines Individuums steigt, wenn sein Konsum um eine Gütereinheit – bei ansonsten unveränderten Bedingungen – zunimmt. Außerdem wird angenommen, dass der Mehrkonsum einer Einheit eines Gutes einen umso geringeren Nutzenzuwachs stiftet, je höher der Konsum dieses Gutes bereits ist (→ Teil A | Kap. 3.1). Da hier eine gesamte Volkswirtschaft und somit eine Gesellschaft betrachtet wird, geht es indes nicht um die Maximierung des Nutzens eines Einzelnen, sondern um eine Maximierung des gesellschaftlichen Nutzens. Der gesellschaftliche Nutzen wird auch als **Wohlfahrt** bezeichnet. Ziel sollte es also sein, die verfügbaren Produktionsfaktoren so einzusetzen, dass eine höchstmögliche Wohlfahrt erreicht wird.

Die Art und Weise, auf welche Ressourcen und Güter einer Verwendung zugeführt werden, wird **Allokation** genannt. Allokation ist eines der wenigen Fremdwörter, auf die in der Volkswirtschaftslehre nur schwer verzichtet werden kann. Allokation geht auf das Lateinische *locare* bzw. *allocare* zurück, was in etwa „einen Platz zuweisen" bedeutet. Es gibt zum einen die „Platzierung" von Produktionsfaktoren (Faktorallokation) und zum anderen von Gütern (Güterallokation). Dabei kann die Allokation auf unterschiedlichen Wegen erfolgen, etwa im Zuge einer Zuweisung durch eine Person/Organisation oder z. B. auf rein marktwirtschaftliche Weise, sprich durch den Marktpreismechanismus.

Bei der **Faktorallokation** geht es um die Frage, auf welche Unternehmen bzw. Branchen die vorhandenen Produktionsfaktoren wie Arbeit und Kapital in welchen Mengen aufgeteilt werden und wie sie im Produktionsprozess eingesetzt und kombiniert werden. Eine Faktorallokation ist effizient, wenn mit den verfügbaren Produktionsfaktoren die größtmögliche Menge an Gütern erstellt wird, also keine Verschwendung stattfindet.

Unter **Güterallokation** wird hier die „Zuteilung" der produzierten Güter auf die Konsumenten verstanden. Die Güterallokation einer gegebenen Menge an knappen Gütern ist effizient, wenn sich der durch sie gestiftete Nutzen nicht mehr steigern lässt.

Ein **Allokationsoptimum** einer Volkswirtschaft bezeichnet entsprechend einen Zustand, in welchem die gesamtwirtschaftliche Allokation der Faktoren und Güter effizient ist. Solch ein gesellschaftliches Allokationsoptimum wird häufig auch als **Wohlfahrtsoptimum** bezeichnet (seltener: Wohlstandsoptimum).

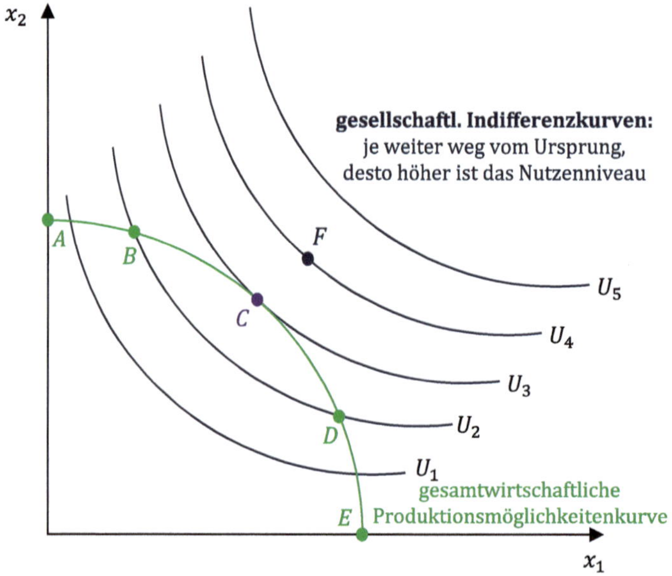

Abb. 1: Das Allokationsoptimum

In → Abb. 1 ist solch ein **gesellschaftliches Allokationsoptimum** grafisch dargestellt. Dabei wird angenommen, dass in der Volkswirtschaft nur zwei Güter bzw. Güterbündel produziert werden können. Die Menge des einen Gutes (x_1) ist auf der Abszisse abgetragen und die Menge des anderen Gutes (x_2) auf der Ordinate. Darüber hinaus werden weitere, teils äußerst restriktive Annahmen getroffen. Es wird an dieser Stelle jedoch nicht auf alle Annahmen eingegangen, da es hier nicht um die Herleitung der Graphen geht, sondern die Abbildung lediglich als didaktisches Mittel zur Veranschaulichung verwendet wird.

Die **Produktionsmöglichkeitenkurve** (PMK) umschließt die Fläche aller Kombinationen von x_1 und x_2, die mit den verfügbaren Ressourcen produziert werden können. Sie wird auch als **Transformationskurve** bezeichnet. Alle Güterkombinationen, die auf der PMK liegen, verkörpern eine effiziente Faktorallokation. Es kann z. B. nur das Gut x_1 (Pkt. *E*), nur das Gut x_2 (Pkt. *A*) oder eine Kombination aus beiden Gütern (z. B. Pkt. *B*, *C* oder *D*) produziert werden. Alle Punkte unterhalb der PMK repräsentieren eine ineffiziente Produktion, denn mit den gegebenen Ressourcen könnten mehr Einheiten des einen Gutes produziert werden, ohne die Produktion des anderen Gutes reduzieren zu müssen. Güterkombinationen oberhalb der PMK wie z. B. *F* sind indes mit den verfügbaren Ressourcen nicht realisierbar.

In ⟶ Abb. 1 ist außer der PMK eine Schar von Kurven eingezeichnet, die sich den Achsen asymptotisch annähern. Diese Kurven werden als Indifferenzkurven bezeichnet. Eine **Indifferenzkurve** ist der geometrische Ort aller Güterkombinationen, deren Konsum den gleichen Nutzen generiert. Der zum Ursprung konvexe Verlauf der Indifferenzkurven resultiert aus der Annahme, dass der zusätzliche Nutzen, den eine weitere Einheit eines Gutes stiftet, umso geringer ist, je mehr von diesem Gut bereits konsumiert wird. Folglich bleibt das Nutzenniveau nur dann konstant, wenn bei steigendem Konsum des einen Gutes (x_1) der Rückgang im Konsum des anderen Gutes (x_2) immer kleiner wird. Je weiter weg eine Indifferenzkurve vom Ursprung des Koordinatenkreuzes entfernt ist, desto höher ist das Nutzenniveau. Das liegt an der Annahme, dass der Nutzen mit zunehmendem Güterkonsum steigt. Jeder Punkt rechts oder oberhalb einer Indifferenzkurve impliziert ein Mehr des einen Gutes, ohne dass die konsumierte Menge des anderen Gutes weniger wird. Ergo repräsentiert eine Indifferenzkurve ein umso höheres Nutzenniveau, je weiter sie vom Ursprung entfernt liegt. Die Annahme des steigenden Nutzens bei zunehmendem Konsum erklärt auch, warum sich Indifferenzkurven nicht schneiden. Es muss unterschieden werden zwischen **individuellen Indifferenzkurven** und **gesellschaftlichen Indifferenzkurven** (auch soziale Indifferenzkurven genannt). Das dargestellte System gesellschaftlicher Indifferenzkurven gilt im Wesentlichen nur, wenn von einer **vorgegebenen Einkommensverteilung** ausgegangen wird.

Mit diesen Einschränkungen lässt sich das gesellschaftliche **Allokationsoptimum** in ⟶ Abb. 1 zeichnerisch bestimmen. Es liegt im Punkt *C*, dem Tangentialpunkt von PMK und Indifferenzkurve U_3. In *C* ist ein Zustand erreicht, in dem bei gegebener Ausgangsverteilung die größtmögliche Wohlfahrt generiert wird. Das heißt, dass es die Begrenztheit der verfügbaren Ressourcen nicht zulässt, dass allein durch eine Umstrukturierung der Produktion eine höher gelegene Indifferenzkurve erreicht wird. Es ist indes zu beachten, dass dies nur eines von vielen denkbaren Optima darstellt, da es im Wesentlichen nur für eine bestimmte Ausgangsverteilung gilt. Als nächstes soll behandelt werden, wie wahrscheinlich es ist, dass ein **Wirtschaftssystem** in solch ein Wohlfahrtsoptimum gelangt.

➲ Die Verläufe der **Produktionsmöglichkeitenkurven und der individuellen Indifferenzkurven** sowie die sich dahinter verbergenden Annahmen werden in Teil A dieses Lehrbuchs hergeleitet (⟶ Kap. 3.2 u. 4.2).

Exkurs | Zur Problematik gesellschaftlicher Indifferenzkurven

Indifferenzkurven sind ein weithin akzeptiertes Instrument, um den Nutzen eines Individuums in Abhängigkeit seines Konsums zweier Güter(-bündel) abzubilden (⟶ Teil A | Kap. 3.2). In ⟶ Abb. 1 finden sich jedoch keine individuellen, sondern sog. gesellschaftliche Indifferenzkurven (auch soziale Indifferenzkurven genannt). Somit wird hier unterstellt, dass sich jeder Güterkombination ein eindeutiges Niveau gesellschaftlicher Wohlfahrt zuordnen lässt. Das ist zugegebenermaßen eine sehr gewagte Annahme, da u. a. so getan wird, als sei die Verteilung der durch einen Punkt dargestellten Güterkombination auf die einzelnen Gesellschaftsmitglieder irrelevant für das Wohlfahrtsniveau. Das ist jedoch kaum vorstellbar: Angenommen, es gäbe vereinfacht nur zwei Gesellschaftsmitglieder (W und M) und es würde ein Punkt auf einer Indifferenzkurve betrachtet. Dieser Punkt stellt bestimmte Mengen von Gut x_1 und Gut x_2 dar, von denen sowohl M als auch W einen Teil konsumieren. Dann impliziert solch eine gesellschaftliche Indifferenzkurve, dass es für den Nutzen der Gesellschaft völlig unerheblich sei, wenn W bspw. eine gewisse Menge von x_1 genommen und diese an M gegeben wird.

Erstens wäre das ethisch höchst fragwürdig, da das Wohlergehen bzw. „Schlechtergehen" zweier Personen gegeneinander aufgerechnet würde (Problematik des interpersonellen Nutzenvergleichs).
Zweitens erfordert solch ein Aufrechnen, dass der individuelle Nutzen kardinal messbar ist. Das bedeutet, dass jedes Individuum seinen Nutzen konkret und numerisch beziffern kann. Diese Prämisse war bis vor knapp 100 Jahren zwar üblich, jedoch wird inzwischen von der plausibleren Annahme ausgegangen, dass das Individuum nur einschätzen kann, ob der Nutzen durch den Konsum einer Güterkombination gegenüber einer anderen Kombination höher, geringer oder gleich ist (ordinale Nutzenmessung). Sind die individuellen Präferenzen lediglich ordinal skaliert, lässt sich auf demokratischem Wege wiederum keine eindeutige und konsistente gesellschaftliche Präferenzordnung und somit Wohlfahrtsfunktion herleiten (sog. Arrow-Unmöglichkeitstheorem).
Drittens steht das dargestellte System gesellschaftlicher Indifferenzkurven auch bei kardinaler Nutzenmessung sowie der Durchführung eines interpersonellen Nutzenvergleichs im Widerspruch zu dem angenommenen, gut begründeten Verlauf individueller Indifferenzkurven: Je mehr M von einem Gut konsumiert, umso kleiner ist sein Nutzenzuwachs durch eine zusätzliche Einheit dieses Gutes. Je weniger W des Gutes konsumiert, umso höher ist ihr Nutzenrückgang, wenn ihr zwecks Umverteilung eine Einheit dieses Gutes weggenommen wird. Folglich kann eine bestimmte Güterkombination nicht unabhängig von der Güterverteilung stets das gleiche gesellschaftliche Nutzenniveau erzeugen.* Ein Punkt auf der Indifferenzkurve kann somit je nach Verteilung der Mengen auf die Individuen unterschiedlichste Wohlfahrtsniveaus generieren.
Alles in allem gilt eine Schar von gesellschaftlichen Indifferenzkurven somit nur für eine bestimmte Ausgangsverteilung auf die Individuen.

* Streng genommen lässt sich unter äußerst irrealen Annahmen über die Präferenzen und Nutzenverläufe der Individuen doch eine verteilungsunabhängige gesellschaftliche Indifferenzkurve konstruieren. Dies weiter zu erläutern, führt hier jedoch zu weit.

3 Wirtschaftssysteme

Ein **Wirtschaftssystem** ist ein Idealtyp für den organisatorischen Aufbau und Ablauf einer Volkswirtschaft. Wirtschaftssysteme können anhand verschiedener Variablen kategorisiert werden. Die wichtigsten Variablen sind der wirtschaftliche **Koordinationsmechanismus** (Allokationsmechanismus) und die **Eigentumsordnung an Produktionsmitteln**.

3.1 Koordinationsmechanismus

In jeder Volkswirtschaft muss geklärt werden, auf welche Art und Weise die Produktionsfaktoren und Güter allokiert werden. Grundsätzlich kann die Allokation zentral geplant oder dezentral – d. h. über den Marktmechanismus – erfolgen. Es ergibt sich entsprechend eine planwirtschaftliche oder marktwirtschaftliche Allokation. Werden die einzelwirtschaftlichen Pläne dezentral über den wettbewerblichen Marktmechanismus koordiniert, spricht man von einer **Marktwirtschaft**. Bei zentraler Koordination und Planung spricht man von einer **Planwirtschaft** oder **Zentralverwaltungswirtschaft**. Während in einer Marktwirtschaft die Bildung der Güterpreise und der Entgelte für Produktionsfaktoren (Löhne, Zinsen, Pachten etc.) dem dezentralen Marktmechanismus überlassen wird, werden die Preise – sofern es sie gibt – in einer Planwirtschaft zentral festgelegt.

3.2 Eigentum an Produktionsmitteln

Des Weiteren bedarf es in jeder Volkswirtschaft eines Mechanismus zur Distribution des Einkommens, das im Zuge des Produktionsprozesses generiert wird. Unter **Distribution** ist die Verteilung der Einkommen auf die Wirtschaftssubjekte (personelle Einkommensverteilung) oder auf die Produktionsfaktoren (funktionale Einkommensverteilung) gemeint.

Bei der **personellen Einkommensverteilung** wird zwischen der primären und sekundären Einkommensverteilung unterschieden. Die **primäre Einkommensverteilung** ergibt sich aus der direkten Entlohnung der Arbeit und des im Wirtschaftsprozess eingesetzten Vermögens. Durch die Subtraktion der direkten Steuern (z. B. Einkommensteuer) und die Addition von Transfers (z. B. Kindergeld, Sozialhilfe, BAföG) gelangt man vom Primäreinkommen zum **Sekundäreinkommen**.

Die **Primärverteilung der Einkommen** wird ganz wesentlich davon bestimmt, in wessen Eigentum sich die **Produktionsfaktoren** befinden und wie sie verteilt sind. Der Produktionsfaktor Arbeit ist untrennbar mit dem Menschen verbunden und ist in aller Regel quasi sein „Eigentum", dessen Erträge ihm zufließen. Die Ausstattung der Haushalte mit dem Produktionsfaktor Arbeit ist eine mehr oder weniger demografisch vorgegebene Größe, die sich politisch nur schwer beeinflussen lässt. Somit ist es vor allem die Ordnung des Eigentums an Kapital und Boden, die variabel gestaltet werden kann. Dabei kann grundsätzlich zwischen privatem und gemeinschaftlichem **Eigentum an den Produktionsmitteln** unterschieden werden. Im Falle privaten Eigentums an Produktionsmitteln wird von einer **kapitalistischen Eigentumsordnung** gesprochen. Demgegenüber gehören die Produktionsmittel in einer **sozialistischen Eigentumsordnung** der Gemeinschaft bzw. dem Staat.

3.3 Übersicht

Je nachdem, welcher Koordinationsmechanismus die Ressourcenallokation steuert und welche Eigentumsordnung an Produktionsmitteln herrscht, lassen sich vier verschiedene Wirtschaftssysteme ableiten. Diese können der → Abb. 2 entnommen werden.

	Privateigentum an Produktionsmitteln	Gemeineigentum an Produktionsmitteln
dezentrale Koordination	kapitalistische Marktwirtschaft	sozialistische Marktwirtschaft
zentrale Koordination	kapitalistische Planwirtschaft	sozialistische Planwirtschaft

Abb. 2: Wirtschaftssysteme

Wirtschaftssysteme sind Idealtypen, die in der Realität nicht eins zu eins umsetzbar sind. Vielmehr handelt es sich in der Praxis stets um Mischsysteme. Daher werden die existierenden Volkswirtschaften einem jeweiligen Wirtschaftssystem danach zugeordnet, welches Prinzip jeweils dominiert.

In Deutschland dominiert z. B. der Wettbewerbsmechanismus den Allokationsprozess und die Produktionsmittel sind mehrheitlich in privater Hand. Somit ist das deutsche Wirtschaftssystem eine **kapitalistische Marktwirtschaft**.

Historische Beispiele für **sozialistische Planwirtschaften** sind die DDR, die Sowjetunion und andere damalige „Ostblockstaaten". Zu den verbliebenen Planwirtschaften mit Gemeineigentum an Produktionsmitteln zählen Nordkorea und Kuba. Das heutige Venezuela wird ebenfalls als Beispiel angeführt.

Kapitalistische Planwirtschaften sind durch private Produktionsmittel und eine zentrale Koordination wirtschaftlicher Aktivitäten gekennzeichnet. Sie sind relativ häufig in Kriegs- oder anderen schweren Krisenzeiten anzutreffen sowie in Phasen der Kriegsvorbereitung. Beispiele sind das Deutsche Reich während des Ersten Weltkriegs sowie das nationalsozialistische Deutschland in den 1930/1940er-Jahren. Es gibt allerdings auch in „Friedenszeiten" vor allem politisch autoritäre Staaten, in denen sich das Kapital zwar mehrheitlich in Privatbesitz befindet, aber der Staat derart dirigistisch in den wirtschaftlichen Ablauf eingreift, dass die Kategorisierung als Planwirtschaft der Realität näherkommt als die Kategorisierung als Marktwirtschaft.

Ein historisches Beispiel für eine **sozialistische Marktwirtschaft** ist das ehemalige Jugoslawien. Die größeren Unternehmen wurden mehrheitlich von den Arbeitnehmern selbst verwaltet bzw. waren Genossenschaften. Zugleich konkurrierten die einzelnen Unternehmen auf den Absatz- und Beschaffungsmärkten. Das heutige China nimmt ebenfalls für sich in Anspruch, eine sozialistische Marktwirtschaft zu sein. Allerdings ist die chinesische Volkswirtschaft ein Beispiel dafür, dass sich eine reale Wirtschaftsordnung nicht immer eindeutig einem der vier Wirtschaftssysteme zuordnen lässt. Je nach den Größen, mit denen man misst, welcher Koordinationsmechanismus bzw. welche Eigentumsordnung dominiert, gelangt man zu einer anderen Kategorisierung.

Die Klassifizierung von Wirtschaftssystemen erschöpft sich keineswegs in der hier vorgenommenen Vierteilung. Vielmehr lassen sich der Koordinationsmechanismus und die Eigentumsordnung weiter unterteilen, z. B. in dezentral, interventionistisch und dirigistisch bzw. in privat, selbstverwaltet und staatlich. Außerdem gibt es neben der Koordinations- und Eigentumsform noch andere Klassifikationskriterien, z. B. gesellschaftliche Strukturen oder die Wirtschaftsstufe.

3.4 Allokationseffizienz in Markt- und Planwirtschaft

In diesem Kapitel geht es um die Frage, wie in einem marktwirtschaftlichen bzw. in einem planwirtschaftlichen System das Wohlfahrtsoptimum idealerweise erreicht wird. Anders formuliert: Wie gelangt die Volkswirtschaft in den Punkt *C* (→ Abb. 1)? Diese Frage lässt sich zu analytischen Zwecken zweiteilen:

1. Wie lässt sich sicherstellen, dass **kostenminimal** produziert wird, d. h. entlang der Produktionsmöglichkeitenkurve?
2. Wie lässt sich sicherstellen, dass bei kostenminimaler Produktion die Güterkombination realisiert wird, die den **Konsumentenpräferenzen** entspricht und die folglich das höchstmögliche Wohlfahrtsniveau generiert?

Zentrale Allokation

In einer **Planwirtschaft** bedarf es zur Faktor- und Güterallokation einer zentralen Stelle, z. B. eines Planungskomitees. Zur Vereinfachung wird hier indes von einer Einzelperson ausgegangen, die als „**wohlwollender Diktator**“ agiert. Das heißt, sie verfolgt keine eigenen Ziele, sondern orientiert ihr Handeln einzig am Ziel des Gemeinwohls.

Der Diktator teilt den Produzenten die Ressourcen zu und bestimmt, welche Güter in welchen Mengen produziert werden (**Planvorgaben**). Um sicher zu gehen, dass effizient produziert wird, muss er die Produktionsmöglichkeiten kennen, die u. a. von der Produktionstechnologie und der Produktivität der Arbeitskräfte abhängen. Ein Problem besteht in der Praxis darin, dass er beides nicht kennt. Vielmehr ist er darauf angewiesen, dass die Produzenten ihm wahrheitsgemäß darüber Auskunft geben. Ein weiteres Problem besteht darin, die Produzenten dazu zu bewegen, die vorgegebenen Mengen tatsächlich auch herzustellen (**Planerfüllung**). In den real existierenden Planwirtschaften versuchte man beide Probleme dadurch zu lösen, dass eine Nichterfüllung der Pläne bestraft und eine Übererfüllung belohnt wurde, etwa mit Prämien oder Auszeichnungen. So hoffte man, die Unternehmen zur größtmöglichen Wirtschaftlichkeit zu animieren und aus den Ergebnissen wiederum Schlüsse über das Machbare, also die Produktionsmöglichkeiten ziehen zu können. Allerdings vergrößern diese Belohnungen wiederum die Gefahr, dass die Produzenten ihre Produktionsmöglichkeiten absichtlich als viel zu gering angeben. Dann erhalten sie niedrige Planvorgaben und können diese vergleichsweise leicht übererfüllen und die Belohnungen beanspruchen. Wenn es dem wohlwollenden Diktator aber doch gelingen sollte, dass die maximal möglichen Mengen hergestellt werden, dann hat dies den Nachteil, dass andere, insbesondere schwer messbare Parameter wie z. B. Produktqualität und Service auf der Strecke bleiben. In dem Zusammenhang wird auch von **Tonnenideologie** gesprochen. Außerdem wird das planwirtschaftliche System dafür kritisiert, dass der zentrale Planungsprozess zu einer erheblichen Inflexibilität der Produktion führt. Schließlich existieren in dem System vergleichsweise geringe Innovationsanreize, da die Unternehmen kaum im Preis- oder Qualitätswettbewerb stehen.

All dessen ungeachtet sei im Weiteren angenommen, dass der wohlwollende Diktator sicherstellen könne, dass effizient produziert wird. Dann muss er immer noch entscheiden, welche der kostenminimal produzierten Güterkombinationen den höchsten gesellschaftlichen Nutzen stiftet. Dazu benötigt er detaillierte Kenntnisse über die **Präferenzen der Verbraucher**, d. h. welchen Nutzen sie aus dem Konsum der unzähligen Güterkombinationen ziehen. Dies könnte er theoretisch über Haushaltsbefragungen in Erfahrung bringen. Jedoch wäre der Aufwand enorm, und die Befragten wären mit hoher Wahrscheinlichkeit überfordert. Davon abgesehen divergiert der empfundene Nutzen des Konsums eines Güterbündels von Person zu Person. Daher müsste der wohlwollende Diktator die Güter an diejenigen zuteilen, die den größten Nutzen daraus ziehen. Das wiederum wirft enorme Probleme auf: Zum einen bedarf es dazu metrischer und vergleichbarer Nutzenangaben der Individuen. Zum anderen bedeutet dieses Vorgehen, dass der wohlwollende Diktator den Nutzen unterschiedlicher Individuen miteinander vergleicht. Solch ein **interpersoneller Nutzenvergleich** ist indes ethisch umstritten. Letztlich muss der wohlwollende Diktator eine Ausgangsverteilung zwischen den Individuen festlegen, die er als „optimal" bezeichnet. Kurzum: Es ist dem Diktator in der Praxis schlichtweg unmöglich, die wohlfahrtsmaximierende Güterkombination zu kennen. Stattdessen muss er sich auf mehr oder weniger empirisch fundierte Vermutungen darüber stützen, welche Güter für die Bevölkerung besonders wichtig (z. B. Grundnahrungsmittel, Wohnraum, Gesundheitsdienstleistungen) und welche unwichtig (z. B. Krawatten? Schmuck?) sind. Dies ist auch das Vorgehen, das in real existierenden Planwirtschaften die Regel war bzw. ist.

Schließlich ist der **wohlwollende Diktator** ein theoretisches Konstrukt. In der Realität muss vielmehr davon ausgegangen werden, dass die zentral Planenden primär eigennützig handeln und von Interessengruppen beeinflusst werden, sodass es allein deshalb höchst unwahrscheinlich ist, dass ihr Handeln zur größtmöglichen Wohlfahrt für die Bevölkerung führt.

Alles in allem scheitert das Erreichen eines Allokationsoptimums in einer Planwirtschaft an **Informationsdefiziten**, dem Mangel an wirksamen **Motivations- und Kontrollmechanismen** und der mit einer zentralen Planung verbundenen **Inflexibilität**.

Dezentrale Allokation: Marktwirtschaft

Eine funktionierende Marktwirtschaft ist durch **Wettbewerb** gekennzeichnet: Die Anbieter konkurrieren um die Gunst der Nachfrager, und Nachfrager konkurrieren um die knappen Güter.

Es ist die Konkurrenz zwischen den Produzenten, die eine Güterkombination auf der **Produktionsmöglichkeitenkurve** herbeiführt. Dies gilt zumindest unter der üblicherweise getroffenen Annahme, dass die Unternehmen das Ziel der **Gewinnmaximierung** verfolgen. Die Plausibilität dieser Annahme ist insbesondere in einem **kapitalistischen Wirtschaftssystem** gegeben, d. h. in einer Volkswirtschaft, in der die Produktionsmittel Privateigentum sind. Private stellen ihr Kapital bevorzugt denen zur Verfügung, die mit dem Kapital die höchste Rendite erwirtschaften und das Kapital entsprechend hoch entlohnen können. Somit zwingt der Wettbewerb um Kapital die Unternehmen zur Gewinnmaximierung. Die Maximierung des Gewinns, sprich der Differenz zwischen Erlösen und Kosten, treibt die Unternehmen dazu an, die Stückkosten (genauer: die Grenzkosten ⟶ Teil A | Kap. 4.1) zu minimieren. Die Alternative einer Erhöhung des Stückerlöses, sprich des Preises, kommt unter Konkurrenzbedingungen hingegen kaum in Frage. Erhöht ein einzelnes Unternehmen nämlich den Preis, sodass dieser nach oben vom Marktpreis abweicht, würde die Nachfrage zur Konkurrenz abwandern, und das betrachtete Unternehmen würde über kurz oder lang vom Markt verschwinden. Der Konkurrenzdruck zwingt indes nicht nur zur Wirtschaftlichkeit, sondern forciert auch kostensenkende **Innovationen**. Außerdem erstreckt sich der Wettbewerb nicht allein auf die Preise, sondern auch auf die Produktqualität, den Service usw.

Der Wettbewerb der Unternehmen um die Nachfrage führt ebenfalls dazu, dass die Güterkombination realisiert wird, die bei gegebener Einkommensverteilung dazu führt, dass die Verbraucher einen **höchstmöglichen Nutzen** erzielen. Das lässt sich durch die Annahme erklären, dass die **Zahlungsbereitschaft der Nachfrager** für ein Produkt von dem Nutzen abhängt, der aus dem Konsum einer Produkteinheit gezogen wird (genauer: dem Grenznutzen → Teil A | Kap. 3.1). Je höher der Nutzen ist, desto höher ist die Zahlungsbereitschaft. Ergo können die Unternehmen für jene Güter den höchsten Preis erzielen, die den größten Nutzen stiften. Das wiederum animiert sie, ihre Produktion in eine für die Nachfrager nutzenmaximale Richtung zu lenken. Ändern sich die Präferenzen der Nachfrager und damit die jeweiligen Zahlungsbereitschaften, passen sich die gewinnorientierten Unternehmen an. Nehmen z. B. die Präferenzen für Eiskrem zu, dann steigt die Eiskremnachfrage, womit die Knappheit zunimmt. Das treibt den Marktpreis für Eiskrem in die Höhe, was wiederum die Unternehmen anregt, Eiskrem vermehrt zu produzieren.

Alles in allem führen der wettbewerbliche Gewinn- und Preisdruck in der Marktwirtschaft zum Allokationsoptimum. Der Wettbewerb übernimmt dabei u. a. die Aufgaben der **Information**, **Motivation**, **Kontrolle** und der **Anpassung** an sich ändernde Bedingungen.

Fortan konzentrieren sich die Ausführungen dieses Lehrbuchs auf die **kapitalistische Marktwirtschaft**, da dies das Wirtschaftssystem ist, dem sich Deutschland und die anderen Mitglieder der Europäischen Union zuordnen lassen.

4 Aufbau und Lernziele

In → **Teil A** werden sowohl der marktwirtschaftliche **Allokationsmechanismus** ausführlich dargestellt als auch seine **Schwächen** erörtert. Eine zentrale Schwäche ist das sog. Marktversagen. Zu den Funktionsproblemen der Marktwirtschaft zählen außerdem konjunkturelle Schwankungen und die Neigung von Unternehmen zu Wettbewerbsbeschränkungen. Ein weiterer Kritikpunkt am marktwirtschaftlichen Allokationsmechanismus besteht darin, dass er Verteilungsprobleme erzeugt und sozial blind sei.

In → **Teil B** werden das **wirtschaftspolitische Leitbild der Sozialen Marktwirtschaft** und seine Entwicklung erörtert. Das Leitbild setzt auf die Stärken des marktwirtschaftlichen Koordinationssystems, versucht aber zugleich dessen Schwächen zu beseitigen und für mehr soziale Gerechtigkeit zu sorgen.

Näher mit der Problematik von Wettbewerbsbeschränkungen befasst sich → **Teil C**, da diese die Funktionsfähigkeit der kapitalistischen Marktwirtschaft erheblich schmälern können. Er enthält eine Übersicht über die verschiedenen Arten von wettbewerbsbeschränkenden Verhaltensweisen und gibt Auskunft über die **Theorie und Praxis der Wettbewerbspolitik**.

Das Lehrbuch ist modular aufgebaut. Die → Teile A, B und C stehen in einem engen Zusammenhang zueinander und enthalten Querverweise. Zugleich sind sie jeweils in sich abgeschlossen und können auch einzeln für sich gelesen werden. Es folgt, dass beim Lesen mehrerer Teile von der hier vorgeschlagenen Reihenfolge ohne größere Probleme abgewichen werden kann, wenngleich wir die Reihenfolge durchaus mit Bedacht gewählt haben und sie daher empfehlen. Ein Überblick über die Inhalte und jeweiligen Lernziele findet sich in → Abb. 3.

Teil A | Grundlagen der Mikroökonomie – der idealtypische Markt
vollständige Konkurrenz, vollkommenes Monopol, Oligopol, Marktversagen, Funktionsprobleme der Marktwirtschaft, Markt und Verteilung **Lernziele** • Nachfrage- und Angebotsverhalten nachvollziehen • Funktionsweise von Märkten verstehen • Wohlfahrtsvergleiche vornehmen • Notwendigkeit staatlicher Markteingriffe erkennen **elearning** https://narr.kwaest.io/s/1327
Teil B | Soziale Marktwirtschaft
Ziele und Prinzipien, vom Merkantilismus über den Ordoliberalismus zur Sozialen Marktwirtschaft, ökologisch-soziale Marktwirtschaft **Lernziele** • Kenntnis über die Wirtschaftsordnung der Bundesrepublik Deutschland erlangen • Theoretische und geschichtliche Hintergründe der Konzeption verstehen • Marktkonformität wirtschaftspolitischer Eingriffe einschätzen **elearning** https://narr.kwaest.io/s/1328
Teil C | Wettbewerbspolitik
Wettbewerbsbeschränkungen, Wettbewerbsfunktionen, wettbewerbspolitische Leitbilder, deutsches und EU-Wettbewerbsrecht **Lernziele** • Verhaltensweisen zur Beschränkung des Wettbewerbs erkennen • Verhaltensweisen volkswirtschaftlich bewerten • Vereinbarkeit konkreter Verhaltensweisen mit dem Wettbewerbsrecht einschätzen **elearning** https://narr.kwaest.io/s/1329

Abb. 3: Aufbau des Buchs und Lernziele

Lesetipps zu „Begriffliche Grundlagen und Wirtschaftssysteme"

Bartling, H., Luzius, F. & Fichert, F. (2019). *Grundzüge der Volkswirtschaftslehre* (18. Aufl.). München: Vahlen. A.I, A.III u. B.III.

Thieme, H.J. (2007). *Wirtschaftssysteme.* In: *Vahlens Kompendium der Wirtschaftstheorie und Wirtschaftspolitik* (9. Aufl.). München: Vahlen. S. 1–52.

Teil A | Grundlagen der Mikroökonomie | der idealtypische Markt

eLearning-Kurs | Zu diesem Kapitel werden Single- und Multiple-Choice-Fragen angeboten. Der folgende Link oder der QR-Code führen Sie zu den Fragen.

https://narr.kwaest.io/s/1327

Vorbemerkungen

Idealerweise sorgt der Wettbewerbsmechanismus auf einem Markt für eine optimale Allokation. Die Fähigkeit des Marktes, für ein Allokationsoptimum zu sorgen, lässt sich mithilfe des **Modells der vollständigen Konkurrenz** darstellen. Es ist das grundlegende mikroökonomische Standardmodell und steht im Mittelpunkt dieses Teils.

Die Ausführungen dieses Teils des Lehrbuchs haben erstens das Ziel, die **Funktionsweise von Gütermärkten** zu erläutern. Zweitens soll verdeutlicht werden, dass es verschiedene Gründe dafür gibt, dass es zu Abweichungen vom Allokationsoptimum kommt, sog. **Marktversagen**. Drittens soll die Notwendigkeit **staatlicher Eingriffe** aufgezeigt werden. Der/die Leser:in sollte nach dem Studium in der Lage sein

- das Nachfrage- und Angebotsverhalten von Wirtschaftssubjekten nachzuvollziehen,
- das Zusammenspiel von Angebot und Nachfrage auf einem Markt zu verstehen,
- die durch den Marktmechanismus generierte Wohlfahrt zu bestimmen und
- zu erkennen, ob eine Marktsituation vorliegt, die staatliche Eingriffe rechtfertigt.

Zu diesem Zweck werden zunächst die **Annahmen des Modells der vollständigen Konkurrenz** vorgestellt, um daraufhin schrittweise das **Nachfrageverhalten** und das **Angebotsverhalten** herzuleiten. Es folgt eine Zusammenführung zu einem **Marktmodell für ein Gut** und dessen **wohlfahrtstheoretische Analyse**. Daraufhin werden verschiedene **Abweichungen** vom Modell der vollständigen Konkurrenz erörtert und Formen des **Marktversagens** dargestellt. Anschließend werden zwei Funktionsprobleme der Marktwirtschaft skizziert, die ebenfalls zur Begründung staatlicher Wirtschaftspolitik herangezogen werden. Gleiches gilt für **Verteilungsfragen**, die im letzten Kapitel dieses Teils erörtert werden.

1 Modellbildung

Um ökonomische Zusammenhänge darzustellen und zu analysieren, erweist sich ein zentrales ökonomisches Werkzeug als hilfreich: das mathematische **Modell**. Dabei werden ökonomische Verhaltensweisen (z. B. die Nachfrage nach einem Gut x) als Funktionen modelliert (z. B. die Nachfrage nach Gut x ist eine Funktion von den Variablen y_1, y_2 und y_3).

Ein Modell ist eine verkürzte und **idealtypische Abbildung** der Realität, die auf erheblichen Vereinfachungen beruht und daher auch nur die Grundlage für **modellhafte Aussagen** sein kann. Es werden also zum einen stark vereinfachende **Annahmen** getroffen und zum anderen haben die aus dem Modell gewonnenen Erkenntnisse zunächst auch nur unter den gemachten Annahmen Gültigkeit. Die Annahmen werden auch als **Prämissen** bezeichnet. Die Erkenntnisse, die auf der Basis von Modellen entwickelt werden, können als grobe Anhaltspunkte für den erwarteten Ablauf tatsächlicher Wirtschaftsprozesse verstanden werden. Um genauere Aussagen herauszuarbeiten, empfiehlt es sich, die Prämissen sukzessive zu lockern und an die spezifischen Gegebenheiten anzupassen, die in der Realität jeweils vorliegen.

Die Überführung der Realität in ein volkswirtschaftstheoretisches Modell umfasst üblicherweise die **Mechanisierung** menschlichen Verhaltens und die **Aggregierung** dieses Verhaltens sowie die **Abstraktion** und **Isolation**.

- **Mechanisierung.** Menschliches Verhalten ist äußerst komplex und wird auf vielfältige Weise getrieben und beeinflusst. In der VWL wird der Mensch i. d. R. auf den **Homo oeconomicus** reduziert. Von dem Bereich der Verhaltensökonomie – *behavioural economics* – sei hier ausdrücklich abgesehen. Der *Homo oeconomicus* ist durch **rationales Verhalten** charakterisiert: Erstens hat das Wirtschaftssubjekt ein **Ziel.** Zweitens richtet das Wirtschaftssubjekt sein Verhalten ausnahmslos an diesem Ziel aus.
- **Aggregation.** Das modellierte Verhalten Einzelner wird auf alle übertragen. Das heißt i. d. R., dass alle Wirtschaftssubjekte *Homines oeconomici* sind.
- **Abstraktion.** Wirtschaftliches Handeln wird von einer schier unüberschaubaren Zahl von Einflussgrößen (Variablen) bestimmt. Das kann man sich leicht verdeutlichen, indem man überlegt, welche Größen z. B.

Einfluss auf die Nachfrage nach einem bestimmten Gut, etwa Eiskrem, haben (Eiskrempreis, Eiskremqualität, Außentemperatur usw.). Eine Kunst der Modellbildung besteht darin, die **wesentlichen Variablen** zu identifizieren und sich fortan auf diese zu konzentrieren. Mithin wird von den weniger wichtigen oder gar unwesentlichen Variablen abstrahiert. Die Auswahl der wesentlichen Variablen basiert zunächst einmal auf Plausibilitätsüberlegungen; idealerweise sollte der tatsächliche Einfluss auf das Verhalten jedoch empirisch überprüft werden.
- **Isolation.** Bei genauer Betrachtung können kleinste Änderungen einer Einflussgröße Auswirkungen auf eine Reihe anderer Variablen haben. Diese beeinflussten Variablen können sich wiederum auf unterschiedlichste Weise auf weitere Einflussgrößen auswirken. Ein bekanntes Beispiel aus der Physik ist der sog. Schmetterlingseffekt, der nachzeichnet, wie die Bewegung eines Schmetterlingsflügels in einen Tornado münden kann. Wollte man alle denkbaren potenziellen Folgewirkungen berücksichtigen, würde das Modell unübersichtlich und es wären keine Ergebnisse mehr vorhersagbar. Daher werden die (potenziellen) Wirkungsketten ab einem gewissen Punkt nicht weiterverfolgt und der verbleibende Ausschnitt wird isoliert betrachtet.

Abstraktion und Isolation manifestieren sich in der **ceteris paribus-Annahme**, die streng genommen nahezu allen Aussagen, die auf der Basis eines volkswirtschaftstheoretischen Modells getätigt werden, hinzugefügt werden müsste. Ceteris paribus (c. p.) steht für „unter sonst gleichen Bedingungen“ bzw. „unter der Annahme, dass alle anderen Variablen unverändert sind.“ Beispiel: Wenn die Außentemperatur steigt, nimmt c. p. die Eiskremnachfrage zu.

2 Marktmodell der vollständigen Konkurrenz

2.1 Der Markt

Ein Markt ist der analytische Ort des Zusammentreffens von Angebot und Nachfrage. Die tatsächlichen und potenziellen Verkäufer werden als Anbieter und die tatsächlichen und potenziellen Käufer als Nachfrager bezeichnet. Auf einem Markt werden Waren, Dienstleistungen, immaterielle Vermögensgüter (z. B. Patente, Mobilfunklizenzen), Produktionsfaktoren, Anleihen, Währungen usw. gehandelt.

Die wenigsten Märkte sind Punktmärkte im Sinne eines überschaubaren geografischen Orts, an dem alle Anbieter und Nachfrager zum gleichen Zeitpunkt physisch zusammentreffen. Beispiele für Punktmärkte sind Floh- und Wochenmärkte. Die Regel sind Märkte mit geografisch auseinanderliegenden Anbietern bzw. Nachfragern wie etwa der Wohnungsmarkt oder Online-Verkaufsportale.

2.2 Annahmen der vollständigen Konkurrenz

Dieses Lehrbuch beschränkt sich bei der mikroökonomischen Analyse auf das grundlegende **neoklassische Marktmodell**. Dessen Annahmen muten zwar teils sehr unrealistisch an, aber das Modell erlaubt gerade aufgrund seiner Einfachheit allgemeine Schlussfolgerungen. Die Volkswirtschaftstheorie bietet selbstverständlich zahlreiche komplexere Erklärungsmodelle, auf die im Folgenden indes nicht eingegangen werden kann.

Ausgangspunkt der neoklassischen Preistheorie ist das Marktmodell der vollständigen Konkurrenz, auch als vollkommene bzw. perfekte Konkurrenz oder als vollkommener bzw. perfekter Wettbewerb bezeichnet. Die wichtigsten Annahmen lauten:

- **Marktform des Angebots- und Nachfragepolypols.** Es gibt eine sehr große, theoretisch unendlich hohe Zahl von Anbietern und Nachfragern, deren Marktanteil so winzig ist, dass sie allein den Markt durch Verhaltensänderungen nicht beeinflussen können. Zum Beispiel ist der Preis eines Gutes für den Einzelnen ein Datum, d. h. unveränderlich. Das Gleiche gilt für die Faktorpreise, also etwa den Lohnsatz, der sich auf dem Arbeitsmarkt bildet.

- **Vollständige Transparenz.** Alle Wirtschaftssubjekte sind vollumfänglich informiert, z. B. über den Preis, die Qualität, die Kosten, den Nutzen etc.
- **Völlig homogene und beliebig teilbare Güter.** Die auf dem Markt gehandelten Güter sind stets gleich, d. h. es gibt keine objektiven oder subjektiven Unterschiede (z. B. ist Eiskrem gleich Eiskrem). Außerdem sind sie in beliebig kleine Einheiten teilbar und handelbar (z. B. ein Milliliter Eiskrem).
- **Völlig homogene und beliebig teilbare Produktionsfaktoren.** Arbeit, Kapital etc. sind ebenso wie die Güter jeweils homogen. Das heißt, dass es z. B. keine Unterschiede hinsichtlich der Qualifikation oder sonstiger Eigenschaften zwischen den Arbeitskräften gibt. Produktionsfaktoren können zudem in beliebig großen bzw. kleinen Mengen im Produktionsprozess eingesetzt werden.
- **Unendlich hohe Anpassungsgeschwindigkeit.** Mengen und Preise passen sich unendlich schnell an veränderte Gegebenheiten an.
- **Völlig flexible Preise für Güter und Produktionsfaktoren.**
- **Keine Raumüberwindungs- und andere Transaktionskosten.** Es wird ein **Punktmarkt** unterstellt, auf dem keinerlei Kosten des Geschäftsabschlusses außer dem Preis anfallen (z. B. keine Transport-, Geschäftsanbahnungs- oder Vertragsüberwachungskosten).
- **Völlig freier Markteintritt und -austritt.** Es gibt keine Barrieren, um auf einen Markt zu treten (z. B. Lizenzpflicht) oder auszuscheiden (z. B. extrem hohe irreversible Anfangsinvestitionen).
- **Steigende Grenzkosten.** Die Produktionstechnologie ist derart beschaffen, dass eine Ausdehnung der Produktionsmenge mit steigenden Kosten einhergeht und die zusätzlichen Kosten je Mengeneinheit (Grenzkosten) mit steigender Menge zunehmen.
- **Gesetz von der Unterschiedslosigkeit der Preise.** Auf einem Markt herrscht stets ein einheitlicher Preis. Sobald nämlich zwei unterschiedliche Preise existieren würden, finden sich Wirtschaftssubjekte, die das Gut zum niedrigeren Preis einkaufen, um es zum höheren Preis wieder zu verkaufen. Diese **Arbitrage** – das risikolose Ausnutzen von Preisunterschieden zwecks Realisierung eines sicheren Gewinns – hält an, bis die gestiegene Nachfrage nach dem günstigeren Gut und das gestiegene Angebot des teureren Gutes den „niedrigen" Preis so weit hat steigen und den „hohen" Preis so weit hat sinken lassen, dass sie übereinstimmen.

Im Folgenden wird ein Gütermarkt betrachtet. Darüber hinaus wird angenommen, dass alle Anbieter **produzierende Unternehmen** und dass alle Nachfrager **konsumierende Haushalte** sind. Der **Markt** stellt somit eine Plattform zur Interaktion zwischen **Konsumenten** und **Produzenten** dar. Diese Annahme ist eine weitere starke Vereinfachung, denn es wird von (Zwischen-)Händlern und anderen Akteuren abstrahiert. In einem späteren Schritt wird dann der Staat insoweit mit einbezogen, als dass staatliche Markteingriffe thematisiert werden.

Eine weitere Annahme betrifft die Ziele der Marktteilnehmer: Die Konsumenten streben nach **Nutzenmaximierung** und die Produzenten nach **Gewinnmaximierung**.

3 Bestimmung der Nachfrage: Haushaltstheorie

3.1 Nutzen und Grenznutzen

Die **Nachfrage** beschreibt das Verhalten aller Marktteilnehmer, die in Erwägung ziehen, ein bestimmtes Gut zu kaufen. Die Nachfrager tauschen Zahlungsmittel (Geldvermögen) gegen ein Gut, z. B. eine Ware. Auf einem Flohmarkt wären dies die Besucher des Marktes, die für den ihres Erachtens „richtigen" Preis bereit wären, ein Gut zu erwerben, z. B. eine Kuckucksuhr. Um die Nachfrage und letztlich den Kauf einer solchen Uhr zu verstehen, muss man sich zunächst fragen, warum ein Konsument überhaupt ein Gut erwirbt. Der Konsument wird dann Geld gegen eine Uhr tauschen, wenn sich dies für ihn „lohnt", wenn also der Tausch sein Wohlbefinden steigert. Der Nachfrager verspricht sich also in irgendeiner Weise eine Verbesserung für sich selbst von dem Erwerb des Gutes. Worin könnte die Verbesserung beim Kauf einer Kuckucksuhr liegen? Zum einen lässt sich die Uhrzeit an ihr ablesen. Zum anderen passt sie möglicherweise sehr gut in das eigene Wohnzimmer. Eventuell hat der Nachfrager auch ein Faible für Kuckuckstöne oder er möchte mit ihnen seine Nachbarn ärgern. In jedem Fall ist ihm die Uhr nützlich. Ökonomen sprechen in diesem Zusammenhang vom **Nutzen** des Konsums. In der Realität ist dieser Nutzen äußerst vielschichtig und nur eingeschränkt messbar. Zur Vereinfachung wird in unserem Modell davon ausgegangen, dass der Nachfrager in der Lage ist, jedem Gut einen eindeutigen Nutzen zuzuordnen. Der Nutzen spiegelt alle Aspekte wie Funktionalität, Ästhetik etc. wider. Eine Kuckucksuhr hat dabei für den, dem es besonders wichtig ist, die Uhrzeit zu kennen, möglicherweise einen höheren Nutzen als eine Schallplatte, vor allem wenn er über keinen Plattenspieler verfügt. Eventuell wäre aber wiederum der Nutzen einer Armbanduhr für ihn höher als der Nutzen der Kuckucksuhr. Ein anderer Konsument, der wenig Wert auf die Kenntnis der genauen Uhrzeit legt und im Besitz eines Plattenspielers ist, wird hingegen der Schallplatte wahrscheinlich einen nennenswerten Nutzen und der Uhr wenig Nutzen beimessen. Dieses Beispiel verdeutlicht, dass der Nutzen eines Gutes von den individuellen Präferenzen und Bedürfnissen abhängt.

Da das Budget des Haushalts begrenzt ist, muss sich der Konsument entscheiden, welche Güter er nachfragt. Außerdem muss er entscheiden, welche Menge er kaufen möchte. So mögen die meisten Haushalte nur den Kauf von maximal einer Kuckucksuhr planen; gleiches gilt z. B. für den Erwerb von Wohneigentum. Bei den meisten Verbrauchsgütern (z. B. Eiskrem) und etlichen Gebrauchsgütern (z. B. Töpfe) ist jedoch weniger das „Ob“, sondern das „Wieviel“ die offene Entscheidung. Dann ist von Interesse, ob eine weitere Mengeneinheit noch den selben Nutzen wie die erste generiert; und wie steht es um den Zusatznutzen der dritten oder vierten Einheit? So ist bei Eiskrem anzunehmen, dass der Nutzenzuwachs durch die erste Packung für viele Konsumenten recht groß ist. Entscheidet man sich nun für eine zweite Packung, hat man noch eine Reserve-Packung vorrätig, falls einen der Heißhunger auf Eis überkommt. Also auch hier gäbe es einen Nutzenzuwachs. Doch vermutlich ist der Nutzen der zweiten Packung nicht so hoch wie jener der ersten Packung. Entscheidet man sich nun noch für eine dritte, vierte oder fünfte Packung ist zwar davon auszugehen, dass der gesamte Nutzen weiter steigt, aber vermutlich wird der Nutzenzuwachs immer geringer werden. Irgendwann wird man – z. B. bei der 19. Packung Eiskrem – nur noch einen sehr kleinen, kaum spürbaren Nutzenzuwachs erfahren.

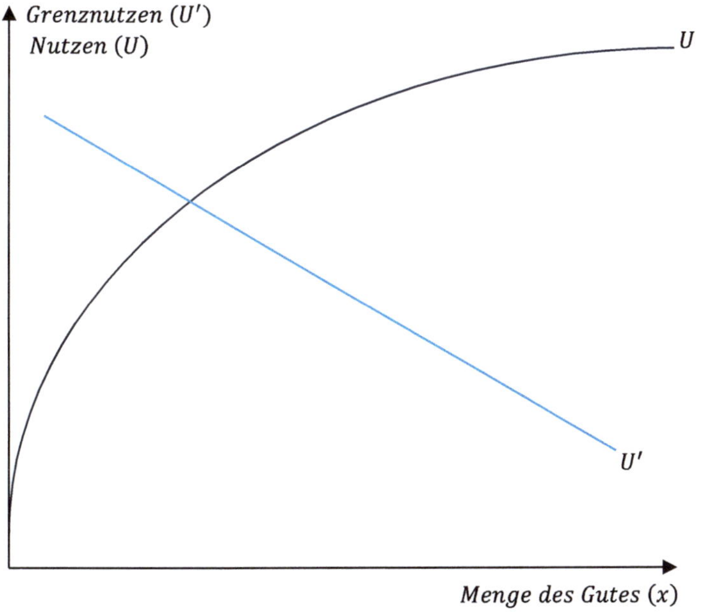

Abb. A-1: Mengenabhängiger Nutzen und Grenznutzen

Die ⟶ Abb. A-1 stellt diesen Sachverhalt grafisch dar. Die steigende Kurve zeigt den Verlauf des Nutzens U (*utility*) in Abhängigkeit von der konsumierten Menge des Gutes x. Mit steigender Menge x steigt zwar durchgängig auch der Nutzen U, aber die Nutzenkurve flacht immer weiter ab, d. h. die positive Steigung wird geringer. Die Steigung der Nutzenkurve entspricht dem Nutzenzuwachs durch eine zusätzliche Gütereinheit. Dieser Nutzenzuwachs ist der **Grenznutzen** (U'). Die fallende Kurve U' hat eine negative Steigung und ist hier als Gerade dargestellt: Mit wachsender Menge x sinkt der Grenznutzen. Die alles in allem plausible Annahme des **positiven, aber abnehmenden Grenznutzens** wird als **erstes Gossensches Gesetz** bezeichnet, benannt nach dem Nationalökonomen Hermann Gossen (1810–58).

Beispiel | Nutzen $U(x)$ und Grenznutzen $U'(x)$

$$U(x) = x^{0,5} = \sqrt{x}$$

U für $x = 9 \longrightarrow U(9) = 3$

U für $x = 25 \longrightarrow U(25) = 5$

$$U'(x) = 0,5 \cdot x^{-0,5} = \frac{1}{2\sqrt{x}}$$

U' für $x = 9 \longrightarrow U(9) = \frac{1}{6} = 0,167$

U' für $x = 25 \longrightarrow U(25) = \frac{1}{10} = 0,1$

3.2 Indifferenzkurve und Grenzrate der Substitution

Ein Haushalt konsumiert nicht nur ein einziges Gut, sondern viele verschiedene Güter. Um dem Rechnung zu tragen, wird die Analyse um ein zweites Konsumgut erweitert. Die zwei Güter seien als Gut 1 (x_1) und Gut 2 (x_2) bezeichnet. Wem die 2-Güter-Annahme zu realitätsfremd erscheint, kann die x_1-x_2-Welt auch so interpretieren, dass die Entscheidung für ein Gut 1 (x_1) im Verhältnis zu dem zusammengefassten Konsum aller anderen Güter, repräsentiert durch x_2, betrachtet wird.

Die ⟶ Abb. A-2 zeigt zwei Beispiele für 2-Güter-Konsumpläne in einem x_1-x_2-Diagramm. Der Punkt A steht für die Güterkombination (8; 3) bei dem acht Einheiten des Gutes 1 und drei Einheiten des Gutes 2 konsumiert werden. Punkt B (4; 8) besagt, dass vier Einheiten des Gutes 1 und acht Einheiten des Gutes 2 konsumiert werden.

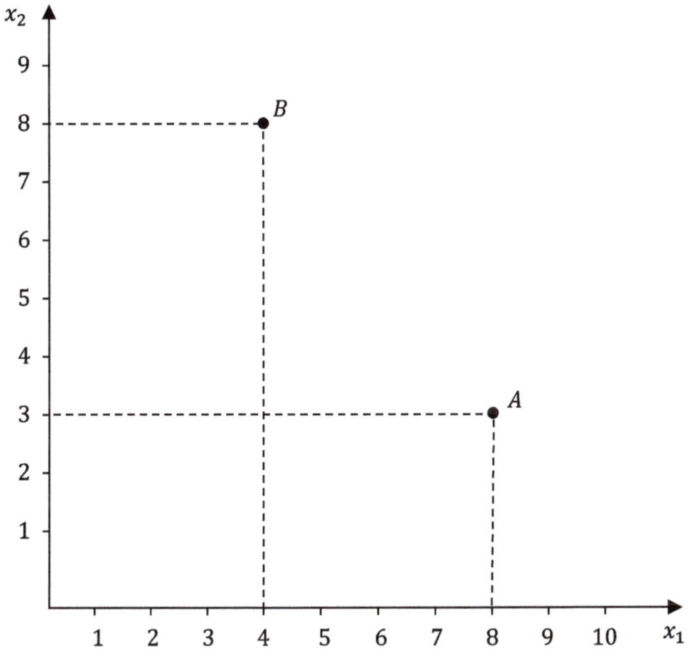

Abb. A-2: Konsumalternativen

Der Nutzen einer Güterkombination wird von den Präferenzen des Individuums für Gut 1 und Gut 2 bestimmt. Nun sei unterstellt, dass der Haushalt für beide Güterbündel (A und B) den selben Nutzen erfährt. Würde man dem Haushalt das Güterbündel B zum Tausch für das Güterbündel A anbieten, dann steht er diesem Tausch neutral gegenüber. Folglich ist der Haushalt gegenüber diesem Tausch **indifferent**.

In ⟶ Abb. A-3 sind eine Reihe weiterer Güterkombinationen eingezeichnet (C, D, E, F), für die gelten soll, dass sie alle den gleichen Nutzen wie A stiften. Würde man alle Güterkombinationen einzeichnen, denen vom Haushalt der gleiche Nutzen zugeordnet wird, erhält man eine Kurve (die

Kurve U_1 in → Abb. A-3). Sie wird als **individuelle Indifferenzkurve** bezeichnet.

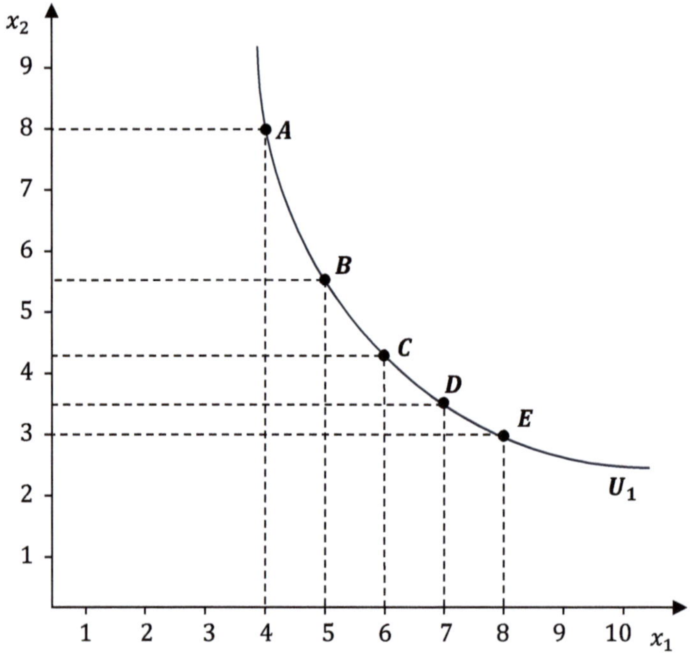

Abb. A-3: Individuelle Indifferenzkurve

Der Haushalt könnte jede beliebige Güterkombination entlang der Indifferenzkurve gegen eine andere Kombination auf der Kurve tauschen, ohne sich dabei schlechter oder besser zu stellen. (Dies gilt natürlich nur unter der o. g. Annahme, dass keine Transaktionskosten anfallen, → Kap. 2.2).

Beispiel | Nutzen von zwei Gütern $U(x_1, x_2)$

$U(x_1, x_2) = x_1^{0,5} \bullet x_2^{0,5} = (x_1 \bullet x_2)^{0,5}$

U für $x_1 = 100$ und $x_2 = 16 \longrightarrow U(100, 16) = 40$

U für $x_1 = 80$ und $x_2 = 20 \longrightarrow U(80, 20) = 40$

Die Indifferenzkurve ist linksgekrümmt, d. h. sie verläuft konvex zum Ursprung. Die Steigung der Kurve ist somit negativ und wird mit zunehmendem x_1 absolut kleiner. (Die Steigung an einem Punkt einer Kurve entspricht der Steigung der Tangente durch diesen Punkt.) Das bedeutet, dass bei einer Ausdehnung von x_1 in gleichgroßen Schritten die Menge von x_2 zurückgeht, aber der Rückgang von x_2 mit steigendem x_1 immer kleiner wird. Wieso aber verläuft die Indifferenzkurve konvex zum Ursprung? Das lässt sich mit der oben begründeten Annahme des abnehmenden Grenznutzens, dem **ersten Gossenschen Gesetz**, erklären:

Angenommen, der Haushalt würde anfangs Güterkombination *A* realisieren und sukzessive den Konsum von x_1 um eine Einheit ausdehnen, d. h. von 4 Mengeneinheiten auf 5, von 5 auf 6 usw. Der Nutzen wird gemäß dem Gossenschen Gesetz c. p. jeweils zunehmen, aber der Nutzenzuwachs würde von Schritt zu Schritt kleiner. Damit trotz des mengenbedingten Anstiegs des Nutzens aus Gut x_1 das Nutzenniveau gleichbleibt (Indifferenzkurve!), muss zugleich der Nutzen aus dem Konsum von Gut x_2 sinken, d. h. es wird weniger x_2 konsumiert. Nun gibt es zwei Gründe, warum es bei steigendem x_1-Konsum immer kleinerer Rückgänge der x_2-Menge bedarf, damit der gesamte Nutzen gleichbleibt. Erstens wird der Nutzenanstieg, den es auszugleichen gilt, immer kleiner (abnehmender Grenznutzen des Gut x_1). Zweitens wird eine Einheit des Gutes x_2 bei dessen sinkendem Konsum immer wertvoller, denn bei abnehmendem Konsum steigt der Grenznutzen.

Man nehme beispielsweise an, dass es sich bei Gut 1 um Schokolade und bei Gut 2 um Kekse handelt. Befindet sich nun ein Haushalt im Konsumpunkt *A* (→ Abb. A-3), stehen ihm mit 4 Tafeln vergleichsweise wenig Schokolade und mit ca. 8 Packungen vergleichsweise viele Kekse zur Verfügung. Der Haushalt wäre in Punkt *A* bereit, für eine zusätzliche Tafel der „wertvollen" Schokolade auf eine relativ große Menge der relativ reichlichen Kekse zu verzichten (Bewegung von *A* nach *B*), nämlich auf ca. 2 Kekspackungen. Ist Schokolade hingegen relativ reichlich und sind Kekse relativ knapp wie in Punkt *D*, würde der Haushalt nur noch auf relativ wenige der gegenüber Punkt *A* „wertvoller" gewordenen Kekse im Austausch für eine nun weniger „wert" gewordene Tafel Schokolade verzichten (Bewegung von *D* nach *E*), nämlich auf ca. 0,5 Kekspackungen.

Das Austauschverhältnis wird als **Rate der Substitution** bezeichnet. Die Rate der Substitution des Gutes 1 gibt an, wie viele Einheiten des Gutes 2 ein Haushalt im Austausch dafür hergeben würde (Δx_2), dass sein

Konsum des Gutes 1 um eine bestimmte Menge steigt (Δx_1). Die Rate der Substitution ist dann $\Delta x_2/\Delta x_1$. Sprich: Steigt der Konsum von Gut 1 um Δx_1 und sinkt der Konsum um Δx_2, dann bleibt das Nutzenniveau unverändert. Dieser Zusammenhang ist in → Abb. A-4 grafisch dargestellt. Der grüne Pfeil beschreibt eine Zunahme der Ausstattung mit Gut 1 (Δx_1). Wenn zugleich die Ausstattung mit Gut 2 um Δx_2 (roter Pfeil) sinkt, verbleibt der Haushalt auf der gleichen Indifferenzkurve, d. h. das Nutzenniveau bleibt gleich. Die Rate der Substitution entspricht mithin dem Tangens des Winkels α. (Der Tangens berechnet sich in einem rechtwinkligen Dreieck als der Quotient aus Gegenkathete durch Ankathete.) Je weiter man sich auf der Indifferenzkurve nach rechts bewegt, umso kleiner wird der Winkel; sprich der Tangens sinkt und somit auch die Rate der Substitution.

Beispiel | Rate der Substitution (RS) für $U(x_1, x_2) = x_1^{0,5} \cdot x_2^{0,5}$ bei einem Nutzenniveau von 40

- Ein Haushalt konsumiert 64 Schokoriegel ($x_1 = 64$) und 25 Tüten Chips ($x_2 = 25$), folglich ist das Nutzenniveau 40. Er spürt keine Nutzenänderung, wenn ihm 36 zusätzliche Schokoriegel ($\Delta x_1 = 36$) gegeben und im Gegenzug 9 Tüten Chips ($\Delta x_2 = -9$) genommen würden. Die RS ($\frac{\Delta x_2}{\Delta x_1}$) beträgt somit $-\frac{1}{4}$ bzw. $-0,25$.
- Der Haushalt konsumiert 80 Schokoriegel ($x_1 = 80$) und 20 Tüten Chips ($x_2 = 20$). Er ist indifferent gegenüber einem Tausch von zusätzlich 20 Schokoriegeln ($\Delta x_1 = 20$) gegen 4 Tüten Chips ($\Delta x_2 = -4$). Die RS ($\frac{\Delta x_2}{\Delta x_1}$) beträgt somit $-\frac{1}{5}$ bzw. $-0,2$.

(Das negative Vorzeichen der RS wird gelegentlich zur Vereinfachung weggelassen.)

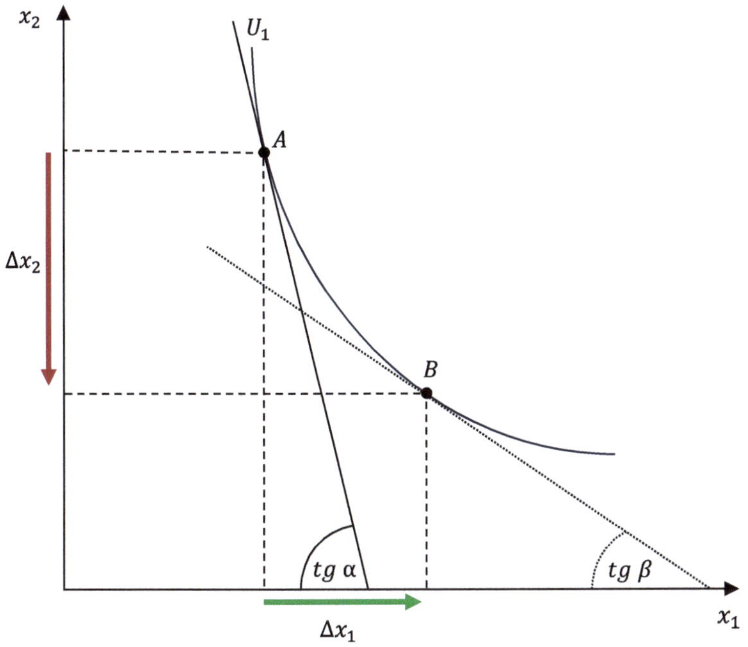

Abb. A-4: Tauschverhältnis

Als nächstes sei die **Grenzrate der Substitution** (GRS) eingeführt. Sie stellt das Austauschverhältnis dar, wenn der Konsum des Gutes x_1 gedanklich um eine infinitesimal kleine Einheit erhöht wird. Die GRS bei einer Güterkombination auf der Indifferenzkurve entspricht der Steigung der Indifferenzkurve an dem Punkt, also der Steigung der Tangente durch diesen Punkt. Die Tangente wird mit zunehmendem x_1-Konsum immer flacher, d. h. die GRS sinkt. Ursächlich ist, dass bei steigendem Konsum von Gut 1 dessen Grenznutzen sinkt und bei sinkendem Konsum von Gut 2 dessen Grenznutzen steigt (1. Gossensches Gesetz). Da es schwerfällt, die Vorstellung einer infinitesimal kleinen Mengenänderung auf die ökonomische Praxis zu übertragen, wird die Aussage der GRS für ein Gut oftmals verkürzt auf „die Menge eines anderen Gutes, die ein Haushalt eintauschen würde, wenn er im Gegenzug **eine** zusätzliche Einheit des Gutes erhalten würde."

Für jedes denkbare Nutzenniveau (U) existiert eine **Indifferenzkurve**. Somit gibt es eine unendliche Anzahl dieser Kurven. Je weiter eine Indifferenzkurve vom Ursprung entfernt ist, desto höher ist das Nutzenniveau, das sie darstellt. Die → Abb. A-5 stellt diesen Zusammenhang dar.

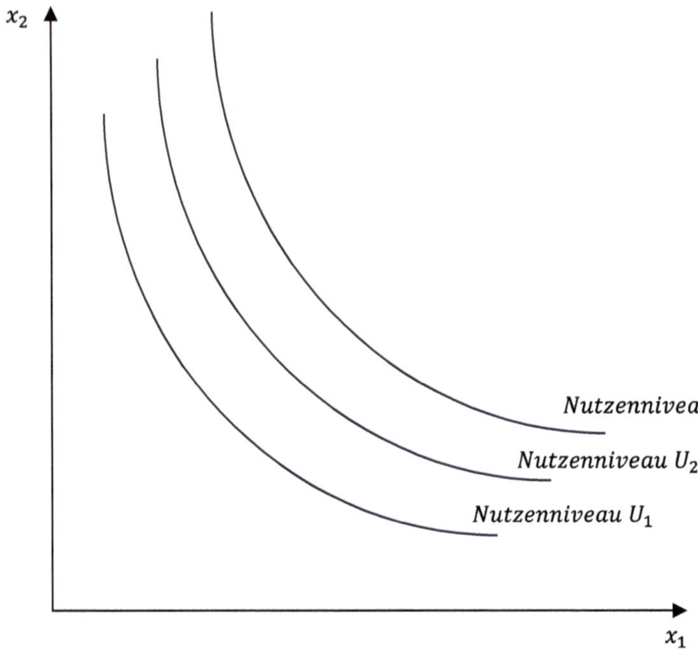

Abb. A-5: Nutzenniveaus

Der Verlauf der Indifferenzkurven hängt u. a. von der Beziehung zwischen den zwei Gütern ab, z. B. ob und wie gut sie gegeneinander austauschbar sind. Hierbei kann zwischen Substitutions- und Komplementärgütern unterschieden werden.

Als **Substitutionsgüter** werden Güter bezeichnet, die bei der Nutzung bzw. beim Konsum aufgrund ähnlicher Eigenschaften zu einem gewissen Grad austauschbar sind. Beispiele hierfür wären Soja- und Hafermilch, Butter und Margarine, Sahneeis und Joghurteis, Erdnussflips und Kartoffelchips, E-Books und physische Bücher oder Kinobesuch und Video on Demand. Anhand dieser Beispiele wird klar, dass sich der Grad der Substituierbarkeit unterscheidet. Dies kann ganz allgemeine Gründe haben, da beispielsweise physische Bücher immer gelesen werden können, während E-Books eine Stromversorgung voraussetzen. Natürlich können aber auch subjektive Argumente die Austauschbarkeit beeinflussen, da z. B. eine Präferenz für vegane Ernährung gegen Butter und für Margarine spricht.

Man unterscheidet zwischen imperfekten und perfekten Substituten. **Imperfekte Substitutionsgüter** wären z. B. Eiskrem und Wassereis, Baumwolle und Viskose, Kekse und Schokolade oder Auto und Fahrrad. Ein (nahezu) **perfektes Substitutionsgut** zu Superbenzin 95 (E5) wäre z. B. E10-Super-Benzin (E10), wenn es um das Betanken eines E10-fähigen Benziners geht. Auch verschiedene Geldscheine (z. B. 10 Euro und 20 Euro) sind weitestgehend perfekte Substitute.

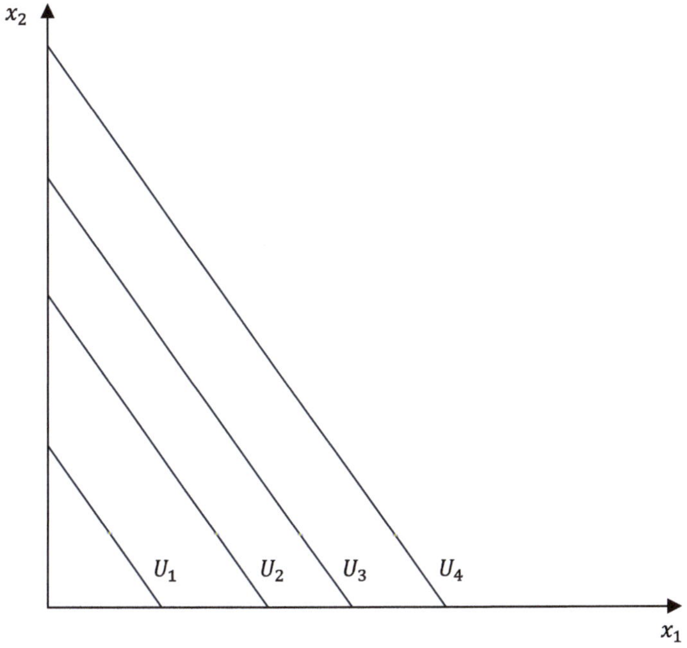

Abb. A-6: Perfekte Substitutionsgüter

Die → Abb. A-6 zeigt die grafische Aufbereitung der Indifferenzkurven für perfekte Substitute. x_1 könnte also Super 95 (E5) und x_2 die entsprechende Menge E10 sein. Die dazugehörigen Nutzenniveaus werden bei perfekter Substituierbarkeit durch Geraden dargestellt, die beide Achsen schneiden. Dabei stehen die Schnittpunkte mit den Achsen für den ausschließlichen Konsum des einen bzw. anderen Gutes. Bei allen anderen Punkten werden sowohl Gut 1 als auch Gut 2 konsumiert. Die gerade (lineare) Form der Indifferenzkurven besagt, dass die Grenzrate der Substitution konstant ist. Dies bedeutet, dass es in jedem Punkt der gleichen Menge des einen Gutes bedarf, um den Nutzenverlust durch den Verzicht auf eine Einheit des anderen Gutes auszugleichen. Sprich das Austauschverhältnis ist konstant. Angewandt auf das Tanken hieße das also, dass man mit 30 Liter Super und 10 Liter E10 genauso weit fahren könnte wie z. B. mit 29 Liter Super und 12 Liter E10 und wie mit 28 Liter Super und 14 Liter E10. Anders formuliert: Egal wieviel Super man in der Ausgangssituation im Tank hat, man braucht als Ersatz für einen Liter Super stets zwei Liter E10, um die gleiche Distanz zurückzulegen (den gleichen Nutzen zu erleben). Die Grenzrate der Substitution ist entsprechend durchgehend -2.

Der Fall perfekter Substitutionsgüter ist in der Praxis indes extrem selten. Die meisten Güter sind vielmehr imperfekte Substitute, d. h. die Indifferenzkurven sind nicht linear, sondern normalerweise links gekrümmt.

Es ist jedoch auch denkbar, dass Güter nicht in einem Substitutionsverhältnis, sondern in einer komplementären Beziehung zueinanderstehen. Entsprechend spricht man von **Komplementärgütern**. Beispiele sind das Auto und Treibstoff, Fahrrad und Luftpumpe, Hardware und Software oder Eiskrem und Eislöffel. **Perfekte Komplementärgüter** sind dadurch gekennzeichnet, dass ihr Konsum nur in einem festen Mengenverhältnis Nutzen stiftet. Das klassische Beispiel hierzu sind rechte und linke Schuhe, die für die allermeisten Menschen nur gemeinsam und in einem festen Verhältnis (1:1) von Nutzen sind. Andere Beispiele wären Handy und SIM-Karte oder Fahrradgestell und Fahrradreifen.

Die → Abb. A-7 zeigt den Verlauf der Indifferenzkurven für den Fall **perfekter Komplementärgüter**, etwa für den linken Schuh (Gut 2) und den rechten Schuh (Gut 1). Das Erreichen der nächsthöheren Indifferenzkurve, also eines höheren Nutzens, ist für den Haushalt nur möglich, wenn er parallel zum Konsum des einen Gutes den Konsum des anderen Gutes erhöht. Die Eckpunkte der Indifferenzkurven geben dabei die ökonomisch sinnvollen Konsumpunkte an: Besitzt man z. B. drei linke und drei rechte Schuhe, dann lässt sich der Nutzen c. p. nicht durch einen weiteren linken Schuh erhöhen. Der Nutzen steigt nur dann, wenn zusätzlich ein rechter Schuh konsumiert würde.

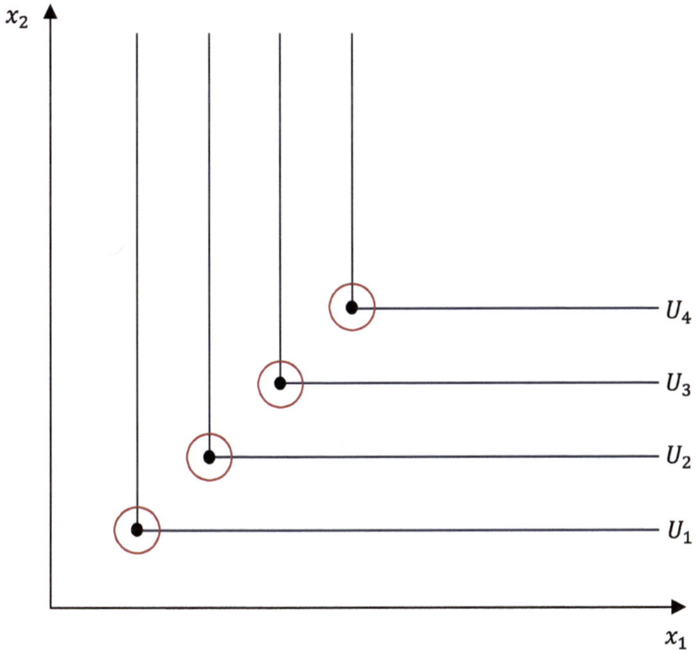

Abb. A-7: Perfekte Komplementärgüter

3.3 Die Nutzenfunktion

Der Zusammenhang zwischen Konsummengen und Nutzen lässt sich auch algebraisch darstellen. Die allgemeine Darstellung lautet

$$U = U(x_1, x_2, \dots, x_n) \tag{1}$$

Die **Nutzenfunktion** schließt folglich Fälle mit mehr als zwei Gütern ein und ist insoweit der zweidimensionalen geometrischen Form überlegen. Die Indifferenzkurven sind Querschnitte einer Nutzenfunktion im 2-Güter-Fall im zweidimensionalen Raum für jeweils einen festen Wert von U. Zu jeder Nutzenfunktion existieren unendlich viele Indifferenzkurven.

Für den Fall zweier Güter lautet die Nutzenfunktion

$$U = U(x_1, x_2) \tag{2}$$

Das totale Differential (dU) dieser Nutzenfunktion gibt an, wie sich eine infinitesimal kleine Änderung der Konsummengen (dx_1 und dx_2) auf den Nutzen auswirkt. Folgender Ausdruck beschreibt hingegen die 1. partielle Ableitung (∂U) und somit, wie sich der Nutzen eines Haushalts verändert, wenn er die Konsummenge von x_1 um eine infinitesimal kleine Einheit steigert.

$$\frac{\partial U}{\partial x_1} dx_1 \tag{3}$$

Um die gesamte Nutzenveränderung für alle Güter darzustellen, muss die Betrachtung für alle Güter summiert werden. Das heißt, wenn man die Änderungsterme für alle Güter aufaddiert, erhält man bei zwei Gütern als gesamte Veränderung des Nutzens:

$$dU = \frac{\partial U}{\partial x_1} dx_1 + \frac{\partial U}{\partial x_2} dx_2 \tag{4}$$

Möchte man nun die **Grenzrate der Substitution** berechnen, muss das totale Differential gleich Null gesetzt werden. Das ergibt sich aus der Definition der GRS als das Austauschverhältnis zwischen den zwei Gütern, bei dem das Nutzenniveau unverändert bleibt. Dies bedeutet, dass dU Null entsprechen muss. Entlang einer Indifferenzkurve gilt mithin:

$$dU = \frac{\partial U}{\partial x_1} dx_1 + \frac{\partial U}{\partial x_2} dx_2 = 0 \tag{5}$$

Dieser Term kann nach der Steigung der Indifferenzkurve umgeformt werden und es ergibt sich:

$$\frac{dx_2}{dx_1} = -\frac{\frac{\partial U}{\partial x_1}}{\frac{\partial U}{\partial x_2}} \tag{6}$$

Betragsmäßig entsprechen sich also die Grenzrate der Substitution (rechte Seite) und die Steigung der Indifferenzkurve (linke Seite). Das überrascht insoweit nicht, als dies bereits der grafischen Veranschaulichung entnommen werden konnte (→ Abb. A-4).

Beispiel | Grenzrate der Substitution (GRS)

Nutzenfunktion: $U(x_1, x_2) = x_1^{0,5} \cdot x_2^{0,5}$

$$GRS = -\frac{\frac{\partial U}{\partial x_1}}{\frac{\partial U}{\partial x_2}}$$

$$= -\frac{x_2^{0,5} \cdot \left(0,5 \cdot x_1^{-0,5}\right)}{x_1^{0,5} \cdot \left(0,5 \cdot x_2^{-0,5}\right)}$$

$$= -\frac{\frac{0,5 \cdot x_2^{0,5}}{x_1^{0,5}}}{\frac{0,5 \cdot x_1^{0,5}}{x_2^{0,5}}}$$

$$= -\frac{x_2^{0,5} \cdot x_2^{0,5}}{x_1^{0,5} \cdot x_1^{0,5}}$$

$$= -\frac{x_2}{x_1}$$

GRS bei der Güterkombination (80; 20) $= -\frac{1}{4} = -0,25$

GRS bei der Güterkombination $(100; 16) = -\frac{16}{100} = -0,16$

3.4 Die Budgetrestriktion

Der Konsum eines Gutes kostet in der Regel Geld, d. h. die meisten Güter haben einen **Preis**. In dem 2-Güter-Modell steht p_1 für den Preis des Gutes 1, und p_2 steht für den Preis des Gutes 2. Es sei nun angenommen, dass jedem Haushalt ein festes **Budget** B für den Konsum zur Verfügung steht. Hieraus ergibt sich die Ungleichung, die besagt, dass die Ausgaben eines Haushalts sein Budget nicht überschreiten können:

$$x_1 \cdot p_1 + x_2 \cdot p_2 \leq B \quad (7)$$

Zur Vereinfachung des Modells wird unterstellt, dass die Haushalte ihr gesamtes Budget ausgeben. Daraus folgt die **Budgetgleichung**:

$$x_1 \cdot p_1 + x_2 \cdot p_2 = B \quad (8)$$

In → Abb. A-8 ist die Budgetgleichung in einem x_1-x_2-Diagramm als hellgrüne Linie dargestellt. Sie wird als **Budgetgerade** bezeichnet.

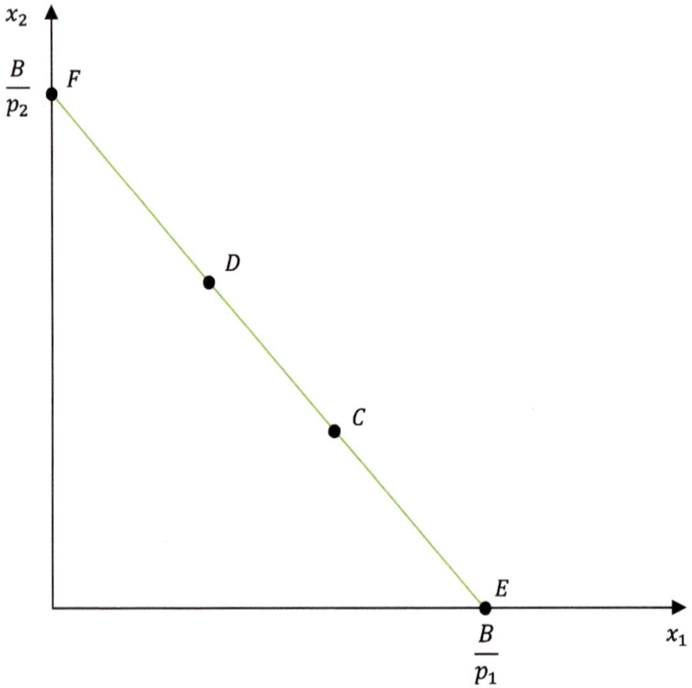

Abb. A-8: Budgetrestriktion

Unter der Annahme, dass der Haushalt sein gesamtes Budget ausgibt, kommen alle Punkte auf der Budgetgerade in Frage, also z. B. die Güterkombinationen *C* und *D*. Gibt der Haushalt sein ganzes Budget nur für Gut 1 oder nur für Gut 2 aus, befindet er sich in Pkt. *E* bzw. Pkt. *F*.
Durch Auflösen der Budgetgleichung (8) nach x_2 erhält man einen Zusammenhang zwischen Gut 1 und Gut 2:

$$x_2 = \frac{B}{p_2} - \frac{p_1}{p_2} x_1 \qquad (9)$$

Dieser funktionale Zusammenhang beschreibt nichts anderes als die Budgetgerade, deren Steigung gleich $-\frac{p_1}{p_2}$ ist und welche die Ordinate bei $\frac{B}{p_2}$ (hier ist $x_1 = 0$) und die Abszisse bei $\frac{B}{p_1}$ (hier ist $x_2 = 0$) schneidet.

Wenn das Konsumbudget eines Haushalts steigt, weil z. B. sein Einkommen zunimmt oder weil seine Sparneigung zurückgeht, dann verschiebt sich die Budgetgerade parallel nach oben (blaue Linie in → Abb. A-9). Sinkt das Budget, verschiebt sich die Gerade parallel nach unten (rote Linie in → Abb. A-9). Die Achsenabschnitte ($x_1 = 0$ bzw. $x_2 = 0$) bieten dabei einen guten Anhaltspunkt, um sich die Richtung der Verschiebung zu erklären.

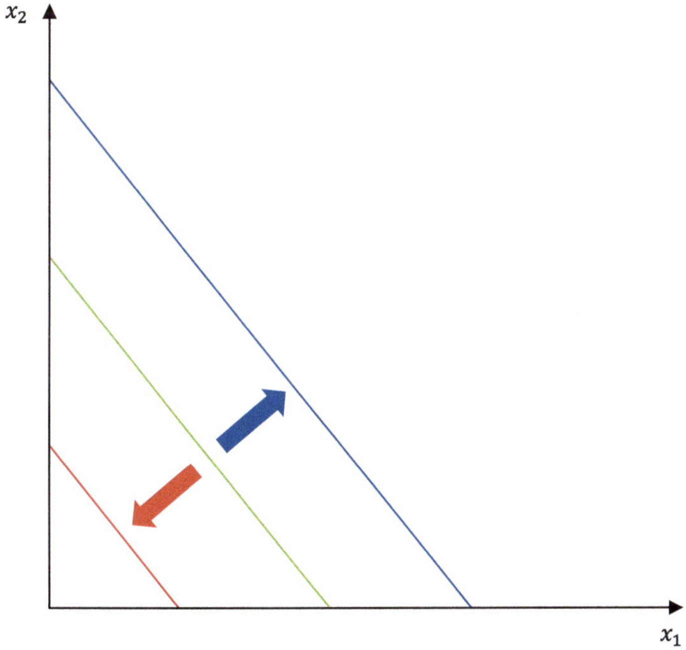

Abb. A-9: Budgetänderungen und Budgetgerade

Die → Abb. A-10 zeigt, was passiert, wenn sich der Preis des Gutes x_1 ändert. Die Budgetlinie dreht sich um den Ordinatenschnittpunkt nach unten, wenn x_1 teurer wird (rote Linie in → A-10). Sie dreht sich nach oben, wenn x_1

günstiger wird (blaue Linie in → A-10). Auch diese Verschiebungen kann man sich leicht klarmachen, wenn man die Schnittpunkte der Budgetgerade mit den Achsen betrachtet: Steigt bei unverändertem Budget der Preis für ein Gut, kann ein Haushalt, wenn er nur das teurer gewordene Gut konsumiert, weniger von dem Gut konsumieren. Sinkt bei unverändertem Budget der Preis eines Gutes, kann der Haushalt hingegen mehr Einheiten des Gutes konsumieren. Würde der Haushalt indes einzig das andere Gut konsumieren, dessen Preis unverändert geblieben ist, ändert sich nichts an der konsumierbaren Menge dieses Gutes und mithin ändert sich auch nicht der Schnittpunkt mit der Achse, an der dieses Gut abgetragen ist. Was sich geändert hat, ist die Steigung der Budgetgerade, welche bekanntlich dem negativen Preisverhältnis der Güter ($-\frac{p_1}{p_2}$) entspricht.

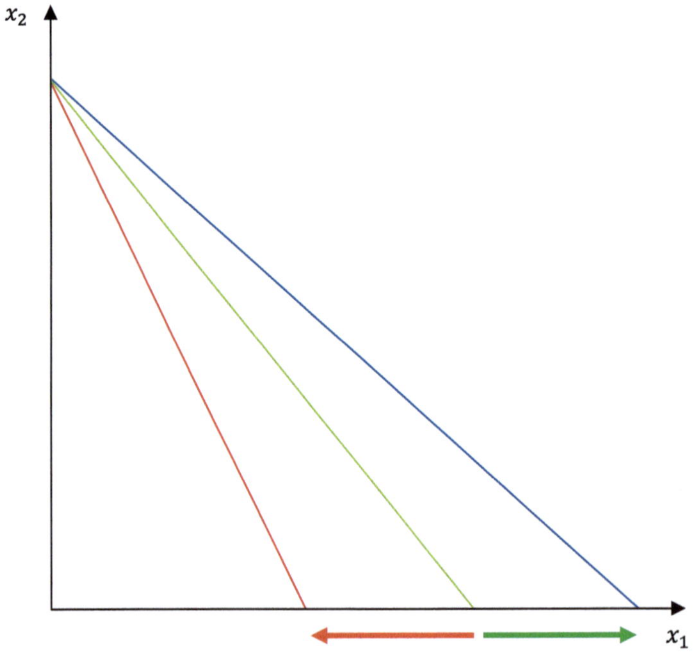

Abb. A-10: Preisänderungen und Budgetgerade

Beispiel | Budgetrestriktion, Budget- und Preisänderungen

$B = 1.000€$ $\quad p_1 = 10€$ $\quad p_2 = 20€$
Budgetgleichung: $1.000€ = 10€ \cdot x_1 + 20€ \cdot x_2$
Budgetgerade: $x_2 = 50 - 0,5 \cdot x_1$
für $x_2 = 0 \rightarrow x_1 = 100$ (Schnittpunkt auf Abszisse)
für $x_1 = 0 \rightarrow x_2 = 50$ (Schnittpunkt auf Ordinate)

$B_{steigt} = 1.100€$ $\quad p_1 = 10€$ $\quad p_2 = 20€$
für $x_2 = 0 \rightarrow x_1 = 110$
für $x_1 = 0 \rightarrow x_2 = 55$

$B_{sinkt} = 800€$ $\quad p_1 = 10€$ $\quad p_2 = 20€$
für $x_2 = 0 \rightarrow x_1 = 80$
für $x_1 = 0 \rightarrow x_2 = 40$

$p_{1,\,steigt} = 12,50€$ $\rightarrow$ Budgetgerade: $x_2 = 50 - 0,625 \cdot x_1$
$p_{1,\,sinkt} = 8,00€$ $\rightarrow$ Budgetgerade: $x_2 = 50 - 0,4 \cdot x_1$

3.5 Das Haushaltsoptimum

Eine zentrale Annahme des Modells ist, dass jeder Haushalt danach strebt, seinen Nutzen zu maximieren. Der Haushalt steht somit vor der Entscheidung, wie er angesichts eines begrenzten Budgets und gegebener Güterpreise den höchstmöglichen Nutzen realisiert. Er muss sich m. a. W. für die individuell beste, also nutzenmaximierende Güterkombination entscheiden. Diese wird als **optimaler Konsumplan** eines Haushalts oder als **Haushaltsoptimum** bezeichnet. Zur grafischen Lösung dieser Optimierungsaufgabe werden die Budgetgerade, welche die realisierbaren Konsummöglichkeiten repräsentiert, und die Indifferenzkurven, welche das Nutzenniveau verschiedener Konsumkombinationen widerspiegeln, in das x_1-x_2-Diagramm eingezeichnet. Dies erfolgt in → Abb. A-11. Dort sind exemplarisch drei Indifferenzkurven und somit drei Nutzenniveaus dargestellt. Das Nutzenniveau U_3 ist höher als das Nutzenniveau U_2, welches wiederum höher als das Nutzenniveau U_1 ist.

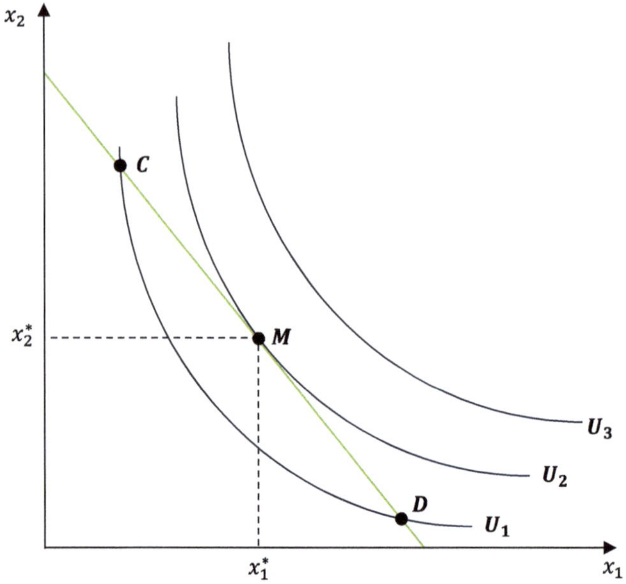

Abb. A-11: Haushaltsoptimum

Die hellgrüne Budgetgerade gibt alle Punkte an, die der Haushalt konsumieren kann, wenn er das gesamte Budget ausgibt. Das Haushaltsoptimum liegt in Pkt. M, wo sich Budgetgerade und U_2 berühren. Zwar könnte sich der Haushalt mit dem gegebenen Budget auch z. B. die Güterkombinationen C oder D leisten, aber die hier erreichte Indifferenzkurve liegt näher am Ursprung als U_2, sprich der Nutzen wäre geringer als in M. Gewiss stiftet jede Güterkombination auf U_3 einen noch höheren Nutzen, aber zu deren Umsetzung fehlen dem Haushalt die Mittel. Das zeigt sich in der Grafik daran, dass alle Punkte von U_3 jenseits der Budgetgerade liegen. Das Haushaltsoptimum liegt mithin dort, wo die Budgetgerade eine **Tangente** der Indifferenzkurve ist. Das bedeutet, dass die Indifferenzkurve und die Budgetgerade im Optimum die gleiche Steigung aufweisen.

Die Steigungen der Budgetgerade und der Indifferenzkurve sind oben hergeleitet worden. Sie entsprechen dem negativen Preisverhältnis bzw. der negativen Grenzrate der Substitution. Die GRS ist wiederum gleich dem umgekehrten negativen Grenznutzenverhältnis. Daraus folgt, dass der optimale Konsumplan des Haushalts genau dann erreicht wird, wenn das Preisverhältnis und das Grenznutzenverhältnis übereinstimmen.

$$-\frac{p_1}{p_2} = \frac{dx_2}{dx_1} = -\frac{\frac{\partial U}{\partial x_1}}{\frac{\partial U}{\partial x_2}} \qquad (10)$$

Die Erfüllung dieser Gleichung reicht indes nicht aus, um den optimalen Konsumplan zu bestimmen, da es unendlich viele Lösungen gibt. (Es handelt sich um eine Gleichung mit zwei Unbekannten x_1 und x_2.) Zusätzlich zu dieser Bedingung muss das feste Budget beachtet werden. Dies wird sichergestellt durch die Budgetrestriktion als Nebenbedingung. Die mathematische Lösung dieses Maximierungsproblems wird für den 2-Güter-Fall üblicherweise mit dem Verfahren nach Lagrange mit der Budgetgleichung als Nebenbedingung bestimmt.

Beispiel | Lagrange-Verfahren und Haushaltsoptimum

$U(x_1, x_2) = x_1^{0,5} \cdot x_2^{0,5}$

Budget $B = 1.000$ $\quad p_1 = 10$ $\quad p_2 = 20$

(a) Budgetgleichung: $1.000 = 10 \cdot x_1 + 20 \cdot x_2$

Lagrange-Funktion: $L = U(x_1, x_2) - \lambda(p_1 x_1 + p_2 x_2 - B)$

$= x_1^{0,5} \cdot x_2^{0,5} - \lambda(10x_1 + 20x_2 - 1000)$

L nach x_1 und x_2 ableiten sowie jeweils gleich Null setzen:

(b) $(0,5 \cdot x_2^{0,5} \cdot x_1^{-0,5} - 10 \cdot \lambda = 0 \quad \lambda = 0(0,5 \cdot x_2^{0,5} \cdot x_1^{-0,5})$

(c) $0,5 \cdot x_1^{0,5} \cdot x_2^{-0,5} - 20 \cdot \lambda = 0 \quad \lambda = 0,05(0,5 \cdot x_1^{0,5} \cdot x_2^{-0,5})$

Gleichsetzen von λ aus (b) und (c):

$0,1(0,5 \cdot x_2^{0,5} \cdot x_1^{-0,5}) = 0,05(0,5 \cdot x_1^{0,5} \cdot x_2^{-0,5})$

Nach x_1 auflösen: $x_1 = 2 \cdot x_2$

$x_1 = 2 \cdot x_2$ in (a) einsetzen:

$10 \cdot 2x_2 + 20 \cdot x_2 - 1000 = 0 \longrightarrow x_2 = 25$

$x_2 = 25$ in (a) einsetzen:

$10 \cdot x_1 + 20 \cdot 25 - 1000 = 0 \longrightarrow x_1 = 50$

Das Haushaltsoptimum $(x_1; x_2)$ liegt bei (50; 25).

3.6 Die Nachfragefunktion

Es wird zunächst davon ausgegangen, dass in dem vorliegenden 2-Güter-Modell einzig der Preis von Gut 1 steigt, d. h. es gilt die ceteris-paribus-Klausel (→ Kap. 1). Mit der Preisänderung verändert sich auch die Steigung der Budgetgerade, sodass sich der Haushalt in Punkt M_1 (→ A-12) nicht mehr im Haushaltsoptimum befindet. Die → Abb. A-12 gibt Aufschluss darüber, wie der Haushalt auf diese suboptimale Situation reagiert.

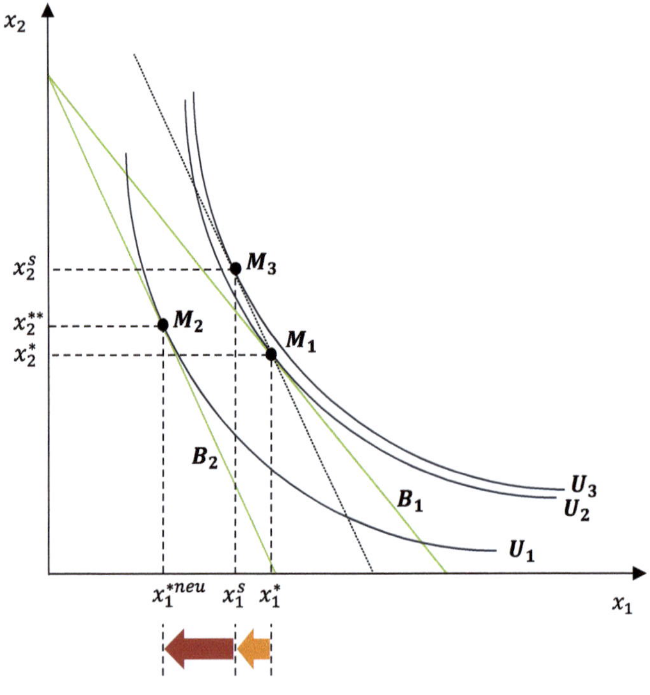

Abb. A-12: Substitutions- und Einkommenseffekt

Durch den Preisanstieg bei Gut 1 dreht sich die Budgetgerade in Richtung Ursprung, während der x_2-Achsenabschnitt gleichbleibt. Dieser bleibt unverändert, weil die Menge von Gut 2 gleichbleibt, die der Haushalt konsumieren kann, wenn er sein ganzes Budget für Gut 2 ausgibt. Gibt er hingegen sein gesamtes Budget für Gut 1 aus, kann er angesichts des gestiegenen Preises weniger Einheiten von Gut 1 konsumieren als zuvor. Der

x_1-Achsenabschnitt verschiebt sich folglich nach links: die Budgetgerade wird steiler. Durch die neue Steigung der Budgetlinie wird der neue optimale Konsumplan des Haushalts jetzt an dem Tangentialpunkt M_2 der neuen Budgetgerade B_2 und der Indifferenzkurve U_1 liegen. Man sieht, dass das Nutzenniveau durch die Preissteigerung gesunken ist ($U_1 < U_2$). Zugleich ist der Konsum von Gut 1 geschrumpft ($x_1^{*\,\mathrm{neu}} < x_1^*$). Dabei sind zwei Effekte zu unterscheiden: **Substitutions-** und **Einkommenseffekt**.

Der **Substitutionseffekt** gibt die Gütermengen an, die konsumiert würden, wenn der Haushalt für den Kaufkraftverlust z. B. durch eine Transferzahlung vollständig kompensiert würde. Dann könnte er trotz des gestiegenen Preises von Gut 1 die gleichen Mengen von x_1 und x_2 wie zuvor konsumieren, nämlich x_1^* und x_2^*. Dieses Gedankenspiel lässt sich grafisch darstellen, indem die Budgetgerade B_2, deren Steigung bekanntlich dem neuen Preisverhältnis entspricht, soweit parallel nach rechts verschoben wird, dass sie durch den Punkt M_1 verläuft. Das dazugehörige Haushaltsoptimum M_3 liegt bei einer geringeren Menge von Gut 1 als das alte Optimum M_1. Der Haushalt würde also auch dann, wenn er eine finanzielle Kompensation für den Kaufkraftverlust erhalten würde, weniger von Gut 1 kaufen, da dieses teurer geworden ist. Dieser **Substitutionseffekt** wird in der Abbildung durch den orangenen Pfeil verdeutlicht, also den Rückgang von x_1^* auf x_1^s.

Wird nun die hilfsweise getroffene Annahme fallengelassen, dass Kompensationszahlungen geleistet werden, lässt sich der **Einkommenseffekt** herausarbeiten: Er entsteht dadurch, dass sich der Haushalt infolge der Preiserhöhung grundsätzlich weniger Konsum leisten kann. In ⟶ Abb. A-12 ist er durch den roten Pfeil dargestellt.

Der Gesamteffekt auf den Konsum des teurer gewordenen Gutes (hier: Gut 1) ist negativ. Der Gesamteffekt auf den Konsum des anderen Gutes (hier: Gut 2) kann sowohl positiv als auch negativ sein. Das liegt daran, dass sich der Substitutionseffekt positiv auf die konsumierte Menge des anderen Gutes (Gut 2) auswirkt, während der Einkommenseffekt – für sich allein betrachtet – negativ wirkt. Im vorliegenden Beispiel (⟶ Abb. A-12) konsumiert der Haushalt nach einer Preiserhöhung für Gut 1 mehr des Gutes 2.

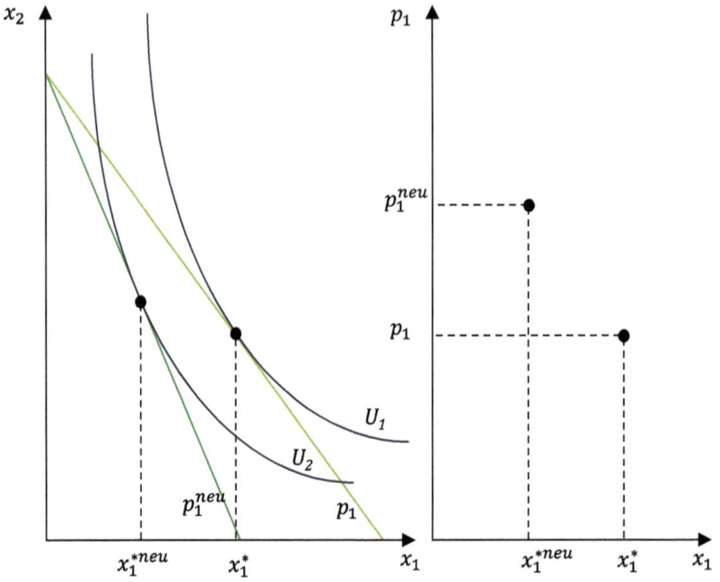

Abb. A-13: Vom Haushaltsoptimum zur preisabhängigen Nachfrage

Wenn man sich nun vorstellt, dass unter der Bezeichnung „Gut 2“ alle denkbaren Güter mit Ausnahme des Gutes 1 zusammengefasst sind, lässt sich die Reaktion eines isolierten Preisanstiegs für Gut 1 auf die konsumierte Menge von Gut 1 ablesen: Steigt c. p. der Preis eines Gutes, planen die Haushalte einen geringeren Konsum dieses Gutes. Dies wird als normales Nachfrageverhalten bezeichnet. Die → Abb. A-13 zeigt diesen Zusammenhang für zwei unterschiedliche Preise p_1 und p_1^{neu} sowohl links im x_1-x_2-Diagramm als auch rechts in einem Preis-Mengen-Diagramm, in welchem der Preis p_1 an der Ordinate und die nachgefragte Menge x_1 an der Abszisse abgetragen ist.

Würde man für jeden beliebigen Preis das Haushaltsoptimum bestimmen und die resultierenden Mengen x_1 im Preis-Mengen-Diagramm eintragen, entsteht eine Kurve. Dies ist die individuelle Nachfragekurve eines Haushalts. Die Nachfragefunktion spiegelt wider, welche Menge des Gutes der Haushalt bei variierendem Preis des Gutes zu konsumieren plant. Sie ist in → Abb. A-14 zur Vereinfachung als Gerade gezeichnet. Das heißt, ab nun wird von einer linearen individuellen Nachfragefunktion ausgegangen.

Die formale Schreibweise für eine lineare Nachfragefunktion lautet:

$$x(p) = a - b \cdot p \qquad (11)$$

Der Achsenabschnitt auf der p-Achse beschreibt den individuellen Prohibitivpreis, der angibt, ab welchem Preis der Haushalt das betrachtete Gut nicht mehr nachfragen wird. Formal beschreibt er den Zusammenhang $x\left(p_{pro}\right) = 0$.

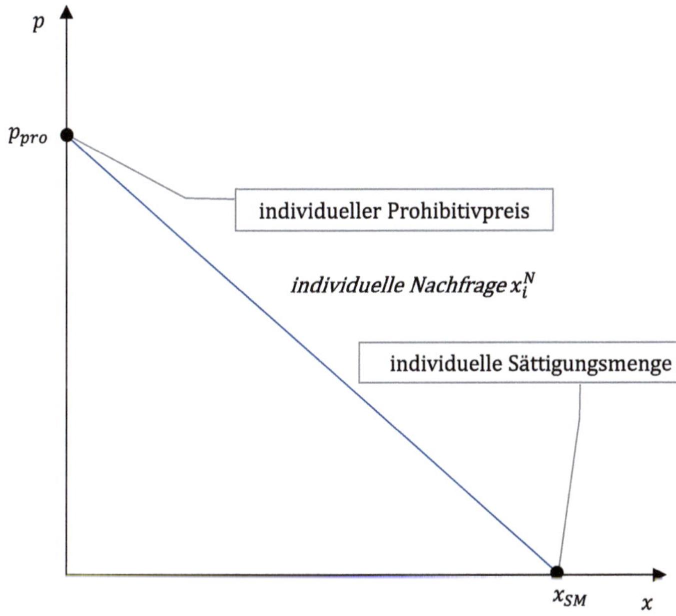

Abb. A-14: Individuelle Nachfragefunktion

Die individuelle Sättigungsmenge (x_{SM}) gibt an, ab welcher Menge der Haushalt gesättigt ist. Das heißt, dass er nicht mehr des Gutes konsumieren möchte, selbst wenn es zu einem Preis von Null verschenkt würde. Formal wird dies dargestellt durch $x(0) = x_{SM}$.

Nun ist es nur noch ein kleiner Schritt hin zur Herleitung der Marktnachfrage, d. h. der Nachfragefunktion für alle Haushalte. Sie ergibt sich grafisch aus der horizontalen Addition aller individuellen Nachfragekurven. Rechnerisch werden zu jedem beliebigen Preis die jeweils individuell nachgefragten Mengen aufsummiert. Angenommen, es gäbe nur zwei Haushalte und bei einem Preis von 5 würde ein Haushalt 4 Mengeneinheiten des Gutes und der andere Haushalt würde 3 Mengeneinheiten nachfragen: Dann beträgt die

Marktnachfrage bei diesem Preis insgesamt 7 Einheiten. In → Abb. A-15 ist die grafische Addition zweier individueller Nachfragefunktionen (Haushalte B und C) dargestellt. Die addierte Nachfragefunktion hat beim individuellen Prohibitivpreis des Haushalts C einen Knick.

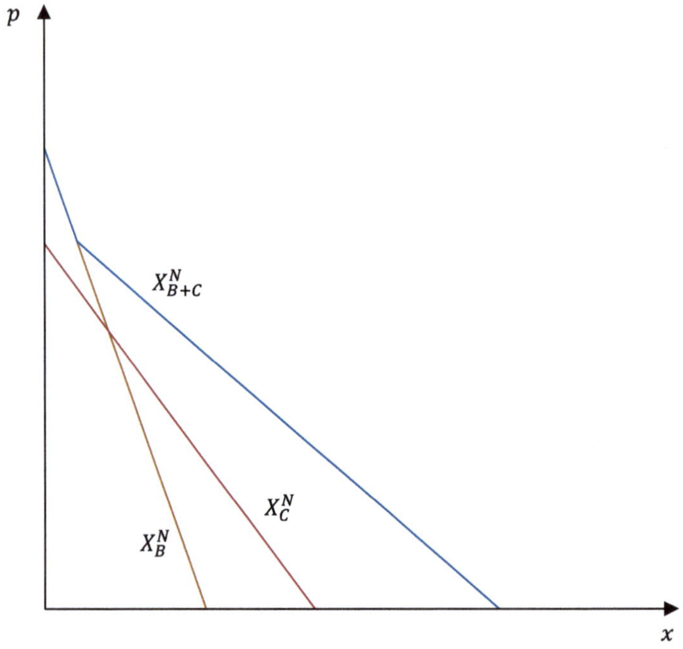

Abb. A-15: Aggregation individueller Nachfragekurven

Im Modell der vollständigen Konkurrenz gibt es indes nicht nur zwei, sondern geradezu unendlich viele Nachfrager mit jeweils verschwindend kleinem Marktanteil. Da die individuellen Prohibitivpreise höchst unterschiedlich sein dürften, und die nachgefragte Menge eines einzelnen Haushalts im Marktmaßstab infinitesimal klein ist, gelangt man zu einer optisch knicklosen Kurve für die **Marktnachfrage** (→ Abb. A-16). Sie ist hier ebenfalls linear dargestellt. Es sei jedoch darauf hingewiesen, dass der lineare Verlauf der Marktnachfrage eine starke Vereinfachung darstellt. In der Praxis ist der Preis-Nachfrage-Zusammenhang so gut wie nie streng linear.

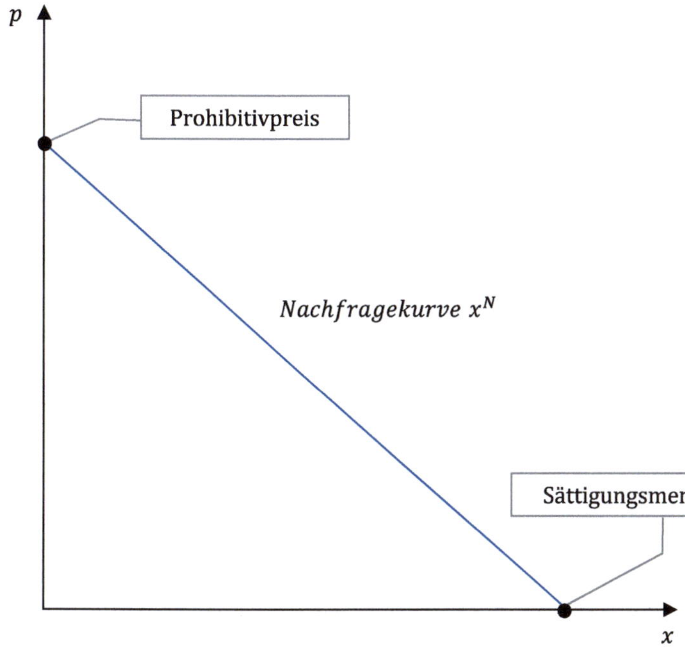

Abb. A-16: Lineare Marktnachfragefunktion

Beispiel | Sättigungsmenge und Prohibitivpreis

Nachfragefunktion $x^N = 10.000 - 20 \cdot p$
Sättigungsmenge bei $p = 0 \longrightarrow x_{SM} = 10.000$
Prohibitivpreis bei $x^N = 0 \longrightarrow p_{pro} = \frac{10.000}{20} = 500$

3.7 Anomale Nachfragefunktion

Während bei **normalem Nachfrageverhalten** die Haushalte planen, bei steigendem Preis eines Gutes den Konsum des Gutes c. p. zu verringern, werden sie bei **anomalem Verhalten** versuchen, ihren Konsum auszudehnen. Eine Erklärung für eine anomale Reaktion der Nachfrage bietet der Veblen-Effekt (Thorstein Veblen, 1857–1929). Andere Erklärungen sind der Hamster-Effekt und das Giffen-Paradoxon (Robert Giffen, 1837–1910).

- **Veblen-Effekt.** Manche Menschen mit z. B. einem besonderen Geltungsbedürfnis fragen bevorzugt Güter nach, die exklusiv erscheinen und die sich als Statussymbol eignen (Prestigegüter). Da sie bei einer Preiserhöhung auf eine steigende Exklusivität schließen, nimmt ihre Nachfrage zu. Dieses Phänomen wird auch als **Prestige-Effekt** oder **Snob-Effekt** bezeichnet.
- **Hamster-Effekt.** Wenn die Nachfrager erwarten, dass nach einer Preissteigerung die Preise zukünftig weiter steigen werden, dann versuchen sie, das Gut in größeren Mengen zu kaufen und zu „hamstern" (Nachfrage steigt). Umgekehrt verlagern sie ihre Nachfrage in die Zukunft (Nachfrage sinkt), wenn sie auf eine Preissenkung mit der Erwartung auf weiter sinkende Preise reagieren (Attentismus). Der Hamster-Effekt kann naheliegenderweise nur bei lagerfähigen Gütern eintreten bzw. der Abwarte-Effekt nur bei Gütern, deren Konsum sich aufschieben lässt.
- **Giffen-Paradoxon.** Das Paradoxon ist eher selten anzutreffen und im Wesentlichen nur in Niedrigeinkommensländern bzw. bei der Nachfrage sehr armer Haushalte nach lebensnotwendigen Gütern wie z. B. Grundnahrungsmitteln plausibel. Am besten lässt sich das Giffen-Paradoxon mittels eines Beispiels erklären: Angenommen, ein sechsköpfiger Haushalt habe ein Nahrungsmittelbudget von täglich 16 Euro zur Verfügung, um seinen lebensnotwendigen Kalorienbedarf von insgesamt 11.000 kcal zu decken. Dafür stehen ausschließlich Brot und Bananen zur Verfügung. Zunächst deckt der Haushalt seinen Bedarf mit 4 kg Brot à 3 Euro pro kg (je 2.500 kcal) und 1 kg Bananen (1.000 kcal) à 4 Euro/kg. Nun steigt der Brotpreis auf 3,50 Euro. Die einzige Möglichkeit, weiterhin 11.000 kcal zu decken, ist eine Ausdehnung des Brotkonsums. Der Grund dafür ist, dass es bei einem Budget von 16 Euro und Preisen von 3,50 Euro/kg für Brot und 4 Euro/kg für Bananen nicht möglich ist, auf 11.000 kcal zu kommen, wenn weniger Brot konsumiert würde. Denkbar ist vielmehr, dass in dem Beispiel der Brotkonsum von 4 auf etwa 4,31 kg steigt und der Bananenkonsum von 1 auf ca. 0,23 kg sinkt.

Sowohl der Veblen-Effekt als auch der Hamster-Effekt resultieren daraus, dass sich parallel zum Preis auch eine **andere Einflussgröße** verändert, welches sich im Preis-Mengen-Diagramm durch eine Verschiebung der Nachfragekurve darstellen lässt (→ Abb. A-17). Diese Einflussgrößen sind die Präferenzen beim Veblen-Effekt und die Preiserwartungen beim Hamstereffekt. So bewirkt z. B. eine Preissteigerung, dass *Snobs* ihre **Konsum-**

präferenzen zugunsten des Gutes verändern bzw. dass die Nachfrager aufgrund ihrer gestiegenen **Preiserwartungen** mehr des Gutes nachfragen. Folglich verschiebt sich die Nachfragekurve mit jedem Preisanstieg weiter nach rechts. Soweit die positive Wirkung auf die nachgefragte Menge größer ist als die negative Wirkung der Preiserhöhung, nimmt die Nachfrage insgesamt zu (→ Abb. A-17).

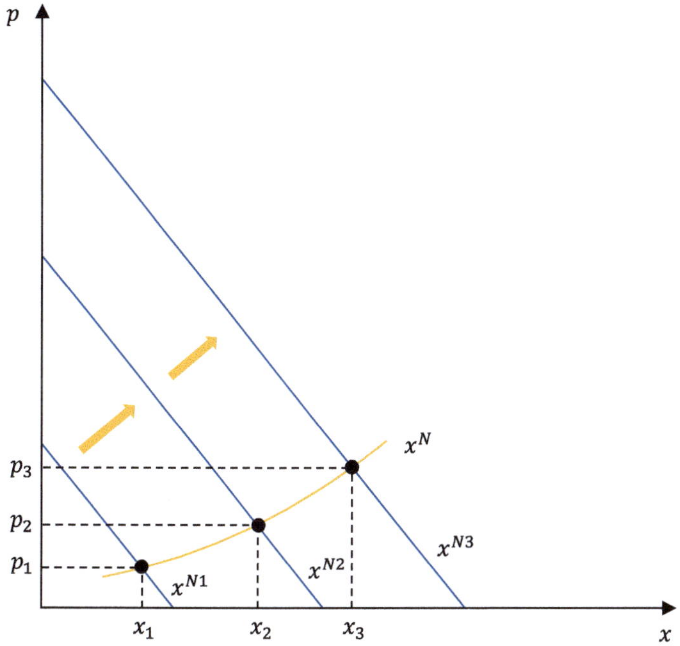

Abb. A-17: Veblen- und Hamster-Effekt

3.8 Elastizitäten der Nachfrage

Eine Elastizität ist ein Maß für die Reaktion einer Größe auf eine Änderung einer beeinflussenden Größe. Die **Preiselastizität der Nachfrage** gibt z. B. das Verhältnis von relativer Änderung der Nachfrage zu einer relativen Preisänderung an. Elastizitäten werden üblicherweise mit dem griechischen Kleinbuchstaben η („Eta") sowie dem Index der reagierenden Variable, gefolgt von der sich verändernden Variable abgekürzt. A sei die Situation vor der Preisänderung und B sei die Situation danach:

$$\eta_{x,p} = \frac{\frac{x_B - x_A}{x_A}}{\frac{p_B - p_A}{p_A}} = \frac{\frac{\Delta x}{x}}{\frac{\Delta p}{p}} \tag{12}$$

Nach Auflösen des mittigen Bruchstrichs und Umstellen ergibt sich:

$$\eta_{x,p} = \frac{x_B - x_A}{x_A} \bullet \frac{p_A}{p_B - p_A} \tag{13}$$

Diese Elastizität wird als **Bogenelastizität** bezeichnet und beschreibt die Nachfragereaktion auf **endlich große** Preisänderungen. Angenommen, der Preis steigt von 10 auf 12, also um 20 %, und die Bogenelastizität betrüge −2. Dann bedeutet dies, dass sich die Nachfrage um −2 • 20 % = − 40 % ändert, also z. B. von 200 auf 120.

Die **Punktelastizität** beschreibt demgegenüber die Nachfragereaktion auf **infinitesimal kleine** Änderungen:

$$\eta_{x,p} = \frac{dx/x}{dp/p} \tag{14}$$

Durch Umstellen erhält man:

$$\eta_{x,p} = \frac{dx}{dp} \bullet \frac{p}{x} = x'(p) \bullet \frac{p}{x} \tag{15}$$

Die Punktelastizität wird vereinfachend interpretiert als Maß für die Nachfragereaktion auf eine 1-prozentige Preiserhöhung. Aus einem Wert von bspw. -0,8 folgt: Steigt der Preis um 1 %, geht die Nachfrage um 0,8 % zurück.

Die Preiselastizität ist in der Regel negativ, denn eine Zunahme des Preises führt normalerweise zu einer Abnahme der Nachfrage. Jedoch ist auch eine positive Preiselastizität, also $\eta_{x,p} > 0$, denkbar. Erklärungen für eine positive Preiselastizität der Nachfrage sind die oben (⟶ Kap. 3.7) beschriebenen Veblen- und Hamstereffekte sowie das Giffen-Paradoxon.

Die Nachfrage nach einem Gut anhand der Preiselastizität kann wie folgt klassifiziert werden.

$\left\|\eta_{x,p}\right\| < 1$	Preisunelastische Nachfrage
$\left\|\eta_{x,p}\right\| > 1$	Preiselastische Nachfrage
$\eta_{x,p} = 0$	Vollkommen preisunelastische Nachfrage
$\left\|\eta_{x,p}\right\| \longrightarrow \infty$	Vollkommen preiselastische Nachfrage

Eine preiselastische Nachfrage bedeutet m. a. W., dass die Menge überproportional auf eine Preisänderung reagiert. Eine unelastische Nachfrage lässt entsprechend auf eine unterproportionale Mengenänderung schließen.

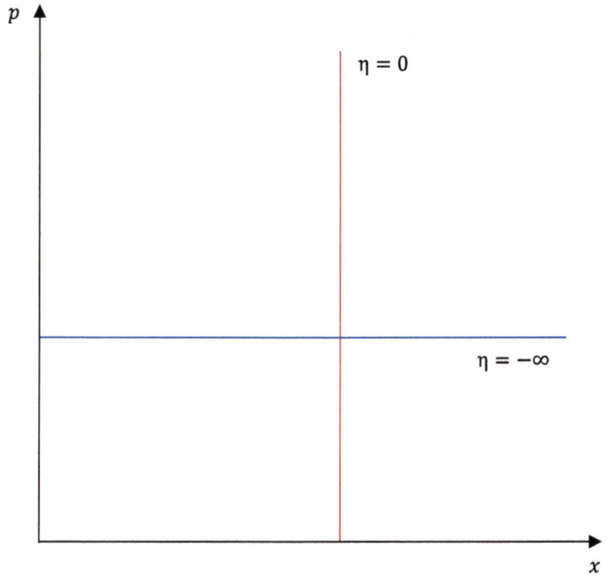

Abb. A-18: Vollkommene Preiselastizitäten

Ein Extremfall ist die vollkommen preisunelastische Nachfrage, die eine Elastizität von 0 aufweist. Sie besagt, dass die Konsumenten zu jedem Preis dieselbe Menge nachfragen. Die dazugehörige Nachfragekurve ist in ⟶ Abb. A-18 als rote Senkrechte dargestellt. Beispiele sind überlebenswichtige Medikamente und Therapien, für die es keine Substitute gibt. Genau genommen geht die Nachfrage auch bei solchen Gütern ab einem bestimmten Preis zurück, und zwar dann, wenn der Preis so hoch ist, dass das begrenzte Einkommen bzw. Budget den Konsum schlichtweg nicht mehr erlaubt.

Die blaue Nachfragegerade in → Abb. A-18 beschreibt eine vollkommen elastische Nachfrage. Hier würden die Konsumenten die Nachfrage nach einem Gut bei einer Preiserhöhung sofort einstellen und nach einer Preissenkung ins Unendliche steigern. Dieser Fall ist indes rein hypothetischer Natur.

Beispiel | Bogen- und Punktpreiselastizität der Nachfrage

$x^N = 8.000 - 10 \cdot p$

Bogenelastizität für $x = 5.000$ und $\Delta p = 60$
wenn $x = 5.000 \longrightarrow p = 300$
wenn $\Delta p = 60 \longrightarrow p_{neu} = 360 \longrightarrow x_{neu} = 4.400 \longrightarrow \Delta x = -600$

$$\eta_{Bogen, x, p} = \frac{\frac{\Delta x}{x}}{\frac{\Delta p}{p}} = \frac{\frac{-600}{5.000}}{\frac{60}{300}} = -0{,}6$$

Steigt der Preis von 300 um 20 %, sinkt die Nachfrage um 0,6 • 20 %, also um 12 %.

Punktelastizität bei $x = 5.000$

$$\eta_{x, p} = \frac{dx}{dp} \cdot \frac{p}{x} = -10 \cdot \frac{300}{5.000} = -0{,}6$$

Steigt der Preis bei $x = 5.000$ um 1 %, sinkt die Nachfrage um 0,6 %.

Unter der **Kreuzpreiselastizität der Nachfrage** versteht man, wie sich Änderungen des Preises eines Gutes (Gut 2) auf die Nachfragemenge eines anderen Gutes (Gut 1) auswirken:

$$\eta_{x_1,p_2} = \frac{\frac{\partial x_1}{x_1}}{\frac{\partial p_2}{p_2}} = \frac{\partial x_1}{\partial p_2} \cdot \frac{p_2}{x_1} \tag{16}$$

Wenn beispielsweise der Preis von Gut 2 steigt und dies zu einer Erhöhung der Nachfrage von Gut 1 führt, so sind beide Güter zu einem gewissen Grad gegeneinander austauschbar. Es handelt sich also um **Substitutionsgüter** (⟶ Kap. 3.2). Liegt eine negative Kreuzpreiselastizität vor, ist von **Komplementärgütern** (⟶ Kap. 3.2) auszugehen. Ist die Kreuzpreiselastizität (nahezu) Null spricht man von **unverbundenen Gütern**.

Die **Einkommenselastizität der Nachfrage** beschreibt die Nachfragereaktion auf eine Änderung des Einkommens bzw. des Budgets. Intuitiv ist zu erwarten, dass der Konsum mit steigendem Einkommen zunimmt. Güter, die eine entsprechend positive Einkommenselastizität aufweisen, werden **normale Güter** genannt. Oftmals werden sie auch als **superior** bezeichnet. Allerdings ist es ebenfalls üblich, von **superioren Gütern** nur dann zu sprechen, wenn die Nachfrage überproportional steigt, also die Einkommenselastizität größer als eins ist. Die übrigen normalen Güter, deren Einkommenselastizität also zwischen 0 und 1 liegt, werden dann zur begrifflichen Abgrenzung als **notwendige Güter** klassifiziert.

Ist die Einkommenselastizität der Nachfrage hingegen negativ, bedeutet dies, dass die Nachfrage mit steigendem Einkommen/Budget sinkt. Dies könnte bspw. bei Fernbusreisen der Fall sein. Verfügt man über ein niedriges Budget, so würde man die Unannehmlichkeiten einer Busreise angesichts ihres relativ niedrigen Preises in Kauf nehmen. Steigt indes das Einkommen, würden viele auf die bequemere Reise per Fernzug oder Flugzeug umsteigen. Solch ein Gut wird als **inferiores Gut** bezeichnet.

4 Bestimmung des Angebots: Unternehmenstheorie

4.1 Produktion und Kosten

Ausgangspunkt der Überlegungen ist ein Unternehmen, das ausschließlich ein bestimmtes Produkt herstellt und verkauft. Dazu benötigt das Unternehmen eine ganze Reihe von Inputs, z. B. Vorleistungen und Produktionsfaktoren (Arbeitskräfte, Maschinen, Immobilien usw.). Zum einfacheren Verständnis wird hier jedoch nur ein variabler Produktionsfaktor betrachtet, und zwar Arbeit (*L*). Alle anderen Produktionsfaktoren (Realkapital, Boden etc.) werden konstant gesetzt.

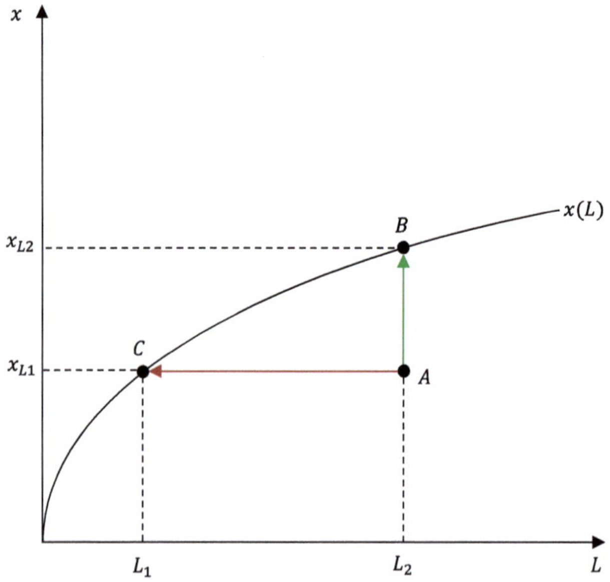

Abb. A-19: Produktionsfunktion

Zunächst soll geklärt werden, wie sich die Produktionsmenge verhält, wenn die Menge der eingesetzten Arbeitskraft variiert. Dieser Zusammenhang wird als **Produktionsfunktion** bezeichnet. Sie beschreibt die produzierte Menge als Funktion der eingesetzten Arbeit. Die → Abb. A-19 zeigt den Verlauf einer beispielhaften Produktionsfunktion $x(L)$.

Die Produktionsfunktion stellt die wirtschaftlichen Produktionspunkte dar. Punkt A wäre für das Unternehmen zwar realisierbar, aber nicht effizient. Man könnte nämlich in C dieselbe Menge des Gutes x mit geringerem Arbeitseinsatz produzieren, oder in B deutlich mehr von dem Gut mit demselben Arbeitseinsatz herstellen. Ein rationales gewinnmaximierendes Unternehmen wird sich stets für einen Produktionspunkt entscheiden, der sich auf der Produktionsfunktion $x(L)$ befindet. Es liegt auf der Hand, dass die produzierte Menge umso größer ist, je mehr Arbeit eingesetzt wird; die Steigung der Produktionsfunktion ist folglich positiv. Zugleich wird die Kurve mit steigendem Einsatz von L flacher, d. h. die Steigung nimmt ab. Dies ist durch den **abnehmenden Grenzertrag der Arbeit** bedingt. Das bedeutet, dass der Produktionszuwachs durch eine (infinitesimal kleine) zusätzliche Arbeitseinheit umso kleiner ist, je höher der Arbeitseinsatz bereits ist. Mit anderen Worten: Der **Grenzertrag der Arbeit** (alternativ **Grenzprodukt** oder **Grenzproduktivität**) sinkt. Wenn nur wenige Mitarbeiter beschäftigt werden, ist die Arbeitsproduktivität hoch, weil in Relation zu den wenigen Arbeitskräften bspw. viele Maschinen/Werkzeuge und viel Arbeitsfläche zur Verfügung stehen. Nimmt dann die Mitarbeiterzahl bei gleichbleibendem Kapital etc. zu, muss bspw. die Bedienung einer Maschine oder die Nutzung des knapper gewordenen Werkzeugs koordiniert werden, es kommt zu Wartezeiten etc. Da sich bei steigender Mitarbeiterzahl die Ausstattung der einzelnen Arbeitskraft mit Realkapital verschlechtert, sinkt c. p. der Output je Mitarbeiter. Anders gewendet: Die benötigte Arbeitsmenge pro produzierter Mengeneinheit ist umso größer, je mehr Einheiten hergestellt werden.

Anhand der Produktionsfunktion lassen sich bei gegebenen Inputpreisen die **Produktionskosten** herleiten. Die **Kosten** K setzen sich grundsätzlich aus produktionsmengenunabhängigen **Fixkosten** K_f und mengenabhängigen **variablen Kosten** K_v zusammen. In unserem Modell zählen Lohnkosten und die Kosten für Vorleistungen zu den variablen Kosten, während sich die Fixkosten aus der Bereitstellung von z. B. Produktionsstätten, Maschinen, Lizenzen und anderen Produktionsvoraussetzungen ergeben. Sie müssen unabhängig davon gezahlt werden, wie viel produziert wird.

Die allgemeine Form der Gesamtkostenfunktion für ein Unternehmen, das nur ein Gut (x) produziert, wäre somit:

$$K(x) = K_v(x) + K_f \tag{17}$$

Die **Durchschnittskosten** (Stückkosten) *DK* geben an, wie viel eine Einheit des hergestellten Gutes kostet. Sie setzen sich aus variablen und fixen Durchschnittskosten zusammen:

$$DK(x) = \frac{K_v(x)}{x} + \frac{K_f}{x} \tag{18}$$

Wenn die Produktionsmenge steigt, wirken zwei gegenläufige Effekte auf die Durchschnittskosten. Zum einen nehmen die fixen Durchschnittskosten DK_f ab, was als **Fixkostendegression** bezeichnet wird. Zum anderen nehmen die variablen Durchschnittskosten DK_v zu, was an dem sinkenden Grenzertrag der Arbeit liegt: Je mehr Einheiten produziert werden, desto mehr Arbeitskraft benötigt man pro zusätzlich produzierter Mengeneinheit. Bei gegebenem Lohnsatz steigen damit auch die zusätzlichen Kosten je zusätzlich produzierter Einheit. Diese werden **Grenzkosten *(K')*** genannt. Steigen die Grenzkosten, steigen auch die variablen Durchschnittkosten (DK_v). Die → Tab. A-1 stellt dies sowie die Fixkostendegression exemplarisch dar.

x	***K' bei x – 1***	***K_v***	***DK_v***	***DK_f für K_f = 1.000***	***$DK = DK_v + DK_f$***
1	10	10	10	1000	1010
2	20	30	15	500	515
3	40	70	23,33	333,33	356,66
4	60	130	32,5	250	282,5
5	80	210	42	200	242
6	100	310	51,66	166,66	218,32
7	120	430	61,43	142,86	204,29
8	140	570	71,25	125	196,25
9	160	730	81,11	111,11	192,22
10	180	910	91	100	191
11	200	1110	100,91	90,91	191,82
12	220	1330	110,83	83,33	194,17

Tab. A-1: Grenzkosten und Durchschnittskosten

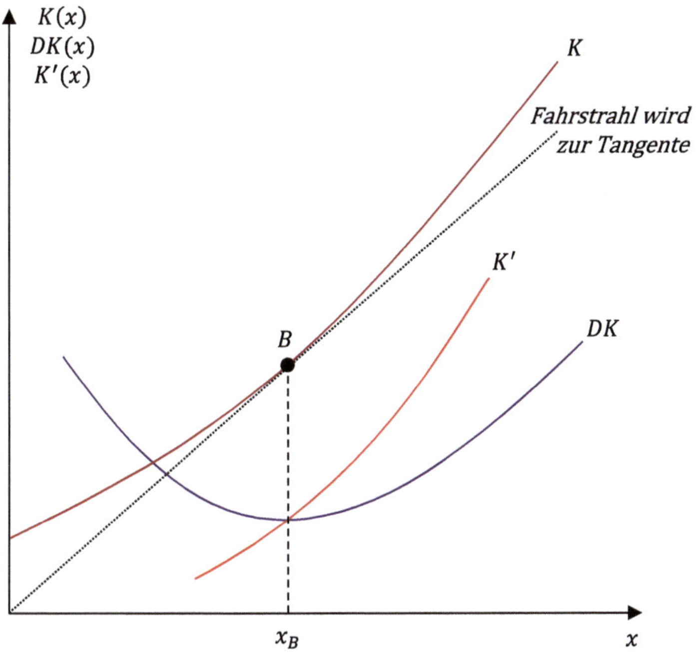

Abb. A-20: Kosten-, Durchschnitts- und Grenzkostenkurven

Während der anfangs sehr große Effekt der Fixkostendegression bei zunehmender Menge immer kleiner wird, wird der Effekt der steigenden Grenzkosten immer größer. Daraus folgt, dass der kostensenkende Fixkosteneffekt den kostentreibenden Grenzkosteneffekt zunächst übersteigt, aber ab einer gewissen Produktionsmenge überwiegt der Effekt steigender Grenzkosten. Folglich sinken die Durchschnittskosten bis zu dieser Menge und steigen danach an. In → Abb. A-20 ist unter anderem dieser Durchschnittskostenverlauf (*DK*) abgebildet.

In → Abb. A-20 ist außerdem der Verlauf der Gesamtkosten *K* dargestellt. Die gesamten Kosten nehmen bei wachsender Produktionsmenge zu. Die Kostenkurve *K* wird aufgrund des Anstiegs der Grenzkosten, der hier durch die sinkende Arbeitsproduktivität hervorgerufen wird, beständig steiler. Die Kostenkurve beginnt auf der Ordinate in Höhe der Fixkosten, und ihre Steigung entspricht den Grenzkosten.

Schließlich sind die steigenden Grenzkosten *K'* in → Abb. A-20 eingezeichnet. Die Grenzkostenkurve *K'* schneidet die Durchschnittskostenkurve

DK in deren Minimum. Das lässt sich mithilfe von ⟶ Abb. A-20 grafisch erklären: Der Fahrstrahl vom Ursprung zur Kostenkurve *K* weist eine Steigung auf, die den Durchschnittskosten K/x entspricht. Am niedrigsten ist diese Steigung im Punkt B auf der Kostenkurve, also in dem Punkt, in dem der Fahrstrahl zur Tangente der Kurve *K* wird. Da die Steigung einer Tangente der Kostenkurve *K* wiederum gleich den Grenzkosten *K'* ist, entsprechen sich Durchschnittskostenminimum und Grenzkosten in Punkt *B* und somit bei der Menge x_B. Ökonomisch lässt sich die Übereinstimmung von Durchschnittskosten und Grenzkosten im Durchschnittskostenminimum mit dem oben beschriebenen kostensenkenden Effekt der Fixkostendegression und dem ebenfalls beschriebenen kostentreibenden Effekt der steigenden Grenzkosten auf die Durchschnittskosten erklären.

4.2 Produktionsmöglichkeitenkurve

Im vorangegangenen Kapitel wurden die Produktions- und Kostenfunktionen für ein Gut dargestellt. Nimmt man ein zweites Gut hinzu, lassen sich Produktionsmöglichkeitenkurven ableiten. Eine **Produktionsmöglichkeitenkurve (PMK)** ist der geometrische Ort aller Kombinationen zweier Güter, die bei **effizientem Einsatz** der verfügbaren Produktionsfaktoren mit **gegebener Technologie** produziert werden können. Die PMK wird alternativ als **Transformationskurve** bezeichnet.

Im Folgenden wird nach wie vor angenommen, dass Arbeit (*L*) der einzige Produktionsfaktor ist. Die Produktionsfunktion beider Güter (x_1 und x_2) ist durch ein sinkendes Grenzprodukt der Arbeit gekennzeichnet, woraus sich **steigende Grenzkosten** ergeben, wenn die Produktionsmenge zunimmt.

Die PMK verläuft dann – wie ⟶ Abb. A-21 zeigt – rechtsgekrümmt.

Jede realisierte Güterkombination ($x_1;x_2$) unterhalb der PMK ist ineffizient, da mit dem gegebenen Bestand an Produktionsfaktoren die Produktion des einen Gutes ausgedehnt werden könnte, ohne dass die Produktion des anderen Gutes verringert werden müsste. Punkte unterhalb der PMK widersprechen also dem ökonomischen Maximalprinzip (Maximierung des Outputs mit gegebenem Input). Punkte oberhalb der PMK sind hingegen nicht erreichbar, da hierfür die Menge an Produktionsfaktoren bei gegebener Technologie nicht ausreicht.

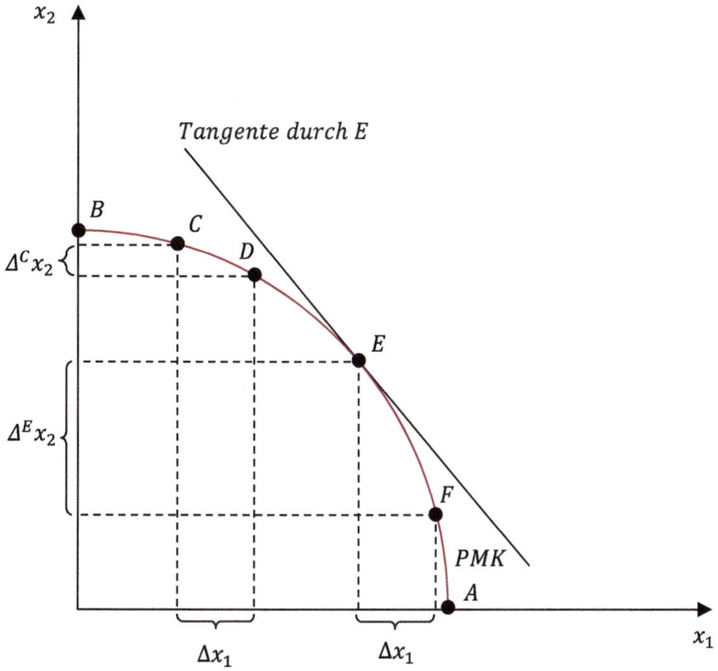

Abb. A-21: Produktionsmöglichkeitenkurve

In den Punkten *A* und *B* wird nur eines der Güter hergestellt, nämlich einzig x_1 bzw. ausschließlich x_2. Die Punkte *C*, *D*, *E* und *F* sind Beispiele für kostenminimal produzierte Kombinationen von sowohl x_1 als auch x_2. Da alle Punkte auf der PMK per Definition produktionstechnisch effizient sind, führt die Mehrproduktion eines Gutes logischerweise dazu, dass die Produktion des anderen Gutes sinkt. Beispielsweise wäre in Punkt *C* eine Ausdehnung der Produktion um Δx_1 nur machbar, wenn zugleich die Produktion um $\Delta^C x_2$ sinkt. Mit anderen Worten: Die zusätzliche Menge Δx_1 „kostet" den Verzicht auf die Menge $\Delta^C x_2$. Dieser Verzicht wird als **Opportunitätskosten** bezeichnet. Sprich: Wird in Punkt *C* die Ausbringungsmenge von Gut x_1 um Δx_1 erhöht, entstehen Opportunitätskosten in Höhe von $\Delta^C x_2$ des Gutes x_2.

Die rechtsgekrümmte PMK impliziert, dass die Opportunitätskosten einer bestimmten Produktionsausdehnung umso höher sind, je größer die Ausbringungsmenge des Gutes ist, dessen Produktion gesteigert wird. So sind

z. B. die Opportunitätskosten einer Ausdehnung der x_1-Produktion um Δx_1 in Punkt *E* mit $\Delta^E x_2$ höher als in Punkt *C* mit $\Delta^C x_2$. Die steigenden Opportunitätskosten resultieren aus der Annahme des sinkenden Grenzprodukts der Arbeit: Zum einen wird umso mehr Arbeitskraft für die Produktion einer Mengeneinheit x_1 benötigt, je größer die Produktionsmenge des Gutes bereits ist; folglich müssen auch umso mehr Arbeitskräfte aus der x_2-Produktion abgezogen werden. Zum anderen ist zu bedenken, dass aus dem sinkenden Grenzprodukt der Arbeit bei steigender Produktion folgt, dass das Grenzprodukt bei sinkender Produktion steigt; also impliziert der Abzug einer Arbeitskraft aus der x_2-Produktion einen umso größeren Verzicht auf das Gut x_2, je kleiner dessen produzierte Menge bereits ist.

Mithilfe des Konzepts der Opportunitätskosten lässt sich die **technische Rate der Transformation** erklären. Sie setzt die Opportunitätskosten einer Produktionsausdehnung ins Verhältnis zu dieser Ausdehnung. Wird z. B. in Punkt *E* (⟶ Abb. A-21) die Menge von x_1 um Δx_1 ausgedehnt, entstehen Opportunitätskosten in Höhe von $\Delta^C x_2$. Folglich entspricht die technische Rate der Transformation für Gut x_1 dem Term

$$-\frac{\Delta^C x_2}{\Delta x_1}.$$

Nun ist es nur noch ein kleiner Schritt hin zur **technischen Grenzrate der Transformation (GRT)**. Sie ist nichts anderes als die technische Rate der Transformation für den Fall, dass die Menge eines Gutes um eine infinitesimal kleine Einheit (z. B. dx_1) erhöht wird. Damit entspricht sie der Steigung der PMK. Zum Beispiel ergibt sich in ⟶ Abb. A-21 die GRT von x_1 im Punkt *E* aus der Steigung der Tangente durch *E*. Aus dem sinkenden Grenzprodukt der Arbeit folgt eine **steigende technische Grenzrate der Transformation**. Das heißt, dass die GRT umso höher ist, je größer die Produktionsmenge ist.

Da eine infinitesimal kleine Einheit eine ökonomisch nur schwer vorstellbare Menge ist, wird die Aussage der GRT des Gutes x_1 häufig vereinfacht auf „die Menge, um die sich die Produktion von x_2 ändert, wenn die Produktionsmenge des Gutes x_1 um eine Einheit erhöht wird".

Die PMK erfährt eine Veränderung, wenn sich die Technologie und damit die Arbeitsproduktivität oder der Bestand an Produktionsfaktoren (hier: Arbeit) verändert. So führt z. B. technischer Fortschritt in Form einer

Erhöhung der Produktivität zu einer Verlagerung der PMK nach außen, also liegt die neue PMK weiter weg vom Ursprung. Gleiches gilt, wenn sich der Bestand an Produktionsfaktoren vergrößert.

4.3 Gewinnmaximierung

Der Gewinn (G) ist als Differenz von erzieltem Erlös (E) aus dem Verkauf der produzierten Güter ($p \cdot x$) und den entstandenen Kosten (K) zur Herstellung selbiger definiert:

$$G(x) = E(x) - K(x) \quad (19)$$

Das rational handelnde und gewinnmaximierende Unternehmen wird die Menge produzieren und anbieten, bei welcher die Gewinnfunktion ein Maximum aufweist. Zur Ermittlung des Maximums muss die erste Ableitung der Gewinnfunktion gebildet und gleich Null gesetzt werden:

$$G'(x) = E'(x) - K'(x) = 0 \quad (20)$$

Durch Umstellen folgt

$$E'(x) = K'(x) \quad (21)$$

E' stellt den **Grenzerlös** dar, d. h. dies ist der Mehrerlös, welchen das Unternehmen erzielt, wenn es eine zusätzliche (infinitesimal kleine) Mengeneinheit absetzt.

Die Gleichung ist eine notwendige Bedingung für ein Maximum. Damit das errechnete Extremum tatsächlich ein Maximum ist, muss die zweite Ableitung zugleich kleiner als Null sein. Dies kann bei plausiblen Gewinnfunktionen allerdings vorausgesetzt werden, sodass hier die notwendige Bedingung genügt.

Es gilt also im Gewinnmaximum: **Grenzerlös ist gleich Grenzkosten.** Diese Bedingung leuchtet unter der Annahme steigender Grenzkosten unmittelbar ein: Solange die Grenzkosten kleiner als der erzielte Grenzerlös sind, steigt der Gewinn bei der Erhöhung der Menge. Sobald die Grenzkosten den Grenzerlös aber übersteigen, würde die Steigerung der Produktion zu einem Kostenanstieg führen, welcher größer ist als der Anstieg des Erlöses.

Der Gewinn würde schrumpfen. Folglich verzichtet der gewinnmaximierende Produzent auf eine weitere Erhöhung der Menge.

Betrachten wir nun die Gewinnmaximierungsbedingung für ein Unternehmen im Modell der vollständigen Konkurrenz: Für den Polypolisten ist der Preis vorgegeben, da sein Marktanteil so verschwindend gering ist, dass er durch Variationen seiner Angebotsmenge den Markt und den Marktpreis nicht beeinflussen kann. Vielmehr kann er aus seiner Perspektive jede beliebige Menge zum gegebenen Preis $\bar{p}$ absetzen. Der Grenzerlös entspricht dem Preis und ist mithin konstant.

Bei vollständiger Konkurrenz lautet somit die Gewinnmaximierungsbedingung:

$$\bar{p} = K'(x) \qquad (22)$$

Die Gewinnmaximierungsregel ist in → Abb. A-22 im oberen Diagramm für drei unterschiedliche Preise ($\bar{p}_1 > \bar{p}_2 > \bar{p}_3$) veranschaulicht. Die Steigung der Erlösfunktion entspricht dem Preis und ist konstant, da der Preis für das Unternehmen bei vollständiger Konkurrenz unabhängig von seiner Absatzmenge ist. Die dunkelrote Kurve ist die Gesamtkostenfunktion $K(x)$ des Unternehmens. Für jede Absatzmenge kann abgelesen werden, wie hoch der Gewinn (Erlös – Kosten) sein würde: Er entspricht der vertikalen Distanz zwischen $E(x)$ und $K(x)$. Bis zum ersten Schnittpunkt von Kosten- und Erlösfunktion macht das Unternehmen offensichtlich Verluste, da die Kosten die Einnahmen übertreffen. Rechts von diesem Schnittpunkt erwirtschaftet das Unternehmen in der jeweiligen Preissituation einen Gewinn, der augenscheinlich mit der Produktionsmenge zunächst zu- und dann wieder abnimmt, bis sich schließlich Erlös- und Kostenkurve ein weiteres Mal schneiden und das Unternehmen wieder in die Verlustzone rutscht.

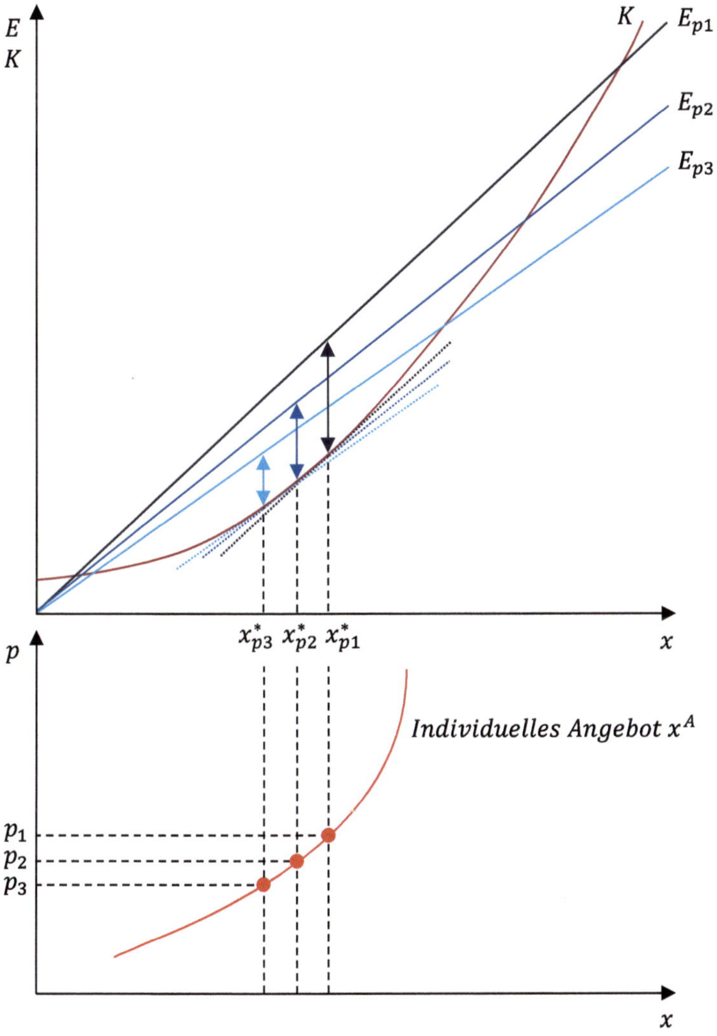

Abb. A-22: Herleitung der individuellen Angebotskurve

Soll der Gewinn maximiert werden, muss der Abstand zwischen der Erlös- und der Kostenkurve maximal sein. Dies wird bei der Menge erreicht, bei der die Kostenkurve und die Erlösgerade dieselbe Steigung aufweisen. Die Punkte, an denen dies jeweils für verschiedene Preise der Fall ist, sind mit gleichfarbigen Pfeilen markiert. Die gestrichelten Tangenten stellen die jeweilige Steigung der zugehörigen Erlösfunktion dar, also p_1, p_2 bzw. p_3. Diese grafische Herleitung des Gewinnmaximums drückt schlussendlich genau das gleiche aus wie die auf algebraischem Weg abgeleitete Bedingung $\bar{p} = K'(x)$ [s. Gleichung (22)].

Die grafische Darstellung macht deutlich, dass die gewinnmaximale Menge mit dem Preis variiert: Je höher der Preis ist, desto höher ist die gewinnmaximale Menge. Dieser Preis-Mengen-Zusammenhang ist im unteren Diagramm in → Abb. A-22 abgetragen. Die typische **Angebotsfunktion** weist eine positive Steigung auf. Ihr Verlauf lässt sich für den Fall der vollständigen Konkurrenz genau beschreiben, da durch die Maximierungsbedingung $p = K'(x)$ der Verlauf der Angebotskurve dem der Grenzkosten entspricht.

Allerdings ist zu berücksichtigen, dass ein Unternehmen nur produzieren wird, wenn es keinen Verlust macht. Das bedeutet, dass der Preis mindestens die Durchschnittskosten decken muss. Die Menge, ab der dies der Fall ist, ist das **Betriebsminimum**. So läge z. B. bei einem Unternehmen mit dem Durchschnittskostenverlauf aus → Tab. A-1 das Betriebsminimum bei 10 Mengeneinheiten. Herrscht ein Marktpreis unter 191 Euro, würde das Unternehmen schließen, zumindest langfristig betrachtet.

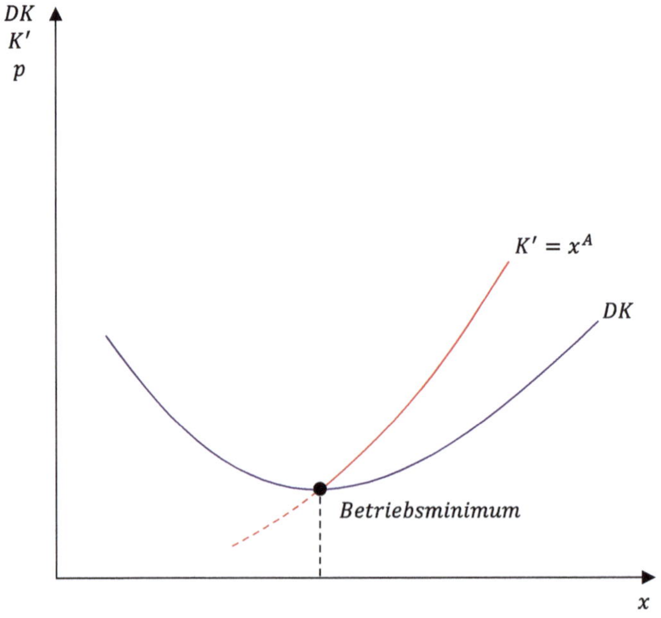

Abb. A-23: Betriebsminimum

Will man also die Angebotskurve durch die Grenzkostenkurve abbilden (⟶ Abb. A-23), dann beginnt die Angebotskurve streng genommen erst im Durchschnittskostenminimum, durch das die Grenzkostenkurve bekanntlich verläuft. Bei einem Preis unter den Durchschnittskosten wird das Unternehmen Verluste machen. Der Teil der Grenzkostenkurve, bei welcher das Unternehmen Verlust machen würde, ist in ⟶ Abb. A-23 durch die gestrichelte Linie gekennzeichnet. Soweit sich die Fixkosten kurzfristig nicht vermeiden lassen, würde ein Unternehmen kurzfristig auch bei Preisen unterhalb der Durchschnittskosten anbieten. Dies ist dann der Fall, wenn der Preis über den variablen Durchschnittskosten liegt und somit der Erlös ausreicht, um auch einen Teil der Fixkosten abzudecken. Jedoch würde das Unternehmen bei Fortbestehen des niedrigen Preises die Produktion langfristig einstellen. Das in ⟶ Abb. A-23 eingezeichnete Betriebsminimum wird daher auch als **langfristiges Betriebsminimum** bezeichnet.

Beispiel | Betriebsminimum und Gewinnmaximierung

Kostenfunktion $K(x) = 100 + 2x + x^2$

Grenzkostenfunktion $K'(x) = 2 + 2x$

Durchschnittskostenfunktion $DK = \frac{100}{x} + 2 + x$

Betriebsminimum: $K'(x) = DK \Longleftrightarrow 2 + 2x = \frac{100}{x} + 2 + x$

$x^2 = 100 \longrightarrow x_{Betriebsmin.} = 10$

Gewinnmaximimum für $p = 100$: $K'(x) = p = 100$

$2 + 2x = 100 \longrightarrow x_{opt.} = 49$

4.4 Das Marktangebot

Die Marktangebotsfunktion lässt sich – analog zum Vorgehen bei der Nachfrage – durch eine Aggregation der individuellen Angebotsfunktionen aller Unternehmen darstellen. Es wird also für jeden Preis die jeweils angebotene Menge aller Produzenten aufsummiert, was grafisch einer horizontalen Addition der einzelnen Angebotskurven entspricht. Die Angebotsfunktion startet bei dem Preis, für den es mindestens ein Unternehmen gibt, das bereit ist, zu produzieren. Da dessen Betriebsminimum bei einer Produktionsmenge liegt, die aufgrund der unterstellten Marktform des Polypols in Relation zum gesamten Markt verschwindend gering ist, lässt man die Marktangebotskurve an der Ordinate beginnen. Das Marktangebot ist in → Abb. A-24 vereinfachend als Gerade dargestellt.

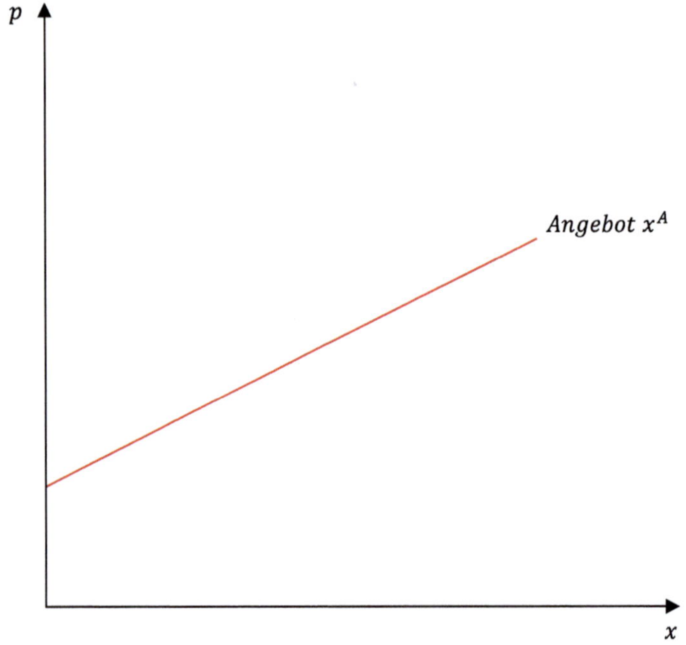

Abb. A-24: Lineare Marktangebotsfunktion

5 Preisbildung bei vollständiger Konkurrenz

5.1 Das Marktgleichgewicht

Um den Markt für ein Gut darzustellen, wird die aggregierte Nachfrage aller Haushalte und das aggregierte Angebot aller Unternehmen in einem Preis-Mengen-Diagramm (⟶ Abb. A-25) zusammengeführt. Zur einfacheren Betrachtung seien sowohl Nachfrage als auch Angebot linear.

In ⟶ Abb. A-25 entspricht das Angebot der Nachfrage im Schnittpunkt der beiden Geraden bei einer Menge x^* und einem Marktpreis p^*. Diese Preis-Mengen-Kombination wird als **Marktgleichgewicht** bezeichnet mit p^* als **Gleichgewichtspreis** und x^* als **Gleichgewichtsmenge**.

Unter **Marktgleichgewicht** ist zu verstehen, dass die Pläne der Wirtschaftssubjekte in Erfüllung gehen und es daher c. p. keinen Grund für Verhaltensänderungen gibt.

Liegt der Marktpreis über oder unter dem Gleichgewichtspreis, kommt es zu einem **Marktungleichgewicht**, welches Verhaltensänderungen der Marktteilnehmer nach sich zieht. Ist der Preis (p_1 in ⟶ Abb. A-25) z. B. höher als der Gleichgewichtspreis, beträgt die Nachfrage lediglich x_1^N, während das Angebot bei x_1^A liegt. Folglich besteht ein **Angebotsüberschuss**.

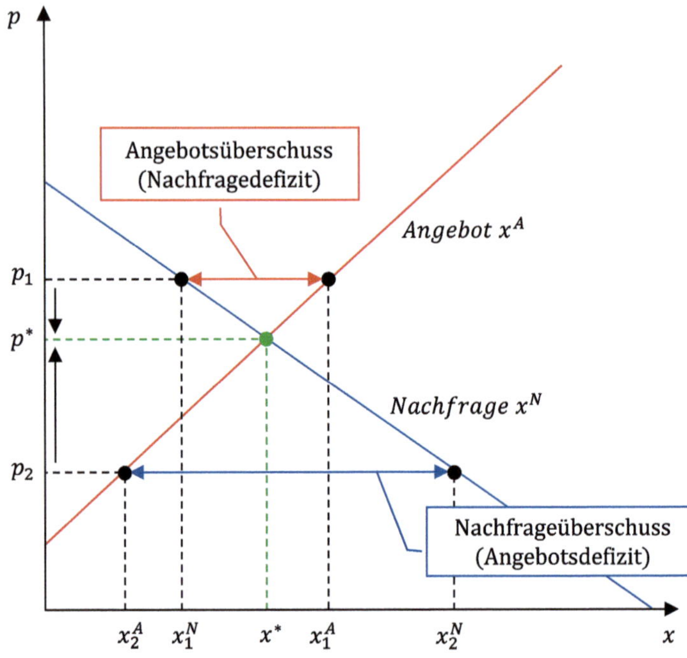

Abb. A-25: Marktgleichgewicht

Bei einem Preis (p_2) unter dem Marktgleichgewicht liegt hingegen ein **Nachfrageüberschuss** vor, da mehr nachgefragt als angeboten wird.

Beide Marktungleichgewichte ziehen Anpassungsprozesse nach sich. Bei einem Angebotsüberschuss werden die Produzenten, die ihre Produktion nicht vollständig absetzen konnten, den Preis nach unten konkurrieren. Im Zuge dieser Preissenkung geht das Angebot entsprechend der Gewinnmaximierungsregel zurück. Parallel steigt angesichts des sinkenden Preises die Nachfrage. Diese Anpassungsprozesse kommen bei einem Preis p^* zum Ende: der Markt ist im Gleichgewicht.

Bei einem Nachfrageüberschuss werden die Konsumenten, die bei dem herrschenden Preis nicht zum Zuge gekommen sind, höhere Preise bieten. Diese Nachfragekonkurrenz treibt den Preis nach oben, woraufhin die Produzenten ihr Angebot erhöhen und die Nachfrage zurückgeht. Die Anpassungsprozesse enden im Marktgleichgewicht.

Diese Anpassungsprozesse zeigen, dass ein Markt mit normaler Nachfrage und normalem Angebot – zumindest unter der Annahme völlig flexibler Preise – stets zum Gleichgewicht findet. Vergegenwärtigt man sich, dass zu den Annahmen der vollständigen Konkurrenz auch die der unendlich hohen Anpassungsgeschwindigkeit zählt, ist der Markt in diesem Modell streng genommen stets im Gleichgewicht.

Beispiel | Marktgleichgewicht

Nachfragefunktion: $x^N = 1.000 - 20p$
Angebotsfunktion: $x^A = 200 + 60p$
Marktgleichgewicht: $1.000 - 20p = 200 + 60p$
$p^* = 10$
$x^* = 200 + 60 \cdot 10 = 800$

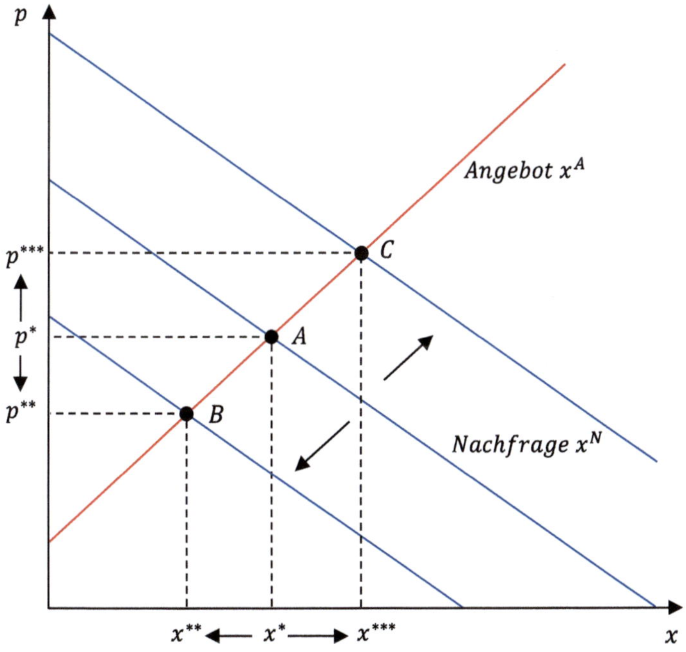

Abb. A-26: Exogen hervorgerufene Änderungen der Nachfrage

Mit diesem Gleichgewichtsmodell können die Effekte von Veränderungen exogener Variablen auf das Marktgleichgewicht dargestellt und die verschiedenen Gleichgewichtszustände verglichen werden. Diese sog. **kompa-**

rativ-statische Analyse ermöglicht es zum Beispiel, die Auswirkungen eines Einkommensrückgangs zu analysieren. Unter der Annahme, dass ein Rückgang der Einkommen der Haushalte zu einer Verringerung des Konsumbudgets führt, verschiebt sich die Nachfragekurve nach links (⟶ Abb. A-26). Bei jedem Preis wird nämlich eine kleinere Menge des betrachteten Gutes nachgefragt.

Es zeigt sich, dass durch die Verringerung des Budgets bei zunächst unverändertem Preis (p^*) ein Angebotsüberschuss entsteht, woraufhin der Preis sinkt. Ein Vergleich der Marktgleichgewichte *A* und *B* zeigt: Die Gleichgewichtsmenge (x^{**}) und der Gleichgewichtspreis (p^{**}) sind niedriger als zuvor. Würde das Budget hingegen ansteigen, verschiebt sich die Nachfragekurve nach rechts. Es entsteht bei unverändertem Preis (p^*) zunächst ein Nachfrageüberschuss, woraufhin der Preis steigt. Im neuen Marktgleichgewicht *C* sind sowohl der Gleichgewichtspreis als auch die Gleichgewichtsmenge höher als im alten Gleichgewicht *A*.

Manch ein/e Leser:in mag sich bei der parallelen Verschiebung der Nachfragekurve fragen, warum sich die Sättigungsmenge infolge einer Einkommens- bzw. Budgetänderung reduziert bzw. erhöht. Diese Wirkung ist inhaltlich nicht sonderlich plausibel, aber stellt die in den meisten Lehrbüchern übliche vereinfachte Darstellungsweise dar, die deshalb auch hier gewählt wurde.

Letztlich lässt sich jede Änderung einer Variable mit Einfluss auf die Nachfrage oder das Angebot in dem Preis-Mengen-Diagramm darstellen. Ändert sich der Preis, findet eine **Bewegung auf der Kurve** statt. Ändert sich hingegen eine exogene Variable, dann folgt eine **Bewegung der Kurve**. Beispiele für Gründe, die zu einer Linksverschiebung der Nachfragekurve führen, sind der Rückgang des Preises für ein Substitutionsgut, ein Anstieg des Preises für ein Komplementärgut sowie eine abnehmende Präferenz für das betrachtete Gut. Ändern sich die genannten exogenen Variablen in die entgegengesetzte Richtung, bewegt sich die Nachfragekurve nach rechts.

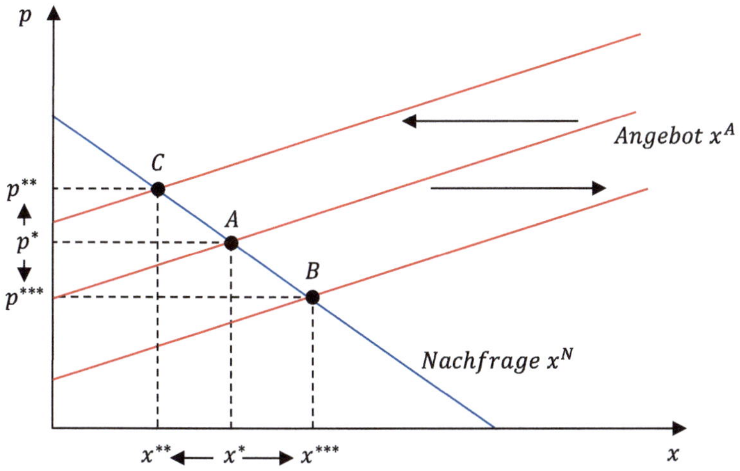

Abb. A-27: Angebotsänderungen

Die Herleitung der Wirkungen von einer Verschiebung der Angebotskurve ist im Rahmen der komparativen Statik ebenso möglich. Kommt es durch exogene Änderungen, wie etwa durch kostensparenden technischen Fortschritt oder sinkende Inputpreise, zu einem Rückgang der Grenzkosten, dann verschiebt sich die Angebotskurve nach rechts (→ Abb. A-27). Ursache dafür ist, dass aufgrund der Gewinnmaximierungsregel nunmehr bei jedem Preis eine größere Menge des Gutes angeboten wird. Die Gleichgewichtsmenge im neuen Gleichgewicht *B* ist gegenüber dem alten Gleichgewicht *A* höher und der Gleichgewichtspreis ist niedriger. Bei exogenen Änderungen, die einen Anstieg der Grenzkosten bewirken, verschiebt sich die Angebotskurve entsprechend nach links. Im neuen Gleichgewicht *C* ist die Gleichgewichtsmenge niedriger und der Gleichgewichtspreis höher als zuvor.

5.2 Renten als Wohlfahrtsmaß

Das bisher entwickelte Modell reicht zur Erklärung grundlegender Marktprozesse aus. Will man jedoch die Güte eines Zustands einschätzen, so bedarf es dafür eines Gütekonzepts und eines Werkzeugs. Ökonomen setzen die Güte eines Zustands mit der Wohlfahrt gleich, die generiert wird. Sie messen diese mithilfe sog. Renten. Dabei setzt sich die Wohlfahrt im Prinzip aus **Konsumenten-** und **Produzentenrente** zusammen. Greift der Staat in den Markt ein, kommt ggfs. noch eine Staatsrente in Form von z. B. **Staatseinnahmen** hinzu.

Die **Konsumentenrente** stellt einen Vorteil der Nachfrager dar, der darauf beruht, dass der **Grenznutzen** und damit die **Zahlungsbereitschaft** etlicher Haushalte höher ist als der Preis, den sie am Markt bezahlen müssen. Addiert man für all diese Konsumenten die positive Differenz zwischen Grenznutzen und Marktpreis, ergibt sich die gesamte Wohlfahrt, welche die Haushalte dadurch gewinnen, dass sie das Gut am Markt kaufen. Diese Summe entspricht dem gelben Dreieck in → Abb. A-28, also der Fläche zwischen der gestrichelten Preislinie und der Nachfragekurve. Diese Fläche repräsentiert die Konsumentenrente und lässt sich als Integral der Nachfragekurve von 0 bis x^* abzüglich des Erlöses ($p^* \cdot x^*$) berechnen. Die Konsumentenrente gibt an, wieviel die Konsumenten quasi dadurch „einsparen“, dass sie weniger bezahlen müssen als das, wozu sie bereit wären.

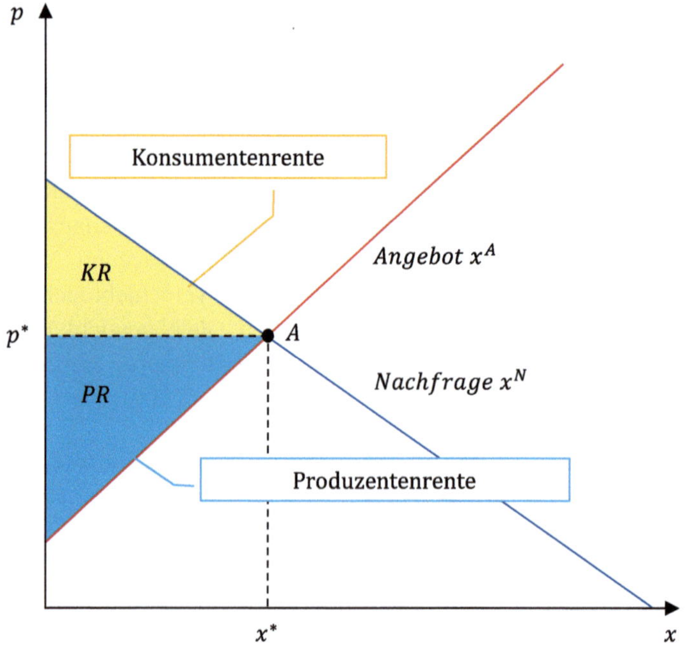

Abb. A-28: Konsumenten- und Produzentenrente

Die **Produzentenrente** stellt einen ähnlichen Sachverhalt dar. Sie gibt an, was die Anbieter dadurch gewinnen, dass sie mehr erzielen als das, wofür sie bereit wären, das Gut zu produzieren.

Bei der Herleitung des Angebots wurde darauf verwiesen, dass im Modell vollständiger Konkurrenz die Angebotskurve der Grenzkostenkurve entspricht. Nun sind die Grenzkosten indes für jede angebotene Menge unter x^* kleiner als der Marktpreis, sprich die Grenzkosten sind kleiner als der Grenzerlös. Die Differenz von **Grenzerlös** und **Grenzkosten** ist der **Grenzgewinn** und gibt an, um wieviel sich der Gewinn der Anbieter ändert, wenn die abgesetzte Menge um eine (infinitesimal kleine) Einheit steigt. Die Fläche unter der Grenzkostenkurve entspricht den variablen Kosten, während die Fläche des Rechtecks $[0x^*Ap^*]$ den Erlös darstellt. Die Differenz ist in → Abb. A-28 als hellblaues Dreieck dargestellt. Dessen Fläche kann analog zur Konsumentenrente als Produzentenrente bezeichnet werden. Diese lässt sich als Erlös ($p^* \cdot x^*$) abzüglich des Integrals von 0 bis x^* berechnen. Wenn keine Fixkosten existieren, sind Produzentenrente und Gewinn identisch. Ansonsten gilt, dass der Gewinn gleich der Produzentenrente abzüglich der Fixkosten ist.

5.3 Allokationsoptimum

Es lässt sich mithilfe des Marktdiagramms zeigen, dass der Markt für eine wohlfahrtsmaximale Menge des betrachteten Gutes sorgt. Dazu seien in → Abb. A-29 Mengen betrachtet, die kleiner oder größer als die Gleichgewichtsmenge sind, z. B. x_1 bzw. x_2. Bei der Menge x_1 entspricht die Wohlfahrt der gelben Fläche. Dabei ist es ohne Belang, wo zwischen p_1 und p_2 der Preis liegt, sprich wie sich die gesamte Rente auf Konsumenten und Produzenten aufteilt. Würde die Menge ausgedehnt, vergrößert sich die Wohlfahrt sukzessive entlang der hellgrünen Fläche. Ab der Menge x^* würde die Wohlfahrt indes wieder sinken, und zwar sukzessive entlang der rosa Fläche. Auch in x_2 ist es für die Höhe des Wohlfahrtsrückgangs unerheblich, wo zwischen p_3 und p_4 der Preis liegt. (Freilich müsste man Unternehmen und/oder Haushalte zum Verkauf bzw. Kauf der Menge x_2 zwingen.)

Dass im Marktgleichgewicht das Allokationsoptimum für das betrachtete Gut liegt, lässt sich auch über die Grenzkosten und Grenznutzen herleiten: Dazu vergegenwärtigt man sich, dass sich hinter der Nachfragekurve die Summe der Grenznutzen aller Konsumenten verbirgt, und dass die Angebotskurve die Grenzkosten aller Produzenten widerspiegelt. Zwischen 0 und x^* ist der Grenznutzen größer als die Grenzkosten, sodass eine Mengenausdehnung die Differenz zwischen Nutzen und Kosten erhöht. Ergo steigt c. p. der „Nettonutzen" für die Wirtschaftssubjekte, wenn die Menge zunimmt. Steigert man die Menge über x^* hinaus, ist der Grenznutzen jedoch kleiner als die Grenzkosten, so dass die Differenz zwischen Nutzen und Kosten negativ wird. Ergo sinkt c. p. der „Nettonutzen".

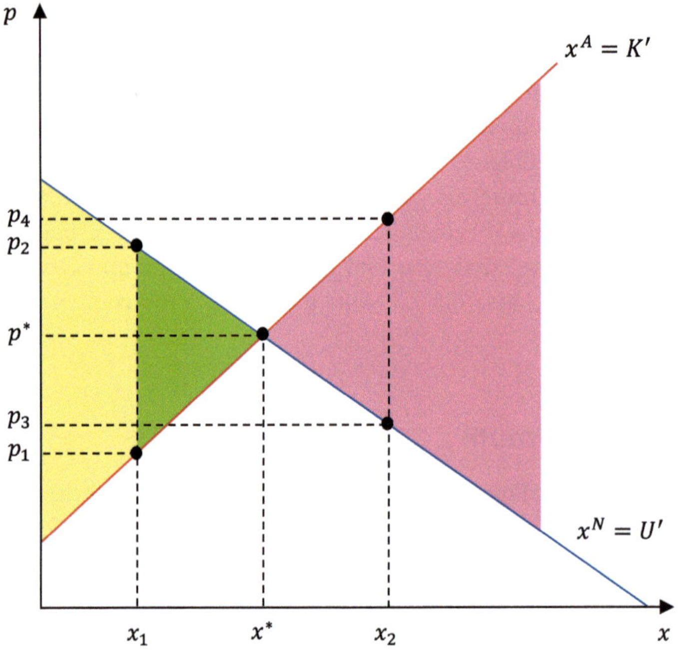

Abb. A-29: Allokationsoptimum für ein Gut

6 Vollkommenes Monopol

„Monopol“ setzt sich aus dem altgriechischen *monos* („einzig“, „allein“) und *pōlein* („verkaufen“) zusammen. Entsprechend ist ein **Monopol** eine Marktform mit nur einem „Verkäufer“ und mithin ein **Angebotsmonopol**. Analog wird häufig der Begriff des **Nachfragemonopols** verwendet, wenn es nur einen Nachfrager gibt. Sprachlich präziser ist indes der Begriff des Monopsons (*ōnéomai*: kaufen). Bei zwei Anbietern oder Nachfragern liegt ein Duopol bzw. Duopson (Nachfrageduopol) vor. Sind es mehrere, aber nicht sehr viele Anbieter oder Nachfrager, spricht man von einem Oligopol bzw. Oligopson (Nachfrageoligopol).

6.1 Preisbildung im vollkommenen Monopol

Das Modell des vollkommenen Monopols trifft alle Annahmen der vollständigen Konkurrenz mit der Ausnahme, dass eben nur ein Anbieter existiert. Somit sind auch die Kostenfunktion und Nachfragefunktion mit jenen im Polypol identisch.

Ein grundlegender Unterschied zur vollständigen Konkurrenz besteht nun darin, dass die Nachfrager das Gut nur beim Monopolisten kaufen können und somit nicht auf andere Anbieter ausweichen können. Daher steht der Monopolist nicht unter Preisdruck. Vielmehr kann er den Preis am Markt steuern, indem er festlegt, welche Menge er auf den Markt bringt. Wie hoch der Preis bei einer bestimmten Angebotsmenge ist, wird durch die Nachfrage bestimmt. Ist die Angebotsmenge klein, konkurrieren die Nachfrager um das recht knappe Gut und es stellt sich ein entsprechend hoher Preis ein. Ist die Angebotsmenge hingegen groß und das Gut damit relativ reichlich, fällt die Konkurrenz der Nachfrager schwächer aus und der Preis ist relativ niedrig. Der Preis ist für den Monopolisten mithin kein Datum, sondern direkt von der Nachfragefunktion $x(p)$ abhängig. Die nach dem Preis aufgelöste Funktion $p(x)$ ist m. a. W. die Preis-Absatz-Funktion des Monopolisten.

Es ergibt sich folgende **Gewinnfunktion** im vollkommenen Monopol:

$$G(x) = p(x) \cdot x - K(x) \tag{23}$$

Die **Gewinnmaximierungsregel** (Grenzerlös E' = Grenzkosten K') des Monopolisten lautet entsprechend:

$$[p(x) \cdot x]' = K'(x) \tag{24}$$

Auf die linke Seite der Gleichung kann die Produktregel angewendet werden, sodass im Gewinnmaximum gilt:

$$p'(x) \cdot x + p \cdot 1 = K'(x) \tag{25}$$

Da der Term $[p'(x) \cdot x]$ aufgrund des negativen Zusammenhangs zwischen Nachfrage und Preis kleiner Null ist, muss der Preis im Gewinnmaximum des Monopolisten größer als die Grenzkosten sein. Folglich ist der Monopolpreis höher als der Preis vollständiger Konkurrenz, der bekanntlich den Grenzkosten entspricht. Ein höherer Preis als im Polypol impliziert, dass die nachgefragte Menge geringer ist. Somit kann festgehalten werden: Die **Marktversorgung** ist im vollkommenen Monopol schlechter als bei vollständiger Konkurrenz, denn der Gleichgewichtspreis ist höher und die Gleichgewichtsmenge ist kleiner.

Es lässt sich zeigen, dass für eine lineare Nachfragefunktion die Steigung der Grenzerlösfunktion genau doppelt so groß ist wie die Steigung der Preis-Absatz-Funktion:

Nachfragefunktion:

$$x(p) = a + b \cdot p \tag{26}$$

Preis-Absatzfunktion:

$$p(x) = \frac{1}{b} \cdot x - \frac{a}{b} \tag{27}$$

Erlösfunktion:

$$p \bullet x = \frac{1}{b} \bullet x^2 - \frac{a}{b} \bullet x \tag{28}$$

Grenzerlösfunktion:

$$E'(x) = \frac{2}{b} \bullet x - \frac{a}{b} \tag{29}$$

In → Abb. A-30 ist die Preisbildung im vollkommenen Monopol für eine lineare Nachfragefunktion dargestellt. Dieses Modell geht auf Arbeiten des Ökonomen und Mathematiker Antoine-Augustin Cournot (1801–77) zurück und kann als **Cournot-Monopol** bezeichnet werden. Die grüne Gerade ist die Grenzerlösfunktion, die doppelt so steil verläuft wie die Nachfragefunktion. Die gewinnmaximale Angebotsmenge des Monopolisten ist durch den Schnittpunkt der Grenzerlös- und der Grenzkostengerade bestimmt. Der Preis p_M, bei dem die Nachfrage genau dieser Angebotsmenge x_M entspricht, ist der Preis, der sich im Zuge der Nachfragekonkurrenz einstellt. C ist der sog. **Cournotsche Punkt**.

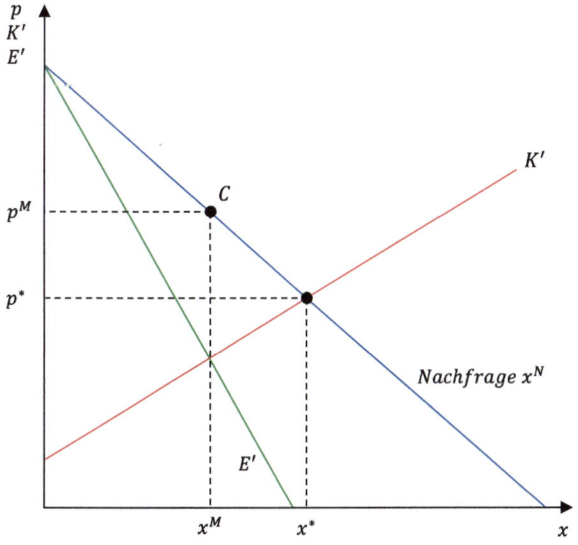

Abb. A-30: Marktversorgung im Monopol

Weiter oben (→ Kap. 5.4) wurde gezeigt, dass bei einer Gütermenge, die kleiner ist als die Gleichgewichtsmenge bei vollständiger Konkurrenz, die Wohlfahrt c. p. geringer ist. Folglich ist auch die Wohlfahrt im Monopol (x_M) kleiner als im Polypol (x^*).

Beispiel | Gewinnmaximierung im Monopol

$K(x) = 5 + 20x + 2x^2 \longrightarrow K'(x) = 20 + 4x$

$x^N(p) = 1.000 - 2p \longrightarrow p(x) = 500 - \frac{1}{2}x^N$

Erlösfunktion: $E(x) = p(x) \cdot x = \left(500 - \frac{1}{2}x\right)x = 500x - \frac{1}{2}x^2$

Grenzerlösfunktion: $E'(x) = 500 - x$

Gewinnmaximum, wenn Grenzerlös $E'(x) = K'(x)$

$500 - x = 20 + 4x \longrightarrow x_{Mon.} = 96$

Monopolpreis: $p_{Mon.} = 500 - \frac{1}{2} \cdot 96 = 452$

Das Polypol zum Vergleich: $x^* = 106,67$ und $p^* = 446,67$

6.2 Wohlfahrt im vollkommenen Monopol

Die → Abb. A-31 zeigt, wie sich die Konsumenten- und die Produzentenrente im Einzelnen unterscheiden. Die Konsumentenrente ist um die blau schraffierte Rechteckfläche und die dunkelrote Dreiecksfläche kleiner als im Polypol. Die Produzentenrente ist einerseits um die blau schraffierte Rechteckfläche größer, welche im Polypol Teil der Konsumentenrente wäre (Umverteilungseffekt). Andererseits verlieren die Produzenten an Rente in Höhe der hellroten Fläche. Per saldo weist das Monopolunternehmen eine größere Rente auf als die Polypolisten bei vollständiger Konkurrenz. Man bezeichnet dieses Plus auch als **Monopolrente**. Insgesamt aber kommt es zu einem **Wohlfahrtsverlust** in Höhe der rot gefärbten Flächen. Solch ein Effizienzverlust wird auch als **deadweight loss** bezeichnet.

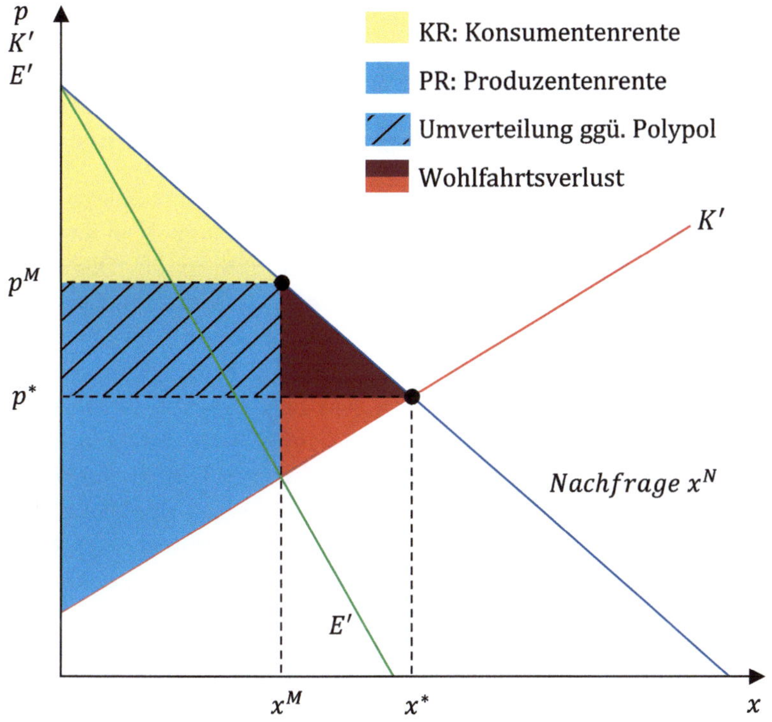

Abb. A-31: Wohlfahrt im Monopol

7 Unvollkommene Märkte: Verhalten im Oligopol

7.1 Verhaltensweisen bei Interdependenz der Anbieter

Mittlerweile gibt es eine große Zahl von Modellen, die unvollkommene Märkte zum Gegenstand haben. Neben dem Cournot-Monopol (→ Kap. 6.1) sind besonders Modelle verbreitet, die von der Marktform des Oligopols, von inhomogenen Gütern oder von unvollständiger Information ausgehen. Einige **Oligopolmodelle** werden im Folgenden vorgestellt.

Das Oligopol ist zwar die häufigste Marktform, aber hier lässt sich die Preisbildung am wenigsten vorhersagen. Das liegt daran, dass zwischen den Anbietern eine Reaktionsverbundenheit besteht, welche die einzelnen Unternehmen bei ihren Entscheidungen berücksichtigen. Die Art und Weise, wie sie dies tun, lässt sich nicht eindeutig vorhersagen. Vielmehr sind eine ganze Reihe von Verhaltensweisen denkbar und entsprechend kommt es zu ganz unterschiedlichen Marktergebnissen. Beispielsweise können die Konkurrenten kooperieren, also z. B. vereinbaren, welche Mengen sie anbieten (Mengenkartell) oder sich auf einen Preis einigen (Preiskartell) (→ Teil C | Kap. 2.2). Die → Abb. A-32 nennt außerdem verschiedene Formen nicht-kooperativen Verhaltens, die anhand jeweils eines Modells anschließend näher beleuchtet werden.

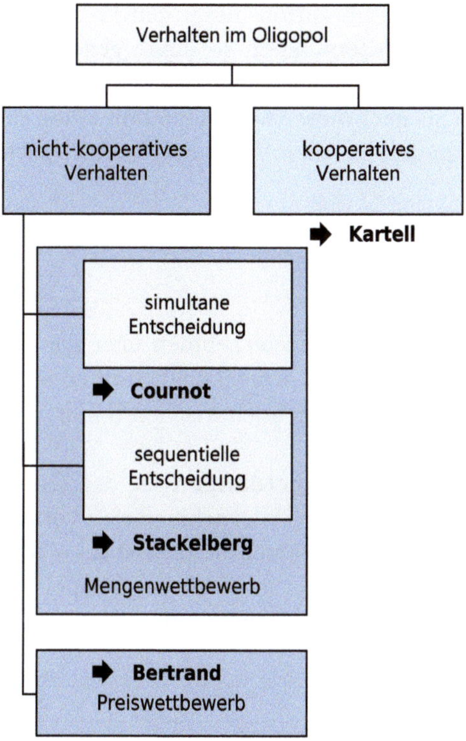

Abb. A-32: Verhalten im Oligopol

Kooperieren die Akteure nicht, so unterscheidet man zunächst zwischen Preis- und Mengenwettbewerb. Der **Preiswettbewerb im Oligopol** wird üblicherweise anhand des **Bertrand-Duopols** erklärt.

7.2 Preiswettbewerb im Bertrand-Duopol

Dabei wird angenommen, dass zwei Unternehmen ein homogenes Gut anbieten. Außerdem werden **identische Kostenfunktionen** unterstellt, was sich etwa dadurch begründen lässt, dass die Anbieter auf dem gleichen Stand der Technik sind und folglich die gleiche Technologie einsetzen. Außerdem wird von konstanten Grenzkosten ausgegangen. Senkt eines der Unternehmen den Preis, so zieht es die gesamte Nachfrage am Markt auf sich. Daraufhin würde der Konkurrent nachziehen und den Preis unter dem des Konkurrenten ansetzen, woraufhin dieser den Preis senkt usw. Dies führt dazu, dass sich die Unternehmen so lange gegenseitig unterbieten bis sie zu Grenzkosten anbieten. Dieser Schluss wird auch als **Bertrand-Paradoxon** bezeichnet, da nach dieser Argumentation schon ein zweites Unternehmen am Markt zu den gleichen Wettbewerbspreisen wie beim Polypol führt.

7.3 Mengenwettbewerb

Beim **Mengenwettbewerb** konkurrieren die Unternehmen über die Gütermenge, während sich der Preis durch die Nachfragekonkurrenz entsprechend der Nachfragefunktion einstellt. Hier wird nun zwischen simultanem und sequentiellem Verhalten unterschieden.

Das Standardmodell für **simultane Entscheidungen** ist das **Cournot-Duopol**. In diesem Modell antizipiert jedes Unternehmen eine voraussichtliche Angebotsmenge des anderen Unternehmens und passt das eigene Angebot gemäß der Gewinnmaximierungsregel an. Für den Duopol-Fall würde Unternehmen 1 folgende Gewinnfunktion aufweisen:

$$G_1(x_1, x_2) = p(x) \cdot x_1 - K(x_1) \tag{30}$$

Hierbei gilt es, den Unterschied zwischen x und x_1 zu beachten. Bei x handelt es sich um die gesamte Nachfrage am Markt. x_1 hingegen stellt die angebotenen Einheiten von Unternehmen 1 dar. Die Menge x_2 ist das Angebot des Unternehmens 2. Unterstellt man nun eine lineare Nachfragefunktion ($p = c - d \cdot x$) sowie eine lineare Kostenfunktion ($K = f \cdot x$), so kann dieser Term folgendermaßen ausgeschrieben werden:

$$G_1(x_1, x_2) = [c - d \cdot (x_1 + x_2)] \cdot x_1 - f \cdot x_1 \tag{31}$$

$$G_1(x_1, x_2) = c \cdot x_1 - d \cdot x_1^2 - d \cdot x_2 \cdot x_1 - f \cdot x_1 \tag{32}$$

Unter den bekannten Annahmen versucht Unternehmen 1 diesen Gewinn zu maximieren. Durch die Ableitung der Gewinnfunktion und das Gleichsetzen mit Null, erhält man die Bedingung 1. Ordnung des Gewinnmaximums.

$$\frac{\partial G_1}{\partial x_1} = c - 2 \bullet d \bullet x_1 - d \bullet x_2 - f = 0 \tag{33}$$

Diese Bedingung lässt es durch Umformung nach x_1 zu, die Angebotsmenge von Unternehmen 1 als Funktion der Angebotsmenge von Unternehmen 2 darzustellen. Die Funktion beschreibt, wie Unternehmen 1 auf eine bestimmte Produktionsmenge der Konkurrenz reagieren wird, um den eigenen Gewinn zu maximieren, und wird deshalb **Reaktionsfunktion** $R_1(x_2)$ genannt.

$$R_1\!: x_1(x_2) = \frac{c - f}{2 \bullet d} - \frac{x_2}{2} \tag{34}$$

Nun stellt das zweite Unternehmen ebenfalls solche Überlegungen an. Soweit es die **gleiche Kostenfunktion** wie das andere Unternehmen aufweist, ist seine Reaktionsfunktion identisch:

$$R_2\!: x_2(x_1) = \frac{c - f}{2 \bullet d} - \frac{x_1}{2} \tag{35}$$

Da beide Unternehmen von der zutreffenden Annahme ausgehen, dass das andere ebenfalls gemäß der Reaktionsfunktion produzieren wird, darf R_1 für x_1 in R_2 (Gl. 35) und ebenso R_2 für x_2 in R_1 (Gl. 34) eingesetzt werden. Dies führt anhand der zuvor bestimmten Funktionen zu:

$$x_2^* = \frac{c - f}{3 \bullet d} \; bzw. \; x_1^* = \frac{c - f}{3 \bullet d} \tag{36}$$

Beide Unternehmen bieten also die gleiche Menge an, wodurch das gesamte Angebot bestimmt ist:

$$x = \frac{2}{3} \bullet \frac{c - f}{d} \tag{37}$$

Der Fall **sequentieller Entscheidungen** ist Gegenstand des **Stackelberg-Modells**. In diesem Modell hat das Unternehmen 1, das als erstes die Angebotsmenge festlegt und auf den Markt bringt, einen strategischen Vorteil. Der Vorteil des Stackelberg-Führers besteht darin, dass er dem nachfolgenden Unternehmen 2, dem Stackelberg-Folger, seine Angebotsmenge als gegeben aufzwingen kann. Seine Gewinnfunktion lautet nach dem Einsetzen von R_2 (Gl. 34) anstelle von x_2 in Gl. 31 entsprechend:

$$G_1(x_1) = \left[c - d \bullet \left(x_1 + \frac{c-f}{2 \bullet d} - \frac{x_1}{2}\right)\right] \bullet x_1 - f \bullet x_1 \tag{38}$$

Daraus folgt die Gewinnmaximierungsbedingung:

$$\frac{\partial G_1}{\partial x_1} = c - 2 \bullet d \bullet x_1 - \frac{d \bullet (c-f)}{2 \bullet d} + \frac{2 \bullet d \bullet x_1}{2} - f$$
$$= (c-f) - \frac{(c-f)}{2} + d \bullet x_1 - 2 \bullet d \bullet x_1 = \frac{c-f}{2} - d \bullet x_1 = 0 \tag{39}$$

Das Angebot des Unternehmens 1 beträgt folglich:

$$x_1 = \frac{c-f}{2d} \tag{40}$$

Das nachfolgende Unternehmen 2 reagiert daraufhin mit der zuvor bestimmten Reaktionsfunktion R_2 und bietet folgende Menge an:

$$x_2 = \frac{c-f}{2d} - \frac{\frac{c-f}{2d}}{2} = \frac{1}{2}\frac{c-f}{2d} \tag{41}$$

Die insgesamt auf dem Markt angebotene Menge beträgt:

$$x = \frac{3}{4} \bullet \frac{c-f}{d} \tag{42}$$

Die Menge ist unter den getroffenen Annahmen (einschließlich identischer linearer Kostenfunktionen) somit größer als im Cournot-Duopol mit simultaner Entscheidungssituation $\left[\frac{2}{3} \bullet \frac{c-f}{d}\right]$. Der Marktpreis ist folglich niedriger.

Aus diesen Überlegungen lässt sich schließen, dass ein Duopol bei Vorliegen von Bertrand-Verhalten eine genauso gute Marktversorgung hervorruft wie ein Polypol und die Wohlfahrt gleich hoch ist. Die zweitbeste Lösung stellt hier sequentielles Verhalten im Stackelberg-Duopol dar. Noch schlechter ist die Güterversorgung bei simultanem Cournot-Verhalten. Am schlechtesten ist sie im Fall des Kartells, also bei kooperativem Verhalten, denn dann sind Marktpreis und Gütermenge die gleichen wie im Monopol.

Die skizzierten Modellergebnisse für die Preisbildung im Duopol bei homogenen Gütern und identischen Grenzkosten sind nur einige wenige Beispiele dafür, wie die konkreten Verhaltensweisen der Unternehmen das Marktergebnis bestimmen. Betrachtet man ein Oligopol mit mehr als zwei Anbietern und bezieht die Möglichkeit unterschiedlicher Grenzkosten, Produktdifferenzierung oder unterschiedlicher Verhaltensweisen mit ein, werden die möglichen Ergebnisse äußerst vielfältig (Münter 2021, Kap. 10). Bei Vernachlässigung spezieller Fälle wie etwa dem Bertrand-Modell lässt sich vereinfacht über die **Wohlfahrt bei nichtkooperativem Verhalten** sagen: Wenn die übrigen Annahmen des Modells der vollständigen Konkurrenz beibehalten werden, ist die Wohlfahrt im Polypol am höchsten, am zweithöchsten im Oligopol und am niedrigsten im Monopol.

8 Preis- und steuerpolitische Eingriffe des Staats

8.1 Höchst- und Mindestpreise

Gelegentlich führt der Staat Höchst- oder Mindestpreise für ein Gut ein, da der Marktpreis als politisch unerwünscht gilt. Ein Höchstpreis wird z. B. erwogen, wenn ein Gut so teuer ist, dass sein hoher Preis als sozial unzumutbar gilt. Beispiele sind die Mietpreisbremse in Deutschland oder Höchstpreise für Nahrungsmittel in Entwicklungsländern. Mindestpreise hingegen werden meist eingesetzt, um den Produzenten ein gewisses Einnahmenniveau zu sichern. Ein Beispiel ist die mittlerweile abgeschaffte Praxis der EU, den Landwirten Mindestpreise für Milch, Fleisch und andere agrarische Güter zu garantieren.

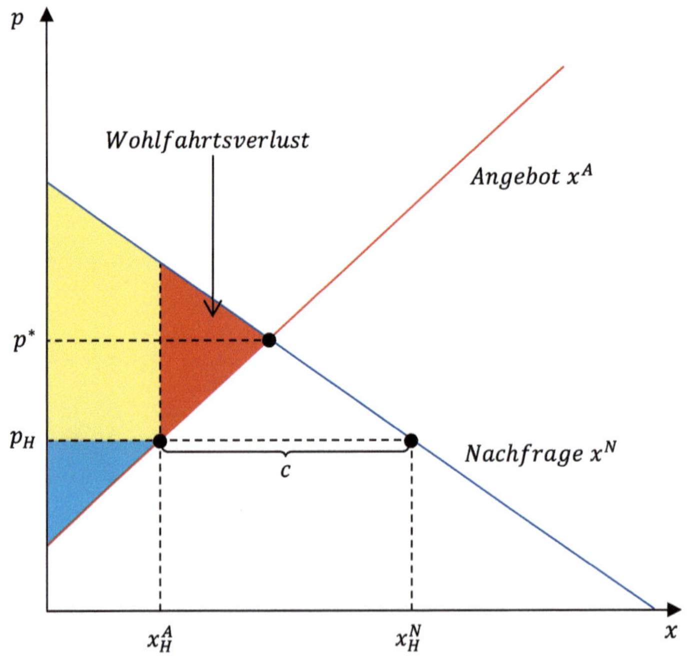

Abb. A-33: Mengen- und Wohlfahrtswirkungen eines Höchstpreises

Die → Abb. A-33 zeigt die Auswirkungen eines **Höchstpreises** p_H, der unter dem Gleichgewichtspreis liegt. Folge ist ein **Nachfrageüberschuss** bzw.

Angebotsdefizit in Höhe *c*. Die Konsumentenrente entspricht nun der gelben Fläche und die geschrumpfte Produzentenrente entspricht der hellblauen Fläche. Insgesamt ist die Wohlfahrt gesunken, und zwar um die rote Fläche.

Angesichts des staatlich verursachten Nachfrageüberschusses stellt sich die Frage, auf welche Weise die knappe Angebotsmenge auf die Nachfrage verteilt wird. Eine Möglichkeit ist das **Windhundverfahren** (*first come, first serve*), d. h. der Verkauf findet statt, bis „die Regale leer sind". Alternativ kommt eine Rationierung über **Bezugsberechtigungsscheine** in Betracht, welche die Haushalte vorweisen müssen, um das Gut kaufen zu können. Solche gab es z. B. in Deutschland in Form von Lebensmittelkarten in der Nachkriegszeit. Eine Begleiterscheinung der Rationierung ist allerdings, dass sich i. d. R. ein **Schwarzmarkt** bildet. Möchte der Staat dies verhindern, kommen neben den Verwaltungskosten für die Rationierung noch Kosten für die Bekämpfung von Schwarzmarktaktivitäten hinzu.

Die ⟶ Abb. A-34 zeigt die Wirkungen eines **Mindestpreises** p_M, der über dem Gleichgewichtspreis liegt. Da die Angebotsmenge größer als die nachgefragte Menge ist, herrscht ein **Angebotsüberschuss** in Höhe *d*.

Grundsätzlich kann der Staat auf zweierlei Weise auf das Problem des Angebotsüberschusses reagieren: Er könnte den Überschuss entweder aufkaufen, oder die Produktionsmenge beschränken.

Bei einem **Aufkauf des Produktionsüberschusses** stellt sich natürlich die Frage, was mit der aufgekauften Menge zu tun ist. Der Staat könnte sie lagern, vernichten oder auf dem Weltmarkt anbieten. All dies hatte die EU über Jahrzehnte hinweg im Rahmen ihrer Agrarpolitik getan. Der Verkauf des Agrarüberschusses auf dem Weltmarkt rief u. a. Konflikte mit agrarexportierenden Staaten hervor, weil das gestiegene Weltmarktangebot den Weltmarktpreis drückte und den dortigen Landwirten Schaden zufügte.

Die Wohlfahrtswirkungen des Mindestpreises bei einem staatlichen Aufkauf des Überschusses sind die Folgenden: Die Konsumentenrente ist gesunken und entspricht nun der gelben Fläche, während die Produzentenrente gestiegen ist und der hellblauen Fläche entspricht. Ferner entstehen Wohlfahrtsverluste in Höhe der Staatsausgaben (Mindestpreis · Überschussmenge), welche in ⟶ Abb. A-34 dem schraffierten Rechteck entsprechen. Das bedeutet, dass der Anstieg der Produzentenrente zu Lasten der Konsumenten und des Staates geht. Per saldo ergibt sich ein Wohlfahrtsverlust in Höhe der violett umrahmten Fläche. Je nachdem, was der Staat mit der aufgekauften Menge macht, sind z. B. Exporteinnahmen vom Verlust abzuziehen oder Lager- bzw. Vernichtungskosten hinzu zu addieren.

Alternativ zum Aufkauf des Überschusses bietet sich eine Beschränkung der Produktionsmenge auf die zum Mindestpreis absetzbare Menge an. Dies wird als **Quotierung** bezeichnet, da die zulässige Menge aufgeteilt und als Quote den einzelnen Herstellern zugewiesen wird. Zu den bekanntesten Quoten zählt das Jahrzehnte währende Milchquotensystem der EU, das 2015 abgeschafft wurde. Die Renten bei einer Quotierung in Höhe von x_M^N können ebenfalls von → Abb. A-34 abgelesen werden: Die Produzenten erzielen eine Rente in Höhe der nichtschraffierten hellblauen Fläche, die Konsumentenrente entspricht unverändert der gelben Fläche und die (schraffierten) Staatsausgaben entfallen. Der Wohlfahrtsverlust entspricht somit dem schwarzblau schraffierten Dreieck, das sich unterhalb der Nachfragekurve x^N und oberhalb der Angebotskurve x^A befindet.

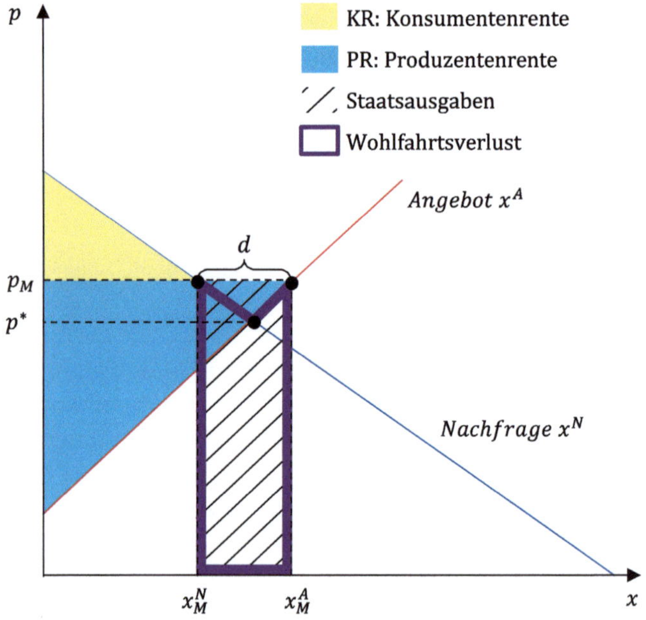

Abb. A-34: Mengen- und Wohlfahrtswirkungen eines Mindestpreises

Aus dem Gezeigten folgt, dass sowohl Höchstpreise unter dem markträumenden Gleichgewichtspreis als auch Mindestpreise über dem Gleichgewichtspreis zu Wohlfahrtsverlusten führen. Mithin sollte gut überlegt sein, ob ihr Zweck ihren Einsatz rechtfertigt. Da sie den **marktwirtschaftlichen**

Preismechanismus ausschalten, werden solche Höchst- und Mindestpreise als **marktinkonform** kategorisiert. Eine **marktkonforme** Alternativmaßnahme zu einem sozialpolitisch motivierten Höchstpreis wären etwa Transfers an die Nachfrager. Ein marktkonformer Ersatz für einen Mindestpreis zur Einnahmensicherung für Anbieter wären Subventionen, welche übrigens mittlerweile das primäre Instrument der EU-Agrarpolitik darstellen.

8.2 Produktabgaben

Der Staat erhebt auf verschiedene Güter Abgaben. Hierunter fallen spezielle Verbrauchsteuern wie etwa die Mineralöl-, Tabak-, Schaumwein- und Kaffeesteuer. Diese sind von einer allgemeinen Verbrauchsteuer wie z. B. der deutschen Mehrwertsteuer, die auf nahezu alle konsumierten Güter erhoben wird, zu unterscheiden.

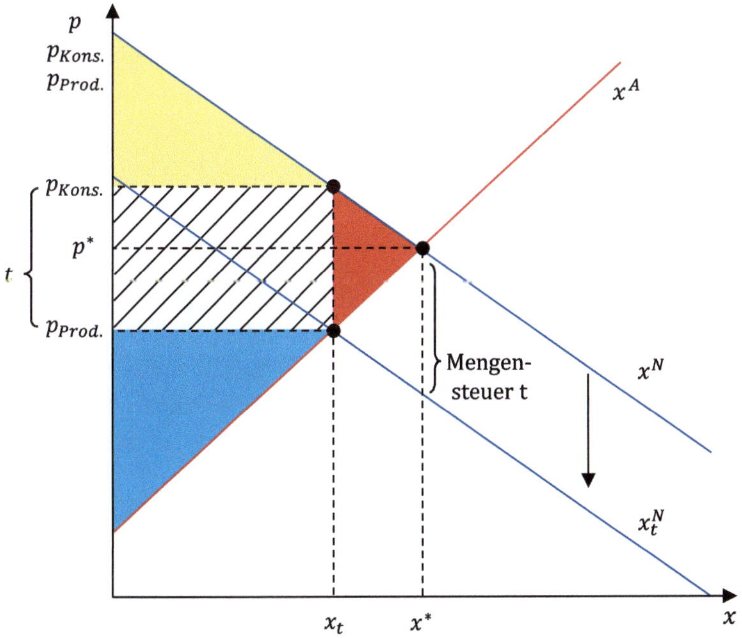

Abb. A-35: Wohlfahrtswirkungen einer Produktabgabe

In → Abb. A-35 sind die Wirkungen einer **Produktabgabe** auf das Gut x dargestellt. Der Einfachheit halber wird eine **Mengensteuer** unterstellt,

d. h. es ist ein fester Betrag t pro Mengeneinheit zu entrichten. (Im Fall einer Wertsteuer müsste hingegen ein prozentualer Preisaufschlag bezahlt werden.)

Es sei angenommen, dass die Konsumenten die Abgabe t bezahlen müssen. Dies hat zur Folge, dass der Preis, den Konsumenten zahlen müssen, ein höherer ist als der, den die Produzenten erhalten. Die Differenz zwischen **Konsumenten- und Produzentenpreis** entspricht der Mengensteuer t. Dies schlägt sich in einer zweiten Nachfragekurve x_t^N nieder, welche die besteuerte Nachfrage aus der Perspektive der Anbieter darstellt: Aus Angebotssicht lässt sich eine gewisse Menge (z. B. x^*) nur noch zu einem niedrigeren Preis (z. B. $p^* - t$) absetzen. Folglich ergibt sich x_t^N, die um die Strecke t nach unten verschobene Nachfragekurve. Das neue Marktgleichgewicht liegt bei einer Menge von x_t und einem Konsumentenpreis von $p_{Kons.}$ bzw. einem Produzentenpreis von $p_{Prod.}$. Der Konsumentenpreis ist höher als der alte Gleichgewichtspreis, während der Produzentenpreis unter dem alten Gleichgewichtspreis liegt. Somit wird deutlich, dass sich Konsumenten und Produzenten die **Steuerlast** teilen. Der Sachverhalt, wer tatsächlich die Steuerlast trägt, wird als **Steuerinzidenz** bezeichnet. Je preisunelastischer die Nachfrage ist (je steiler die Nachfragekurve), umso größer ist c. p. die Belastung der Konsumenten. Je preisunelastischer das Angebot ist (je steiler die Angebotskurve), umso größer ist c. p. die Belastung der Produzenten.

Durch die Einführung der Produktabgabe sinkt die Konsumentenrente auf die gelbe Fläche. Die Produzentenrente wird ebenfalls kleiner und entspricht nun der hellblauen Fläche. Der Staat erzielt eine positive Rente in Höhe der Steuereinnahmen ($t \cdot x_t$), die der Fläche des schwarz schraffierten Rechtecks entsprechen. Per saldo tritt ein Wohlfahrtsverlust in Höhe der roten Dreiecksfläche auf. Dieser Verlust wird als **Zusatzlast** (*excess burden*) einer Steuer bezeichnet.

Übrigens ist es in unserem Modell für die Wohlfahrtswirkungen und die Steuerinzidenz unerheblich, **wer** die Steuer bezahlt. Wenn anstelle der Konsumenten die Produzenten eine Produktabgabe in Höhe von t entrichten müssten, würde die Nachfrage und der Produzentenpreis um genau das gleiche Maß zurückgehen. Der/die interessierte Leser:in kann dies selbst herleiten, indem er bzw. sie in → Abb. A-35 nicht die ursprüngliche Nachfragekurve nach unten, sondern die Angebotskurve um t nach oben verschiebt.

9 Marktversagen

9.1 Das natürliche Monopol

Ein **natürliches Monopol** liegt vor, wenn ein einzelnes Unternehmen die gesamte Nachfrage zu niedrigeren Kosten bedienen kann als zwei oder mehr Unternehmen. Dies ist oftmals der Fall, wenn sehr hohe irreversible Anfangsinvestitionen für die Bereitstellung des Gutes anfallen, die Fixkosten hoch und die Grenzkosten in Relation dazu niedrig sind. Die Folge ist, dass ein großes Unternehmen dieselbe Menge x_3 zu geringeren Kosten produzieren kann als zwei Unternehmen ($x_3 = x_1 + x_2$). Typischerweise taucht diese **subadditive Kostenstruktur** (siehe → Gl. 43) bei Gütern auf, deren Angebot eine aufwändige Infrastruktur voraussetzt.

$$K(x_3) < K(x_1) + K(x_2) \tag{43}$$

Beispiele sind das Schienen-, Fest- und Stromnetz, die Wasser- und Abwasserversorgung sowie in eingeschränktem Maße auch Großflug- und Großschifffahrtshäfen. Die Problematik lässt sich am Schienennetz der Deutschen Bahn verdeutlichen: Die Deutsche Bahn kann als alleiniger Netzbetreiber 20 Millionen Personenkilometer zu niedrigeren Kosten erstellen als zwei Netzbetreiber mit z. B. je 10 Millionen Personenkilometern. Würde ein zweites Unternehmen auf den Markt für Schienentransportdienstleistungen treten wollen, müsste es ebenfalls Schienen und Weichen verlegen, Bahnhöfe und Bahnübergänge bauen usw. Außerdem müsste es diese Infrastruktur warten. Die gesamten Kosten zur Erstellung von 20 Millionen Personenkilometern wären dadurch sicherlich deutlich höher als bei nur einem Netzbetreiber.

Um bei Produkthomogenität überhaupt Nachfrage auf sich zu ziehen, dürfte der neue Produzent außerdem nicht über dem Preis anbieten, den der bisherige Monopolist verlangt. Da dieser jedoch aufgrund seiner Größenvorteile zu deutlich geringeren Durchschnittskosten produziert, kann er bei einem Preis kostendeckend anbieten, bei dem der Newcomer Verluste machen würde. Dies wird etwaige Konkurrenten vom Markteintritt abhalten. Selbst für den Fall, dass der natürliche Monopolist deutlich überhöhte Preise fordert, die ein Newcomer kostendeckend unterschreiten könnte, wird kaum ein Unternehmen den Markteintritt wagen. Das liegt daran, dass es damit rechnen muss, dass der Monopolist auf den bevorstehenden Markteintritt eines Konkurrenten mit **Kampfpreisen** bis hin zu **Dumping** (nicht kostendeckende Preise) reagieren wird, die verhindern, dass Newcomer in die Gewinnzone gelangen. Freilich würde der bisherige Monopolist die Preise wieder erhöhen, sobald der Konkurrent vom Markt verdrängt wurde. Da aber die Aussicht auf hohe Verluste dazu führt, dass mögliche Konkurrenten die hohen Anfangsinvestitionen erst gar nicht tätigen, kann der natürliche Monopolist ungehindert das Gesamtangebot bestimmen.

Aber selbst wenn sich unerwarteter Weise zwei Unternehmen am Markt behaupten könnten, wäre dies volkswirtschaftlich ineffizient, weil dann die gesamten Kosten zur Produktion einer bestimmten Menge höher als notwendig wären. So wäre es z. B. offenkundig Ressourcenverschwendung, wenn die Infrastruktur der Bahn zwei Mal eingerichtet und gewartet würde. Daher ist es nicht nur zwangsläufig, sondern auch wünschenswert, dass in Märkten mit außerordentlich hohen Markteintritts- und Fixkosten diese nur einmal anfallen, sprich ein Monopol besteht. Allerdings ist in einem Monopol die Marktversorgung schlechter und die Wohlfahrt geringer als bei Konkurrenz (→ Kap. 6), d. h. es liegt kein **Allokationsoptimum** vor.

Insoweit besteht aus wohlfahrtstheoretischer Sicht **staatlicher Handlungsbedarf**. Hierbei stehen dem Staat mehrere Instrumente zu Verfügung:

- **Staatliches Monopol/Verstaatlichung.** Dies entsprach bis in die 1980er-Jahre der gängigen Praxis in den meisten Volkswirtschaften. Als problematisch gilt dabei, dass ein staatliches Monopolunternehmen nicht zwingend wohlfahrtsförderlicher agiert als ein privater Monopolist, sondern mit gewisser Wahrscheinlichkeit sogar ineffizienter wirtschaftet.
- **Kontrahierungszwang.** Eigentümer bzw. Betreiber der monopolistischen Infrastruktur werden gezwungen, die Infrastruktur anderen Nutzern zu angemessenen Konditionen zu überlassen. Solch ein Kontrahierungszwang ist z. B. in den EU-Mitgliedstaaten parallel zur Privatisierung während der 1990er-Jahre eingeführt worden. Beispielsweise muss es ein Stromnetzbetreiber anderen Stromversorgern ermöglichen, ihren Strom über das Netz an den Endkunden zu transportieren; oder die Deutsche Bahn muss Konkurrenten das Befahren der Schienen, die Abfertigung an Bahnhöfen usw. ermöglichen. Das Netzmonopol bleibt zwar bestehen, aber es kann vom Betreiber nicht mehr ohne

Weiteres genutzt werden, um seine Monopolstellung auf den Markt für netzgebundene Leistungen zu übertragen.

- **Missbrauchsaufsicht.** Der Staat beaufsichtigt den Monopolisten, um sicherzustellen, dass dieser seine Monopolmacht nicht missbraucht, d. h. der Monopolist darf vor allem keine überhöhten Preise setzen, sondern muss zu wettbewerblichen Preisen anbieten. In Deutschland kommt diese Aufsicht teils der Bundesnetzagentur und teils dem Bundeskartellamt zu. In der Praxis ist es allerdings keineswegs trivial zu ermitteln, wie hoch der Preis und die Angebotsmenge bei Wettbewerb gewesen wären. Soweit ein Kontrahierungszwang besteht, fällt die Überwachung seiner Einhaltung ebenfalls unter die Missbrauchsaufsicht.

9.2 Externe Effekte

Externe Effekte können negativ oder positiv sein. Externe Effekte sind Kosten oder Nutzen, welche mit der Aktivität eines Wirtschaftssubjekts einhergehen, die es aber nicht in sein Gewinn- oder Nutzenmaximierungskalkül einbezieht. Externe Effekte können sowohl bei der Produktion als auch beim Konsum entstehen.

Viele Fälle **externer Kosten** sind Umweltbelastungen, welche die natürliche Ökosphäre oder die menschliche Gesundheit schädigen (z. B. Schadstoff- und Lärmemissionen). Ein Beispiel für **externe Kosten bei der Produktion** ist der Schadstoffausstoß einer chemischen Fabrik, der zu einem Fischsterben beim benachbarten Forellenzüchter und zu Hautausschlägen bei den Mitgliedern umliegender Haushalte führt. Die entstandenen Schäden (Kosten!) fallen bei den Forellenzüchtern und Anwohnern an, aber der Verursacher berücksichtigt sie nicht in seiner **internen Wirtschaftsrechnung**. Ein Beispiel für **externe Kosten beim Konsum** sind die Lärm- und Rauchemissionen, die durch die laute Grillparty eines Haushalts entstehen und von Nachbarn als Lärm- und Geruchsbelästigung empfunden werden, d. h. deren Wohlfahrt mindern.

Ein Beispiel für einen **externen Nutzen** ist die Aufwertung einer Wohngegend durch die Renovierung mehrerer Außenfassaden oder die hübsche Bepflanzung etlicher Vorgärten. Davon profitieren auch untätige Hauseigentümer, die infolge der allgemeinen Verbesserung der Wohngegend z. B. höhere Mieteinnahmen oder Verkaufspreise erzielen können. Andere Beispiele sind der Imker, dessen Bienenvölker die Obstbäume Dritter unentgeltlich bestäuben oder das Unternehmen, von dessen veröffentlichten Forschungsergebnissen andere Unternehmen profitieren.

Aus ökonomischer Sicht handelt es sich bei externen Effekten um ein Versagen des Allokationsmechanismus des Marktes. Die → Abb. A-36 zeigt eine grafische Darstellung des Marktversagens bei **externen Kosten**.

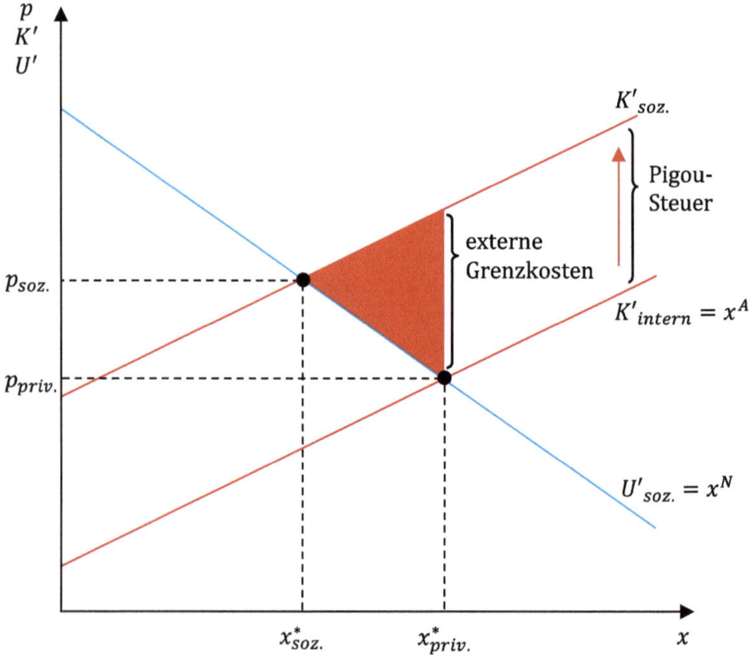

Abb. A-36: Negativer externer Effekt

Bei der Analyse werden **interne und externe Grenzkosten** unterschieden. Interne oder private Grenzkosten werden vom Verursacher getragen und berücksichtigt, während die externen Grenzkosten zwar in der Volkswirtschaft anfallen, aber von Dritten getragen und vom Verursacher nicht berücksichtigt werden. Die gesamten Grenzkosten werden als **soziale Grenzkosten** bezeichnet. In → Abb. A-36 werden steigende interne und konstante externe Grenzkosten unterstellt. Die sozialen Grenzkosten geben an, wie viel eine zusätzlich produzierte Mengeneinheit bei Berücksichtigung aller Kosten volkswirtschaftlich tatsächlich kostet. Die internen (privaten)

Grenzkosten spiegeln hingegen die einzelwirtschaftliche Perspektive des Produzenten wider.

$$K'_{soz.} = K'_{intern} + K'_{extern} \quad (44)$$

$$K'_{priv.} = K'_{intern} \quad (45)$$

Anhand der grafischen Darstellung ist zu erkennen, dass eine negative Externalität dazu führt, dass zu viele Güter ($x^*_{priv.}$) gegenüber dem Allokationsoptimum ($x^*_{soz.}$) produziert werden. Der Wohlfahrtsverlust entspricht der Fläche des rot eingefärbten Dreiecks.

Beispiel | Marktgleichgewicht und externe Kosten

$K_{intern}(x) = 1.000 + 16x + 2x^2 \longrightarrow K'(x) = 16 + 4x$

$K_{extern}(x) = 32x \longrightarrow K'_{ext.}(x) = 32$

$K'_{soz.} = 16 + 4x + 32 = 48 + 4x$

Private Angebotsfunktion $p = 16 + 4x^A \longrightarrow x^A_{priv.} = 0,25 \cdot p - 4$

Nachfragefunktion: $x^N = 196 - 0,75p$

Privates Marktgleichgewicht: $0,25p - 4 = 196 - 0,75p$

$p^*_{priv.} = 200$ und $x^*_{priv.} = 46$

Soziale Angebotsfunktion: $p = 48 + 4x^A \longrightarrow x^A_{soz.} = 0,25p - 12$

Soziales Marktgleichgewicht (Optimum): $0,25p - 12 = 196 - 0,75p$

$p^* = 208$ und $x^*_{opt.} = 40$

Das Wohlfahrtsmaximum ließe sich erreichen, wenn es gelänge, dass die Verursacher die externen Grenzkosten in ihre interne Kostenkalkulation aufnehmen. Dies wird als **Internalisierung externer Kosten** bezeichnet.

Eine Möglichkeit der Internalisierung ist die **Pigou-Steuer** (Arthur Cecil Pigou, 1877–1959). Es wird auf jede produzierte Einheit eine Steuer erhoben, die den externen Kosten pro Einheit entspricht. Damit verschiebt sich die Kurve interner Grenzkosten um den Steuersatz parallel nach oben und entspricht nun der Kurve sozialer Grenzkosten. Die Gleichgewichtsmenge entspricht $x^*_{soz.}$ und das Allokationsoptimum ist erreicht. Allerdings ist es in der Praxis sehr schwierig, den optimalen Steuersatz zu ermitteln, da die exakten Grenzkosten i. d. R. nicht bekannt sind.

Daher wird auf den **Preis-Standard-Ansatz** zurückgegriffen. Dabei wird zuerst die als optimal erachtete Produktionsmenge festgelegt, bei der z. B. eine gewünschte Umweltqualität erzielt wird. Daraufhin wird eine Produktabgabe eingeführt und der Abgabensatz so lange variiert, bis die erwünschte Umweltqualität erreicht ist. Solch ein schrittweises Herantasten wird als Prozess des ***trial and error*** bezeichnet.

Eine weitere Möglichkeit ist die **Zertifikatslösung**. Hier wird im Vorhinein festgelegt, welches Maß an umweltbelastender Aktivität zulässig sein soll, z. B. eine bestimmte Menge an Luftschadstoffen. Diese Menge wird in kleine Einheiten geteilt, für deren Emission es eines Schadstoffausstoßzertifikats bedarf. Die Emissionszertifikate werden an die Verursacher nach einem beliebigen Verfahren verteilt und können fortan gehandelt werden. Prinzip ist, dass Verursacher mit niedrigen Schadstoffvermeidungskosten die Emission an Verursacher mit höheren Vermeidungskosten verkaufen. Im Idealfall werden die Schadstoffe dann dort vermieden, wo dies mit den geringsten Kosten verbunden ist. Solch ein System von handelbaren Emissionsberechtigungen ist bspw. Bestandteil der europäischen Klimaschutzpolitik. Seit 2005 benötigen Unternehmen, die bestimmten treibhausgasintensiven Branchen angehören, sog. Emissionsberechtigungen für CO_2 und einige andere Treibhausgase.

Schließlich bietet sich in Fällen mit überschaubaren und eindeutigen Verursacher-Geschädigten-Zusammenhängen die Einführung eines Haftungsrechts mit entsprechenden Kompensationszahlungen an. Das setzt voraus, dass die Frage der Eigentumsrechte (***property rights***) zuvor geklärt wurde. Angenommen, ein Bach wird an der Quelle von einer Fabrik verschmutzt, wodurch das fließende Wasser für die am Bachlauf liegenden Haushalte, ohne den Bau von Kläranlagen, nicht mehr nutzbar ist. Ist das Eigentums- oder Verfügungsrecht am Bach und dessen Wasser den Haushalten zugeordnet, impliziert ein funktionierendes Haftungsrecht, dass die Fabrik die Haushalte entschädigt. Verfügt hingegen die Fabrik über die *property rights* am Bach, bliebe das Haftungsrecht wirkungslos. Gegebenenfalls aber käme es durchaus zu Kompensationszahlungen, nämlich dann, wenn die Haushalte die Fabrik dafür bezahlen, dass sie darauf verzichtet, den Bach zu verschmutzen. Solch eine Lösung des Problems durch freiwillige Verhandlungen zwischen Verursachern und Geschädigten wird als **Coase-Verhandlungslösung** (Ronald Coase, 1910–2013) bezeichnet.

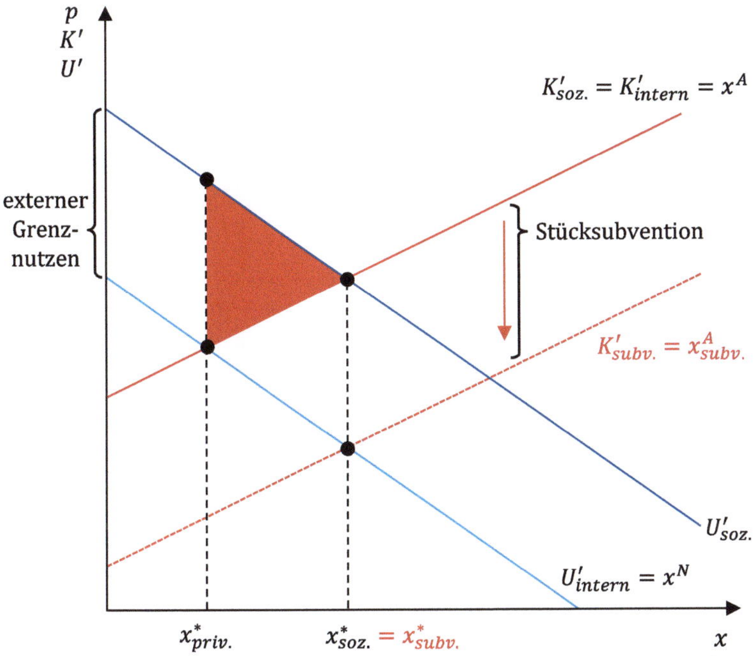

Abb. A-37: Positiver externer Effekt

Die ⟶ Abb. A-37 zeigt den Fall **externer Nutzen**. Es wird ein konstanter externer Grenznutzen angenommen, sodass die Kurve sozialer Grenznutzen parallel zur Kurve interner Grenznutzen verläuft. Das Marktgleichgewicht stellt sich bei einer Menge $x^*_{priv.}$ ein. Im Vergleich zum Allokationsoptimum wird eine zu geringe Menge des Gutes angeboten. Der Wohlfahrtsverlust entspricht der Fläche des roten Dreiecks.

Eine Internalisierung des **externen Nutzens** kann als Stücksubvention in Höhe des externen Grenznutzens erreicht werden. Die Grenzkosten sinken um den Subventionssatz. Die Angebotskurve verschiebt sich somit und ist nun gleich $K'_{subv.}$.

9.3 Öffentliche Güter

Die verschiedenen Güter lassen sich nach den Kriterien **Ausschließbarkeit vom Konsum** und **Rivalität im Konsum** in vier Typen unterteilen, die in → Tab. A-2 genannt sind.

Ausschließbarkeit vom Konsum	Rivalität im Konsum	Gütertyp	Beispiele
ja	ja	privates Gut	Eiskrem, Haarschnitt
ja	nein	Clubgut, Mautgut	Golfclub, Großsportveranstaltungen, Badesee
nein	ja	Allmendegut („unreines" öffentliches Gut)	intakter Wald, saubere Luft
nein	nein	spezifisches oder „reines" öffentliches Gut	Leuchtturm, innere und äußere Sicherheit

Tab. A-2: Gütertypen

Öffentliche Güter sind durch **Nichtausschließbarkeit** vom Konsum gekennzeichnet, d. h. dass die Wirtschaftssubjekte nicht an der Nutzung gehindert werden können, wenn sie z. B. nicht dafür bezahlen. Der Ausschluss von Nutzern kann technisch unmöglich sein wie z. B. bei einem Deich oder dem Gut Landesverteidigung (äußere Sicherheit). Sie kann auch ökonomisch begründet sein. Das bedeutet, dass die Maßnahmen, die notwendig wären, um Wirtschaftssubjekte von der Nutzung auszuschließen, so hohe Kosten verursachen würden, dass sie sich nicht lohnen. Beispiele dafür sind Naherholungsgebiete und Meere.

Nichtausschließbarkeit hat zur Folge, dass sich kein (kostendeckender) Preis am Markt durchsetzen lässt und daher kein Unternehmen bereit ist, das Gut zu produzieren und am Markt anzubieten. Das gesellschaftliche Allokationsoptimum, das z. B. sicherlich eine gewisse Menge an äußerer Sicherheit und Deichen umfasst, wird somit verfehlt. Es liegt m. a. W. Marktversagen vor.

Nichtrivalität im Konsum bedeutet, dass theoretisch unendlich viele Wirtschaftssubjekte ein Gut simultan nutzen können, ohne dass sie um das

Gut konkurrieren. Allerdings sind solche Fälle unbegrenzter Nichtrivalität recht selten, z. B. beim Deich oder Leuchtturm. Begrenzte Nichtrivalität, bei der sich die Nutzer erst ab einer gewissen Nutzerzahl gegenseitig behindern, ist hingegen vergleichsweise oft anzutreffen. Beispiele sind Autobahnen, Open-Air-Konzerte und Vorlesungen. Nichtrivalität impliziert, dass pro zusätzlichem Nutzer keine zusätzlichen Kosten (Grenzkosten) entstehen. In der Praxis fallen zwar oftmals Grenzkosten an, aber sie sind gegenüber den Anfangsinvestitionen und Fixkosten vernachlässigbar gering. Zum Beispiel nimmt die Abnutzung einer Autobahn pro zusätzlichem PKW zwar zu, aber in vergleichsweise geringem Maße; oder pro Zuschauer eines Fußballspiels mögen zusätzliche Müllbeseitigungskosten oder Löhne für zusätzliche Ordnungskräfte anfallen, aber auch die sind im Vergleich zu den von der Zuschauerzahl unabhängigen Kosten gering.

Wenn vereinfachend Grenzkosten von Null angenommen werden, dann wäre es unter wohlfahrtstheoretischen Gesichtspunkten am vorteilhaftesten, wenn alle, die dem Konsum einen auch noch so geringen Nutzen beimessen, das Gut auch konsumieren dürften. Denn wenn die Kosten nutzungsunabhängig und somit konstant sind, ist die Wohlfahrt – als Differenz zwischen Nutzen und Kosten – am höchsten, wenn die Sättigungsmenge konsumiert wird. Das wiederum setzt einen Preis von Null voraus. Ein privater Anbieter wäre indes nicht bereit, das Gut gratis anzubieten, sondern würde einen Preis verlangen, der mindestens seine Kosten deckt. Dies lässt sich an Beispielen illustrieren: dem Fußballverein mit stets halb leerem Stadion, dem Tennisclub mit oftmals freien Plätzen und dem schlecht besuchten Theater.

Bei **„unreinen" öffentlichen** Gütern, bei denen Nutzer rivalisieren, aber kein Wirtschaftssubjekt von der Nutzung ausgeschlossen werden kann, handelt es sich meistens um Umweltgüter. Damit sind von der Natur hervorgebrachte Güter wie etwa saubere Luft oder ein intakter Wald gemeint. Die Problematik entspricht weitgehend derjenigen der externen Kosten (→ Kap. 8.2) und lässt sich seitens des Staats mit denselben Instrumenten bekämpfen.

Die naheliegende Lösung bei **spezifischen öffentlichen Gütern,** bei denen Nutzer weder ausgeschlossen werden können, noch rivalisieren, ist die Bereitstellung durch den Staat. Dabei kann die Produktion durch Private erfolgen (z. B. bei dem Großteil der öffentlichen Infrastruktur) oder durch den Staat selbst (z. B. bei innerer und äußerer Sicherheit).

10 Weitere Funktionsprobleme von Märkten

10.1 Market for lemons

Wenn Güter heterogen sind und Marktintransparenz herrscht, kann das Phänomen des *market for lemons* auftreten. Damit ist gemeint, dass sich die qualitativ schlechtesten Produkte – die *lemons* – am Markt durchsetzen. Ursache dafür ist **asymmetrische Information**, genauer der ungleiche Wissensstand auf Seiten der Anbieter, die vollständig über die Qualität ihres angebotenen Produkts informiert sind, und auf Seiten der Nachfrager, die unvollständig informiert sind.

Qualitätskategorie	Wert (Mindestverkäuferpreis) in Euro	Häufigkeit in %	Erwartungswert (maximale Zahlungsbereitschaft)
I	4.000	25	2.500
II	3.000	25	2.500
III	2.000	25	2.500
IV	1.000	25	2.500
2. Phase			
III	2.000	50	1.500
IV	1.000	50	1.500
3. Phase			
IV	1.000	100	1.000

Tab. A-3: Entstehung eines *markets for lemons*

Zur Veranschaulichung sei in → Tab. A-3 ein Markt für Gebrauchtwagen betrachtet: Auf dem Markt werden gebrauchte PKW verschiedener Qualität (I, II, III und IV) angeboten. Die Anbieter kennen jeweils deren Wert von 1.000 Euro, 2.000 Euro, 3.000 Euro bzw. 4.000 Euro und sind nicht bereit, ein Auto unter seinem jeweiligen Wert zu verkaufen. Die Nachfrager können einem Auto hingegen nicht ansehen, welche Qualität es hat. Sie wissen nur, dass es vier Qualitätskategorien gibt und nehmen an, dass es von jeder Kategorie gleich viele PKW gibt. Wenn sie einen Wagen kaufen, gehört dieser also ihres Erachtens mit einer Wahrscheinlichkeit von jeweils 0,25 der Kategorie I, II, III oder IV an. Da sie den Nutzen eines konkreten Gebrauchtwagens nicht kennen, sind sie bereit, höchstens den Preis zu zahlen, der dem erwarteten Durchschnittswert eines Gebrauchtwagens entspricht. Im Beispiel beträgt dieser **Erwartungswert** 2.500 Euro (0,25 · 4.000 € + 0,25 · 3.000 € + 0,25 · 2.000 € + 0,25 · 1.000 €). Die Folge ist, dass sich Anbieter höherwertiger PKW der Kategorie I und II vom Markt zurückziehen, da sie mangels der Zahlungsbereitschaft der Nachfrager ihre Autos nicht absetzen können. In der neuen Marktsituation (2. Phase) werden entsprechend nur noch Gebrauchtwagen der Qualität III und IV angeboten. Die Zahlungsbereitschaft der Nachfrager beträgt nun 1.500 Euro (0,5 · 2.000 € + 0,5 · 1000 €). Folglich verkaufen sich keine PKW der Qualität II mehr. Am Ende (3. Phase) bleibt ein *market for lemons* mit nur den schlechtesten Gebrauchtwagen der Qualitätskategorie IV.

Es ist umstritten, ob sich in einer Welt völlig freier Märkte das Problem der *markets for lemons* tatsächlich stellen würde und ob sich entsprechend staatliche Eingriffe mit dem Argument der Fehlallokation stichhaltig begründen lassen. Kritiker argumentieren, dass der Markt aus sich heraus für eine Lösung des Problems sorgen würde: Anbieter höherwertiger Produkte würden freiwillig Garantieleistungen anbieten; Unternehmensvereinigungen würden ein System von verlässlichen Güte- oder Prüfsiegeln entwickeln; Kaufinteressenten würden unabhängige Gutachterdienstleistungen nachfragen; es entstünde ein Markt für Gutachterdienstleistungen und Produkttests (z. B. Verbrauchermagazine wie Öko-test).

Staatliche Eingriffe umfassen gesetzliche Kennzeichnungspflichten, Gewährleistungsvorschriften, Haftungsregelungen, verpflichtende Produktstandards sowie Subventionen für Verbraucherschutzorganisationen (z. B. Verbraucherschutzzentralen und die mit öffentlichen Mitteln ins Leben gerufene Stiftung Warentest).

10.2 Marktinstabilität bei anomalem Angebotsverhalten

Wenn ein Markt nach einer Störung nicht ins Gleichgewicht zurückkehrt, spricht man von einem **instabilen Marktgleichgewicht**. Instabile Gleichgewichte können auftreten, wenn anomales Angebots- oder anomales Nachfrageverhalten vorliegt. Dann nämlich entwickeln sich nach einer Preisänderung die angebotene und die nachgefragte Menge in die gleiche Richtung.

In → Abb. A-38 ist ein instabiles Marktgleichgewicht für den Fall anomalen Angebots dargestellt. Als Beispiel ist der Arbeitsmarkt gewählt. Es erscheint plausibel, dass die Anbieter von Arbeitskraft zumindest bei niedrigen Löhnen mehr Arbeitskraft zur Verfügung stellen, wenn der Lohn noch weiter sinkt. Das Motiv für dieses anomale Angebotsverhalten dürfte die Sicherung des Existenzminimums bzw. die Aufrechterhaltung des materiellen Lebensstandards der Haushalte sein. Somit ist die Arbeitsangebotskurve $L^A(w)$ der Haushalte unter einem gewissen Lohnsatz (w_0) negativ geneigt und trifft auf die ebenfalls negativ geneigte Arbeitsnachfragekurve $L^N(w)$ der Unternehmen.

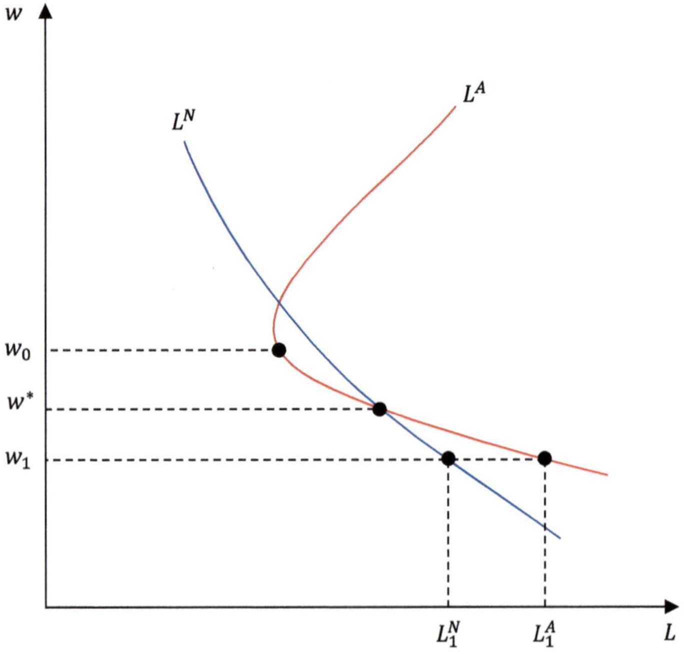

Abb. A-38: Instabiles Arbeitsmarktgleichgewicht

Damit das resultierende Marktgleichgewicht instabil ist, muss die Nachfragekurve in ihrem anormalen Bereich flacher als die Angebotskurve gezeichnet werden.

Sollte der Lohn (w) infolge einer Störung unter den Gleichgewichtslohn (w^*) auf z. B. w_1 sinken, werden die Unternehmen mehr Arbeitskräfte nachfragen und die Haushalte mehr Arbeitskraft anbieten. Wenn wie in → Abb. A-38 die Zunahme des Arbeitsangebots größer ist als die Zunahme der Arbeitsnachfrage, wird sich der Arbeitsangebotsüberschuss daraufhin erhöhen. In Folge sinkt der Lohn erneut, das Arbeitsangebot und der Angebotsüberschuss steigen, der Lohn sinkt erneut usw. Im Extremfall entfernt sich der Markt immer weiter weg vom Gleichgewicht und der Lohn tendiert gegen Null; realistischer ist jedoch ein Absinken auf einen Lohnsatz, der gerade noch ausreicht, das Überleben der Arbeitnehmerhaushalte zu sichern. Ähnliches war im Europa des 18. bis 19. Jahrhundert während der Anfänge der Industrialisierung zu beobachten.

Grundsätzlich kann der Staat auf zweierlei Art tätig werden, um dem beschriebenen Marktversagen zu begegnen: Zum einen kann er einen Mindestpreis festlegen, der von den Nachfragern (hier: Arbeitgebern) nicht unterschritten werden darf (z. B. w^* oder w_0 in Abb. A-38). Dies kann er unmittelbar selbst tun (gesetzlicher Mindestpreis bzw. -lohn) oder anderweitig festgelegten Mindestpreisen Geltung verschaffen (z. B. Tariflöhnen). Zum anderen hat der Staat die Möglichkeit, das Verhalten der Anbieter (hier: Arbeitskräfte) zu verändern. Dies kann er durch Subventionen bzw. Transfers (hier: z. B. Sozialhilfe, Lohnersatzleistungen) bewerkstelligen, sodass die Anbieter nicht mehr einzig vom Markteinkommen abhängig sind und nicht mehr gezwungen sind, ihr Angebot auszudehnen, wenn der Preis (hier: der Lohn) sinkt. Eine andere Möglichkeit sind Angebotsmengenbeschränkungen (z. B. gesetzliche Höchstarbeitszeiten, Kinderarbeitsverbot).

10.3 Neigung zu Wettbewerbsbeschränkungen

Der wettbewerbliche Allokationsmechanismus des Marktes (→ Kap. 5.4) basiert auf der Annahme, dass die Anbieter und Nachfrager jeweils miteinander konkurrieren. Die Anbieterkonkurrenz schlägt sich darin nieder, dass sich die Anbieter mit möglichst niedrigen Preisen, hoher Qualität etc. um die Gunst der Nachfrager bemühen. Allerdings ist **Konkurrenz** für die meisten Unternehmen etwas Unangenehmes, dem sie sich gerne entledigen würden. Dazu bedienen sie sich einer Reihe von Maßnahmen, die als wettbewerbsbeschränkende Verhaltensweisen bezeichnet werden.

Zu den wettbewerbsbeschränkenden Verhaltensweisen zählt, dass sich Konkurrenten zu einem marktmächtigen Unternehmen oder gar zu einem Monopol zusammenschließen (**Unternehmensfusionen**). Oder aber sie vereinbaren, in einem oder mehreren Bereichen nicht mehr zu konkurrieren, indem sie die Höhe des Preises absprechen, den Markt in Gebietsmonopole aufteilen, auf die Einführung neuer Technologien oder Produkte verzichten usw. (**Kartelle**). Schließlich ist es vor allem marktmächtigen Unternehmen häufig möglich, ihre Marktanteile nicht auf wettbewerbliche Weise zu erhöhen, sondern durch „unfaire" Geschäftspraktiken. Dazu zählt z. B. die Verpflichtung für Einzelhändler, keine Konkurrenzprodukte im Sortiment zu führen (**Ausschließlichkeitsbindungen**). Eine andere Möglichkeit sind **Kopplungsgeschäfte** der „reinen Bündelung", bei denen das Unternehmen den Verkauf seines beliebten Produkts, bei dem es marktführend ist, daran knüpft, dass ein weiteres Produkt (das gekoppelte Produkt) gekauft wird. Auf diese Weise kann das koppelnde Unternehmen Konkurrenten auf dem Markt für das gekoppelte Produkt verdrängen, ohne dass dies das Ergebnis eines Preis- oder Qualitätswettbewerbs ist.

Wettbewerbsbeschränkende Verhaltensweisen mindern die Fähigkeit des Wettbewerbs, die Volkswirtschaft in ein Allokationsoptimum zu führen. Außerdem können sie den technischen Fortschritt verlangsamen, da der Konkurrenzmechanismus als Innovationsmotor an Funktionsfähigkeit verliert. Aus diesen Gründen verfügen die meisten wirtschaftlich weiter entwickelten Staaten mit einer marktwirtschaftlichen Ordnung über ein Gesetz zur Bekämpfung solcher Praktiken. In Deutschland ist dies das **Gesetz gegen Wettbewerbsbeschränkungen (GWB)**.

➲ Mehr zu **Wettbewerbsbeschränkungen**, **Wettbewerbspolitik** und **Wettbewerbsrecht** finden Sie im Teil C.

11 Markt und Verteilung

11.1 Allokation und Distribution

Der Markt sorgt neben der Allokation von Produktionsfaktoren und Gütern für eine Verteilung des Einkommens, das im Produktionsprozess generiert wird. Er ist somit zugleich **Allokationsmechanismus** als auch **Distributionsmechanismus**.

Es kann zwischen **funktionaler Verteilung** und **personeller Verteilung** der Einkommen unterschieden werden. Erste meint die Verteilung der Wertschöpfung auf die Produktionsfaktoren (Arbeit und Kapital); zweite meint die Einkommensverteilung auf Personen bzw. auf Haushalte. Im Folgenden ist stets die **personelle Einkommensverteilung** gemeint.

Das Ergebnis des Marktes wird als **primäre Einkommensverteilung** bezeichnet. Die **sekundäre Einkommensverteilung** bezieht sich demgegenüber auf das verfügbare Einkommen, also das Einkommen, das sich nach Abzug der Einkommensteuern und Addition der Transfers (z. B. Rente, Arbeitslosengeld, Wohngeld, Kindergeld, BAföG) ergibt.

Während der Markt vor dem Hintergrund des Ziels der Wohlfahrtsmaximierung zu einer optimalen Allokation führt, kann nicht gesagt werden, dass er zu einer optimalen Verteilung der Einkommen führt. Vielmehr variiert das Allokationsoptimum je nach angenommener Anfangsausstattung der Haushalte und hängt damit von der Verteilung ab (→ Kap. 2). Außerdem ist es höchst problematisch, eine **„optimale Einkommensverteilung“** zu definieren. Allerdings geht es in der gesellschaftlichen und politischen Praxis ohnehin weniger um eine optimale Verteilung, sondern um eine **gerechte Verteilung**. Ziel ist demnach **Verteilungsgerechtigkeit**. Diese ist Bestandteil der **sozialen Gerechtigkeit**, unter welcher verkürzt eine gerechte und angemessene Verteilung von materiellen Möglichkeiten und Mitteln auf die Menschen verstanden werden kann. Bei dieser Umschreibung bleibt zunächst offen, was unter „gerecht und angemessen“ zu verstehen ist. Als gerecht gilt allgemeinhin, dass Gleiches gleich und Ungleiches ungleich behandelt wird. Allerdings bedarf es weiterer Werturteile, um zu definieren, wann Gleichheit und wann Ungleichheit vorliegt.

11.2 Verteilungsnormen

Soziale Gerechtigkeit ist ein Ziel, über das es sehr unterschiedliche Vorstellungen und Theorien gibt. In Bezug auf die Verteilung von Einkommen auf die Haushalte existieren eine Reihe von Gerechtigkeitsprinzipien. Dazu zählen Leistungs-, Bedarfs- und Chancengerechtigkeit. Sie werden im Folgenden ausschließlich in ihrer ökonomischen Dimension betrachtet.

- **Leistungsgerechtigkeit.** Wer mehr leistet, soll auch mehr verdienen. Zur Umsetzung dieser Maxime bedarf es indes einer Klärung des Leistungsbegriffs. Eine Möglichkeit ist es, Leistung mit Marktleistung gleichzusetzen. Das bedeutet, dass das Einkommen eines Haushalts zum einen durch die Menge seiner Arbeit und seines Kapitals, die im Produktionsprozess eingesetzt wird, bestimmt wird und zum anderen vom Marktpreis für die Produktionsfaktoren, der wiederum von der Arbeits- bzw. Kapitalproduktivität abhängt. Dies wird als **Marktleistungsgerechtigkeit** bezeichnet. Nicht jeder empfindet eine marktleistungsgerechte Einkommensverteilung jedoch als leistungsgerecht. So gibt es zum einen eine Reihe von gesellschaftlich als wertvoll erachteten Leistungen, die vom Markt gar nicht oder nur gering entlohnt werden, etwa unbezahlte Familienarbeit oder gering entlohnte Pflegearbeit. Zum anderen gibt es Markteinkommen, die von vielen Menschen als deutlich zu hoch angesichts der erbrachten Leistung bewertet werden, etwa die Gehälter von Spitzenmanagern großer Konzerne oder das Einkommen mancher Profifußballer.
- **Bedarfsgerechtigkeit.** Das Einkommen der Haushalte soll zumindest ausreichen, die wichtigsten materiellen Bedürfnisse aller Haushaltsmitglieder zu befriedigen. Die wichtigsten materiellen Bedürfnisse beschränken sich dabei nicht auf die Grundbedürfnisse wie z. B. Nahrung, Kleidung und Unterkunft, sondern werden dem ökonomischen und soziokulturellen Entwicklungsniveau der Gesellschaft angepasst. Zum Beispiel könnte man innerhalb Liberias möglichweise dann von einer bedarfsgerechten Einkommensverteilung sprechen, wenn das Einkommen jedes Haushalts gerade zur Deckung dieser Grundbedürfnisse ausreicht; in Deutschland wird das soziokulturelle Existenzminimum hingegen deutlich höher angesetzt. Eine extreme Auslegung erfährt das Ziel der Bedarfsgerechtigkeit in der Forderung nach **Gleichverteilung**.
- **Chancengerechtigkeit**. Jeder Mensch soll über die Mittel verfügen, um gleichberechtigt am Wirtschaftsprozess teilzuhaben. In einer Markt-

wirtschaft bedeutet dies, dass jeder Mensch grundsätzlich die gleiche Chance hat, seine Fähigkeiten zu entfalten und am Markt ein leistungsgerechtes Einkommen zu erzielen. In der Realität sind die Chancen jedoch ungleich verteilt, und zwar unter anderem aufgrund unterschiedlicher wirtschaftlicher Ausstattungen der Haushalte. Dies betrifft zum einen die Möglichkeiten durch Gesundheits- und Bildungsausgaben die eigene Leistungsfähigkeit und Produktivität zu steigern, um das (zukünftige) Markteinkommen zu erhöhen. Zum anderen bestimmt u. a. die Höhe des Vermögens die Chance, Einkommen zu erzielen. Manche haben wesentlich bessere Chancen auf ein hohes Einkommen als andere, und zwar nicht, weil sie als Person mehr leisten oder produktiver sind, sondern weil sie durch Erbschaften oder Schenkungen in den Besitz eines nennenswerten Vermögens gekommen sind. Unter Chancengerechtigkeit wird häufig **Startchancengerechtigkeit** verstanden. Das bedeutet, dass alle Menschen zum Zeitpunkt des Eintritts in das Erwerbsleben idealerweise gleiche, zumindest aber ähnliche Chancen haben, Einkommen zu erzielen.

Der Markt erzeugt im besten Falle eine leistungsgerechte Einkommensverteilung, genau genommen eine **marktleistungsgerechte Verteilung**. Diese Funktion übernimmt er zumindest dann, wenn der Wettbewerb weder durch den Staat, noch durch Private beschränkt ist.

Der Markt ist indes **blind** für Fragen der **Bedarfsgerechtigkeit**. Dies gilt im Übrigen nicht nur im Hinblick auf die Distribution der Einkommen, sondern auch hinsichtlich der Allokation der Güter: Nicht der Haushalt mit der größten Bedürftigkeit, sondern derjenige mit der höchsten Zahlungsbereitschaft und -fähigkeit erhält ein begehrtes Gut.

11.3 Direkte verteilungspolitische Eingriffe des Staats

Der Staat versucht auf vielfältige Weise die **Einkommensverteilung** sozial gerechter zu gestalten. Dabei werden in Deutschland sowohl Aspekte der Bedarfsgerechtigkeit als auch der Startchancengerechtigkeit berücksichtigt.

- Zu den staatlichen Eingriffen zählen **Umverteilungsmaßnahmen** innerhalb des Systems der **Besteuerung**: Wer ein höheres Einkommen erzielt, zahlt (überproportional) höhere Steuern; höhere Bedarfe werden durch Freibeträge berücksichtigt (z. B. Kinderfreibetrag); Sonderausgaben mindern die Steuerbasis usw.

- Außerdem leistet der Staat **sozial motivierte Transfers** wie z. B. Sozialhilfe und Wohngeld. **Gesetzliche Sozialversicherungen** sollen ebenfalls zur Erreichung des Ziels der Bedarfsgerechtigkeit beitragen. Die deutsche gesetzliche Renten- und Arbeitslosenversicherung dient z. B. der Deckung des Bedarfs, wenn am Markt kein Einkommen mehr erzielt wird. Gleiches gilt für das Krankengeld der gesetzlichen Krankenkassen. Darüber hinaus ist die Höhe der Krankenkassenbeiträge von der Höhe des Erwerbseinkommens abhängig, während die Leistungen weitestgehend beitragsunabhängig sind.
- Das Ziel der **Startchancengerechtigkeit** spiegelt sich in Deutschland u. a. in Transfers (z. B. BAföG, Stipendien, Bildungsgutscheine) wider. Grundsätzlich sind die Vermögens-, Erbschafts- und Schenkungssteuern ebenfalls Instrumente, um die Startchancen zu nivellieren.
- **Arbeitsmarktpolitische Eingriffe** des Staates kommen ebenfalls in Frage, um eine gerechtere Einkommensverteilung anzustreben. Dazu zählen Mindestlöhne (→ Kap. 9.2) und staatlich vorgegebene Beschäftigungsquoten für benachteiligte Gruppen, z. B. für Schwerbehinderte.

Außerdem nimmt der Staat durch seine eigene Tätigkeit als Wirtschaftssubjekt Einfluss auf die **primäre Einkommensverteilung.** Dies macht er in seiner Funktion als Arbeitgeber ebenso wie in seiner Funktion als Auftraggeber und Kreditnehmer. Insbesondere als Arbeitgeber steht er dabei in einem Spannungsverhältnis zwischen Marktleistungsgerechtigkeit und Bedarfsgerechtigkeit. So zwingt die Konkurrenz mit privaten Unternehmen den Staat dazu, der Marktleistungsgerechtigkeit bei der Entlohnung Rechnung zu tragen. Der gesellschaftliche, politische und nicht zuletzt der gewerkschaftliche Druck bewegen ihn dazu, die Entlohnung zusätzlich an der Bedarfsgerechtigkeit zu orientieren. Beispiele sind familienstandabhängige Gehaltszuschläge für öffentlich Bedienstete und überproportionale Lohnerhöhungen für untere Lohngruppen.

Schließlich kann der Staat versuchen, die Anfangsausstattung der Haushalte mit Produktionsfaktoren und damit die Einkommensverteilung zu verändern. Ein Beispiel sind staatliche Maßnahmen zur Vermögensbildung von Arbeitnehmern.

Direkte **staatliche Eingriffe in den marktwirtschaftlichen Preismechanismus** beeinflussen ebenfalls die Primärverteilung. So beeinflussen

Höchst- und Mindestpreise das Einkommen der Anbieter. Beispiele sind die „Mietpreisbremse“ und die in der EU-Agrarpolitik lange Zeit praktizierten Mindestpreise (z. B. für Milch), welche das Einkommen von Landwirten der allgemeinen Entwicklung angleichen sollten. Die angebotsschwächende Wirkung von Höchstpreisen und die damit verbundene Problematik wurde weiter oben erläutert (→ Kap. 5.2) ebenso wie die angebotstreibende und nachfragesenkende Wirkung von Mindestpreisen und daraus resultierende Probleme (→ Kap. 5.2).

Im Grunde gibt es eine unüberschaubare Zahl staatlicher Maßnahmen, welche die **Einkommensverteilung** beeinflussen, sei es gezielt im Sinne von mehr Gerechtigkeit oder als unbeabsichtigte Nebenwirkung. Auch und gerade die **Politik gegen Wettbewerbsbeschränkungen** (→ Teil C | Kap. 7) hat Einkommenswirkungen.

11.4 Indirekte Verteilungswirkungen staatlicher Tätigkeit

Schließlich kann der Staat versuchen, für mehr soziale Gerechtigkeit zu sorgen, ohne dass sich die primäre oder sekundäre Einkommensverteilung unmittelbar ändert.

- Ein Ansatzpunkt ist die Gestaltung der **Verbrauchsteuer**. So werden Grundbedarfsgüter wie z. B. Lebensmittel in Deutschland mit einem niedrigeren Mehrwertsteuersatz belegt als die übrigen Waren und Dienstleistungen. Die Ausgaben für das Grundbedürfnis Wohnen und Gesundheitsdienstleitungen sind weitgehend steuerfrei, z. B. Mieten und Arzthonorare.
- Ein anderer Ansatzpunkt ist der **unentgeltliche Zugang** zu bestimmten Gütern, die sich nach politischer Auffassung jeder leisten können sollte. Ein Beispiel hierfür ist die in Deutschland weitestgehend gebührenfreie Schul- und Hochschulbildung.
- Eine dritte Möglichkeit besteht darin, das **Angebot an Gütern für einkommensschwache Haushalte** zu fördern, etwa das Angebot an preiswertem Wohnraum. In Deutschland wurde diese sog. **Objektförderung** im Rahmen des sozialen und öffentlichen Wohnungsbaus seit den 1990er-Jahren indes zurückgefahren. Ein Grund dafür ist, dass die **Subjektförderung** (z. B. durch Wohngeld) marktkonformer ist und zielgruppenspezifischer eingesetzt werden kann. Angesichts der

Mietpreissteigerungen der jüngeren Zeit ist jedoch wieder ein Anstieg der Mittel für den sozialen Wohnungsbau zu verzeichnen.

Letztlich können nahezu alle staatlichen Maßnahmen unter dem Blickwinkel der sozialen Gerechtigkeit betrachtet werden. Dies trifft z. B. auf die **Preise staatlicher Unternehmen** (z. B. öffentlicher Nahverkehr) sowie auf die Menge und Struktur der vom Staat **unentgeltlich bereitgestellten Güter** (z. B. Infrastruktur, innere und äußere Sicherheit) ebenso zu wie auf **Subventionen**.

Lesetipps zur Einführung in die mikroökonomische Theorie

Erlei, M. (2019). Mikroökonomik, in: Apolte, T./Erlei, M./Göcke, M./Menges, R./Ott, N./Schmidt, A., Kompendium der Wirtschaftstheorie und Wirtschaftspolitik, Bd. 1, S. 1–148, Wiesbaden, Springer Gabler.

Frambach, H. (2019). Basiswissen Mikroökonomie, 5. Aufl., München, UVK utb.

Siebe, T. (2016). Mikroökonomie. Arbeitsteilung, Markt, Wettbewerb, 2. Aufl., München, UVK utb.

Übungsaufgaben mit Lösungen zu Kap. 3–8 und darüber hinaus gehende Aufgaben finden sich z. B. in

Kurz, C./Sputek, A. (2021). Mikroökonomie: 77 Aufgaben, die Bachelorstudierende beherrschen müssen, München, UVK utb.

Teil B | Soziale Marktwirtschaft

eLearning-Kurs | Zu diesem Kapitel werden Single- und Multiple-Choice-Fragen angeboten. Der folgende Link oder der QR-Code führen Sie zu den Fragen.

https://narr.kwaest.io/s/1328

Vorbemerkungen

Die Wirtschaftsordnung der Bundesrepublik Deutschland basiert auf dem Leitbild der Sozialen Marktwirtschaft. Das Leitbild vereint die Leistungsfähigkeit des wettbewerblichen Marktmechanismus mit einer staatlichen Ordnungs- und Prozesspolitik, die Marktversagen beheben, weitere Funktionsprobleme des Marktes mindern und für einen sozialen Ausgleich sorgen soll.

Die Ausführungen haben zum Ziel, die Konzeption der Sozialen Marktwirtschaft zu erläutern und über ihren historischen Hintergrund zu informieren. Der/die Leser:in sollte nach dem Studium dieses Teils

- die Wirtschaftsordnung Deutschlands kennen,
- theoretische und historische Hintergründe der Konzeption verstehen
- und die Konformität wirtschaftspolitischer Eingriffe mit dem Leitbild der Sozialen Marktwirtschaft einschätzen können.

Zu diesem Zweck wird zunächst die Grundidee der Konzeption vorgestellt, um anschließend die Ziele und Prinzipien der Sozialen Marktwirtschaft näher zu erläutern (→ Kap. 1). Darauf folgt ein Überblick über den dogmenhistorischen Hintergrund der Sozialen Marktwirtschaft, der vom Merkantilismus bis zum Ordoliberalismus reicht (→ Kap. 2) und dazu beitragen soll, die Konzeption und ihre Besonderheiten zu verstehen. Außerdem wird die Umsetzung der Konzeption in der Bundesrepublik Deutschland skizziert (→ Kap. 3) und anschließend die Weiterentwicklung des Leitbilds zur ökologisch-sozialen Marktwirtschaft thematisiert (→ Kap. 4). Der Teil schließt mit einer knappen Zusammenfassung (→ Kap. 5).

1 Wirtschaftspolitische Konzeption der Sozialen Marktwirtschaft

1.1 Grundidee

„So viel Markt wie möglich, so viel Staat wie nötig“ (Eigner, 1963). Mit diesem abgewandelten Zitat von Karl Schiller[1] (1911–1994) wird die Soziale Marktwirtschaft oftmals charakterisiert. Die Bezeichnung „Soziale Marktwirtschaft“ stammt von dem Nationalökonomen Alfred Müller-Armack (1901–78) (Müller-Armack, 1947, S. 88). Außerdem geht die inhaltliche Entwicklung des Konzepts in ganz wesentlichen Teilen auf ihn zurück. Damals erachteten etliche Kritiker den Begriff zunächst als geradezu paradox, denn die Entwicklungen der letzten 150 Jahre hatten gezeigt, dass der Markt höchst unsozial sei. Marktwirtschaft und Soziales schienen sich gegenseitig mehr oder weniger auszuschließen.

Die **Soziale Marktwirtschaft** ist zunächst einmal eine **wirtschaftspolitische Konzeption**, d. h. ein theoretisch fundiertes Leitbild für die Gestaltung des Aufbaus und des Ablaufs einer Volkswirtschaft. Die Soziale Marktwirtschaft ist zugleich eine **Wirtschaftsordnung**. Unter Wirtschaftsordnung ist die Summe der anzutreffenden Regeln zu verstehen, in die eine Volkswirtschaft in der Praxis eingebettet ist.

Nach gängiger Auffassung wird Deutschlands Wirtschaftsordnung als Soziale Marktwirtschaft bezeichnet. Allerdings gibt es Stimmen, dass die deutsche Wirtschaftsordnung keine Soziale Marktwirtschaft (mehr) sei. Die einen monieren, dass der Staat zu viel reguliere und eingreife, also zu viel Staat und zu wenig Marktwirtschaft. Die anderen kritisieren, dass der Staat zu wenig tue, um den Markt einzuhegen und seine Ergebnisse zu korrigieren, also zu wenig Staat und zu viel Marktwirtschaft.

Der Begriff des **Wirtschaftssystems** bezeichnet einen Idealtypus für den Aufbau und Ablauf einer Volkswirtschaft, der allerdings in der Praxis nicht eins zu eins realisierbar ist. **Wirtschaftspolitische Kon-**

1 Karl Schiller war ein deutscher Wirtschaftswissenschaftler und Politiker, u. a. Bundeswirtschaftsminister von 1966–72.

zeptionen sind Programme für grundsätzlich umsetzbare Typen. **Wirtschaftsordnungen** sind die in der Realität anzutreffenden Typen.

➲ Mehr zu **Wirtschaftssystemen** finden Sie im einführenden Teil dieses Lehrbuchs (→ Kap. 3).

Die folgenden Ausführungen drehen sich um die **Soziale Marktwirtschaft als wirtschaftspolitische Konzeption**. Solche Konzeptionen umfassen **Ziele** und **ordnungspolitische Prinzipien**, daraus abgeleitete **Regeln** für ökonomische Aktivitäten des Staates sowie ggfs. konkrete **Maßnahmen**. Vorangestellt ist i. d. R. eine **Situationsanalyse**.

1.2 Markt und staatlicher Ausgleich

Die wirtschaftspolitische Konzeption der Sozialen Marktwirtschaft setzt zum einen auf den **Wettbewerb als Koordinationsmechanismus** für wirtschaftliche Aktivitäten und sieht **Privateigentum an Produktionsmitteln** vor. Zum anderen wird wirtschaftspolitisches Engagement des Staates als zwingend notwendig erachtet, um **klassisches Marktversagen** (→ Teil A | Kap. 9) zu beheben, **soziale Verteilungsungerechtigkeiten** auszugleichen und für einen **funktionierenden Wettbewerb** (→ Teil C | Kap. 3) zu sorgen. Außerdem soll **konjunkturellen Schwankungen** entgegengewirkt werden, um hohe Arbeitslosigkeit und eine hohe oder stark schwankende Inflationsrate zu verhindern.

Die Aufzählung macht deutlich, dass die Formel „Markt und sozialer Ausgleich" zur Umschreibung der Sozialen Marktwirtschaft zu kurz greifen würde. Vielmehr sieht die Konzeption einen starken Staat vor, der nicht „nur" Marktversagen und Marktverteilungsergebnisse korrigiert. Vielmehr erstreckt sich seine wirtschaftspolitische Aktivität auf die Wettbewerbspolitik (→ Teil C) und eine Vielzahl von anderen Bereichen wie etwa die gesamtwirtschaftlich ausgerichtete Stabilitäts- und Wachstumspolitik oder die Regionalpolitik.

1.3 Ziele der Sozialen Marktwirtschaft

Die Aufgaben, die dem Markt und dem Staat in der Konzeption der Sozialen Marktwirtschaft zukommen, lassen sich aus den vier Zielen

- Wohlstand,
- Freiheit,
- soziale Gerechtigkeit
- und soziale Sicherheit

ableiten. Die Stärken des Marktes liegen bei seinem Beitrag zu den Zielen Wohlstand und Freiheit, während der Staat gefordert ist, auch die Ziele der sozialen Gerechtigkeit und Sicherheit umzusetzen.

1.4 Stärken des Marktes: Effizienz und formale Freiheit

Der Markt – sprich die wettbewerbliche Selbststeuerung – wird als der grundsätzlich effizienteste wirtschaftliche Koordinationsmechanismus eingestuft. Er belohnt diejenigen Produzenten, die zu geringstmöglichen Kosten produzieren und die jene Güter herstellen, die den Konsumentenpräferenzen am besten gerecht werden. Außerdem treibt der Konkurrenzkampf permanent zu kostensparenden Verfahrensinnovationen und zu Produktinnovationen an, wodurch die Kosten fortdauernd sinken und der Nutzen steigt. Durch den Markt lässt sich mit anderen Worten prinzipiell ein höchstmöglicher **materieller Wohlstand** erreichen.

> ➲ Mehr zu **Effizienz und Wohlfahrt** finden Sie in der Einführung (⟶ Kap. 2 u. 3.4) und im ⟶ Teil A | Kap. 5.2.

Außerdem gehört es zum Wesen der Marktwirtschaft, dass dem Individuum die **Freiheit** eingeräumt wird, jegliche wirtschaftliche Entscheidungen zu treffen und entsprechend zu handeln. Somit harmoniert die marktwirtschaftliche Ordnung mit der politischen Ordnung der liberalen Demokratie, in welcher die Freiheit des Einzelnen als eines der höchsten Güter gilt. Freiheit bedeutet, dass der Einzelne das Recht hat, sein Leben selbst zu gestalten. Er kann nach seinem Willen und in frei verantworteter, eigener Entscheidung nach seinen Zielen (z. B. Glück, Erfolg, Zufriedenheit, Reichtum) streben (Schlösser, 2007).

Jedoch sichert die Marktwirtschaft nur **formale wirtschaftliche Freiheit** im Sinne von „dürfen“, nicht aber automatisch auch **materiale Freiheit** im Sinne von „können“. Das heißt, dass der Markt keine Ge- oder Verbote für wirtschaftliche Entscheidungen und Handlungen vorgibt. Aber ob das Individuum über die (materiellen) Voraussetzungen verfügt, Entscheidungen frei zu treffen und umzusetzen, ist eine andere Frage.

1.5 Schwächen des Marktes: Soziale Gerechtigkeit und Sicherheit

Der Markt verteilt das erwirtschaftete Volkseinkommen auf die Einzelnen gemäß deren am Markt erbrachten Leistungen. Er sorgt also für **Marktleistungsgerechtigkeit**. Wer relativ unproduktiv wirtschaftet oder wer weitgehend an der Nachfrage vorbei produziert, erhält ein vergleichsweise geringes Einkommen. Wer gar keine Leistung erbringt, die am Markt auf eine kaufkräftige Nachfrage stößt, erzielt entsprechend keinerlei Markteinkommen.

Die meisten Menschen empfinden eine **Einkommensverteilung** ausschließlich nach Marktleistungsgesichtspunkten als ungerecht: Menschen ohne Geld- oder Sachvermögen, die nicht in der Lage sind, Marktleistungen zu erzeugen (z. B. kleine Kinder, Alte, Kranke), stünden mittellos da. Sie wären auf die Wohltätigkeit anderer angewiesen, um ihre wirtschaftlichen Bedürfnisse zu decken, oder würden im schlimmsten Falle verhungern. Gleiches gilt für Menschen, die Leistungen erbringen, die vom Markt nicht entlohnt werden (z. B. Erziehung/Betreuung oder Pflege von Angehörigen). Der Markt ist mit anderen Worten blind, was **Bedarfsgerechtigkeit** betrifft.

Diese soziale Blindheit des Marktes für Fragen der Bedarfsgerechtigkeit tritt außer bei der Einkommens- auch bei der **Güterverteilung** zu Tage: Angenommen, eine Stadt befände sich im Belagerungszustand und wäre von der Außenwelt abgeschnitten. In der Stadt gäbe es einige Milchkühe, sodass eine sehr begrenzte Menge an Milch angeboten würde. Zugleich stünde in der Stadt ein Waisenhaus, in dem Säuglinge leben, die auf milchbasierte Babynahrung angewiesen sind. Vermutlich fände es die überwältigende Mehrheit gerecht, wenn die knappe Milch zu Säuglingsnahrung verarbeitet und an das Waisenhaus verteilt würde. Marktverteilung bedeutet indes, dass diejenigen die Milch erhalten, die bereit und in der Lage sind, am meisten für die Milch zu bezahlen. Das dürfte kaum das Waisenhaus sein, sondern die Milch ginge vermutlich an wohlhabende Erwachsene, die z. B. besonders gerne Milchkaffee trinken.

Die Ausführungen zur Einkommens- und Güterverteilung gelten im Wesentlichen auch für die **Vermögensverteilung**. Dabei ist zu berücksichtigen, dass die Verteilung des Vermögens in einer Gesellschaft niemals allein vom Marktmechanismus bestimmt wird, sondern durch Erbschaften, Schenkungen und Ähnliches beeinflusst wird. Ein Familienmitglied profitiert zwar bereits bei der Markteinkommensverteilung i. d. R. mittelbar von dem hohen Einkommen eines sehr leistungsstarken Familienvorstands, aber beim Vermögen wird die Verteilung durch Erbschaften/Schenkungen unmittelbar und langfristig verändert. Dies wird von vielen Menschen als besonders ungerecht empfunden, da der Erbe bzw. Beschenkte nichts oder kaum etwas für seinen Reichtum geleistet hat. Dafür steht z. B. das Klischee vom reichen Nachkommen, dessen Kernbeschäftigung darin besteht, das geerbte Vermögen auszugeben.

Alles in allem gilt: Eine Einkommens-, Güter- und Vermögensverteilung ausschließlich nach der (Markt-)Leistungsgerechtigkeit widerspricht zentralen Werten unserer Gesellschaft wie etwa der **Gleichheit**, **Gerechtigkeit** und **Solidarität**.

➲ Mehr zu **Verteilung und Gerechtigkeit** finden Sie im → Teil A | Kap. 11.

Soziale Sicherheit ist ebenfalls ein Wert (und ein Ziel der Sozialen Marktwirtschaft), dem der Marktmechanismus nicht gerecht wird. Es ist der Dynamik des Marktes vielmehr immanent, Unsicherheit zu erzeugen: Nachfrage und Angebot bzw. daraus folgend Preise und Mengen ändern sich ständig, sodass die Einnahmen der einzelnen Unternehmen und Haushalte fluktuieren. Bei manchen steigen sie, während sie bei anderen sinken. Innovationen, zu denen Konkurrenz und Gewinnstreben antreiben, tun das ihrige, Unsicherheit zu erzeugen. Flexible Preise führen nicht nur zu Einkommensunsicherheit, sondern auch zu Unsicherheit auf der Ausgabenseite: Zum Beispiel weiß der einzelne Haushalt nicht mit Sicherheit, welchen Betrag er für ein bestimmtes Güterbündel in Zukunft aufbringen muss. Er weiß ggfs. noch nicht einmal, ob er es sich überhaupt wird leisten können.

Der Markt erzeugt neben **materieller Unsicherheit** bzgl. der finanziellen Absicherung und des Erhalts des materiellen Lebensstandards weitere **soziale Unsicherheit**: Der permanente Anpassungsbedarf zwingt z. B.

zum Wechsel des Arbeitgebers, sodass sich die beruflichen Beziehungen grundlegend ändern. Bisweilen wird sogar ein Umzug notwendig, wodurch sich das gesamte soziale Umfeld ändert. Die meisten Menschen fühlen sich durch solche Umwälzungen gestresst und leiden erheblich unter der sozialen Unsicherheit. Daher ist es wenig erstaunlich, dass **Sicherheit** sowohl in den Wirtschaftswissenschaften als auch etwa in der Psychologie zu den Grundbedürfnissen gezählt wird.

Individuelle soziale Sicherheit und ein freier Markt mögen sich zunächst ausschließen. Dennoch trägt der Markt zum Ziel materieller Sicherheit insoweit bei, als sein leistungsstarker Steuerungsmechanismus zu einer effizienten Verwendung knapper Mittel führt. Somit schafft er, zumindest in der Theorie, einen höchstmöglichen materiellen Wohlstand und damit die **Basis für die materielle Sicherheit** der Bevölkerung. Je höher der materielle Wohlstand einer Volkswirtschaft ist, umso größer ist c. p. auch die Wahrscheinlichkeit, dass das Individuum mit den Gütern ausgestattet werden kann, die das Gefühl sozialer Sicherheit erzeugen.

1.6 Staatlicher Ausgleich: Gerechtigkeit und Sicherheit

Die Ausführungen zu den Stärken bzw. Schwächen des Marktes, wenn es um die Erreichung der Ziele der Sozialen Marktwirtschaft geht, machen deutlich: Der Staat ist gefordert, für **soziale Gerechtigkeit** und **Sicherheit** zu sorgen.

Hierzu dient naheliegender Weise die **Sozialpolitik**, d. h. Maßnahmen zur direkten Verbesserung der Situation von wirtschaftlich und sozial benachteiligten Menschen oder zu deren Schutz. Hierunter fallen soziale Transfers zur sozialen Grundsicherung (Sozialhilfe, Bürgergeld) und andere Zahlungen wie z. B. Kindergeld, Wohngeld und BAföG. Daneben umfasst Sozialpolitik das System der Sozialversicherungen (z. B. Kranken-, Pflegeversicherung), soziale Einrichtungen (z. B. Waisenhäuser, Förderwerkstätten, öffentliche Krankenhäuser) und verschiedene Gesetze und Verordnungen zum Schutz bestimmter Gruppen (z. B. Arbeits- und Kündigungsschutzgesetz, Allgemeines Gleichbehandlungsgesetz, Jugendarbeitsschutzverordnung).

Darüber hinaus gibt es eine ganze Reihe von anderen Politikbereichen, in denen Maßnahmen getroffen werden, welche die **soziale Sicherheit** erhöhen bzw. **soziale Ungerechtigkeit** reduzieren sollen. Bei genauer Betrachtung haben sogar fast alle staatlichen Maßnahmen einen – teils indirekten – Einfluss auf die Verteilung. Man denke z. B. an die Geldpolitik: Eine stabile Inflationsrate trägt etwa zur sozialen Sicherheit bei, und Leitzinsänderungen beeinflussen die Verteilung z. B. zwischen den Beziehern von Vermögens- und Arbeitseinkommen sowie zwischen Schuldnern und Gläubigern. In bestimmten Politikbereichen ist soziale Gerechtigkeit indes explizit eines der Handlungsziele. Dazu zählen u. a. die **Steuer-**, **Bildungs-** und **Gesundheitspolitik**.

Der steuerliche Grundfreibetrag[2] erhöht z. B. die soziale Sicherheit des einzelnen Einkommensteuerpflichtigen, indem er das Existenzminimum prinzipiell vor dem Zugriff des Fiskus schützt. Ein steuerpolitisches Beispiel für eine Maßnahme, die der sozialen Gerechtigkeit dienen soll, ist z. B. der progressive Einkommensteuertarif: Der Grenzsteuersatz nimmt mit steigendem Einkommen zu, d. h. die absolute Steuerbelastung steigt überproportional zum Einkommen. Im Ergebnis ist die Einkommensverteilung nach Steuern weniger ungleich als zuvor.

Im Bereich der **Bildungspolitik** ist es vor allem der unentgeltliche Zugang zum öffentlichen Bildungssystem, den der deutsche Staat auch und gerade mit dem Ziel der sozialen Gerechtigkeit zu begründen versucht. Dabei geht es vor allem um **Startchancengerechtigkeit**. Verschiedene Bildungsstufen sollen nämlich unabhängig von der finanziellen Ausstattung der Eltern – bzw. anderer Unterstützung leistender Personen – für alle Geeigneten grundsätzlich zugänglich sein. Während die Gebührenfreiheit von Grund-, weiterführenden, Berufs- und Hochschulen allen ungeachtet ihrer wirtschaftlichen Verhältnisse zugutekommt, sind andere bildungspolitische Maßnahmen stärker auf eine Verbesserung der Chancen wirtschaftlich benachteiligter Gruppen gerichtet. Ein Beispiel hierfür sind Bildungsgutscheine für sozial Schwache, mit denen diese z. B. Nachhilfeunterricht bezahlen können.

Auf dem Gebiet der **Gesundheitspolitik** wird ebenfalls Umverteilung zugunsten Einkommensschwacher betrieben. Dies wird in Deutschland besonders deutlich am System der gesetzlichen Pflichtkrankenversicherung, das von Arbeitnehmern und Arbeitgebern gemeinsam finanziert wird: Die Krankenkassenbeiträge steigen bis zu einer gewissen Grenze mit steigendem Gehalt, aber Personen mit niedrigem Lohneinkommen erhalten die gleichen Gesundheitsleistungen wie andere. Andere Staaten betreiben ein

2 Einkommensteuer muss nur für das Einkommen oberhalb des Grundfreibetrags gezahlt werden. In Deutschland lag der Freibetrag im Jahr 2024 für Ledige bei 11.784 Euro.

steuerfinanziertes Gesundheitswesen, d. h. die Bürger haben weitgehend kostenlosen Zugang zu staatlichen Gesundheitsdienstleistungen. Alternativ besteht etwa in der Schweiz die Pflicht, sich privat zu versichern und der Staat trägt der Bedarfsgerechtigkeit insoweit Rechnung, als er die Versicherungsbeiträge einkommensschwacher Haushalte bezuschusst.

1.7 Staatliche Eingriffe für mehr Wohlstand

Im Anschluss an die Erläuterung des idealtypischen Gütermarktes wurde weiter oben ausgeführt, dass es Fälle gibt, in denen der Markt nicht zu einer optimalen Allokation der Produktionsfaktoren führt. Das Wohlstands- bzw. Wohlfahrtsniveau ist dann nicht maximal. Diese Fälle werden als „klassisches" **Marktversagen** bezeichnet. Dazu zählen u. a. **externe Effekte** in Form von z. B. Gesundheits- und Umweltbelastungen sowie **öffentliche Güter** wie z. B. innere und äußere Sicherheit oder die Straßenbeleuchtung. In diesen Fällen ist es die Aufgabe des Staates, das Marktversagen zu korrigieren. Dies kann z. B. durch Lenkungsabgaben, Gebote und Verbote bzw. die Bereitstellung öffentlicher Güter erfolgen. Solche staatlichen Eingriffe in den Markt dienen unmittelbar dem Wohlfahrtsziel. Sprich: der Staat ist in der Sozialen Marktwirtschaft nicht „nur" gefordert, für mehr soziale Gerechtigkeit und Sicherheit zu sorgen, sondern auch durch geeignete Maßnahmen dem Wohlfahrtsziel näher zu kommen als es der Markt von sich aus kann.

> ➲ Mehr zu **Marktversagen** und staatlichen Eingriffen zu dessen Behebung finden Sie im → Teil A | Kap. 9.

Des Weiteren zählt die **Stabilitäts- und Wachstumspolitik** zu den Aufgaben des Staates. Darunter sind Maßnahmen zu verstehen, die für ein stetiges Wirtschaftswachstum sowie für Vollbeschäftigung, Preisniveaustabilität und außenwirtschaftliches Gleichgewicht Sorge tragen sollen. Die vier Ziele stellen gemeinsam das **gesamtwirtschaftliche Gleichgewicht** dar und werden im deutschsprachigen Raum als **„magisches Viereck der Wirtschaftspolitik"** bezeichnet. In der Sozialen Marktwirtschaft umfasst die Stabilitäts- und Wachstumspolitik zuvorderst **ordnungspolitische Maßnahmen** wie die Unabhängigkeit einer auf Stabilität verpflichteten Zentralbank, eine Begrenzung der Staatsverschuldung sowie ein Steuersystem, das hinreichend Raum für Leistungsanreize für wirtschaftliches Engagement (z. B. Erwerbstätigkeit) und wachstumsförderliche Aktivitäten (z. B. Investieren, Sparen, Bildung) lässt. Darüber hinaus ergreift der Staat **prozesspolitische Maßnahmen** zur Stabilisierung des Konjunkturverlaufs.

Der **Konjunkturverlauf** ist das kurzfristige Auf und Ab des gesamtwirtschaftlichen Auslastungsgrades, welches in allen wirtschaftlich weiter entwickelten Ländern zu beobachten ist. In → Abb. B-1 ist der idealtypische zyklische Konjunkturverlauf in sechs Phasen unterteilt. Der **Konjunkturzyklus** bezeichnet mithin die kurzfristigen zyklischen Schwankungen des Wachstums des **Bruttoinlandsprodukts (BIP)**. Das BIP ist die **Bruttowertschöpfung** einer Volkswirtschaft. Es lässt sich ermitteln, indem im ersten Schritt die Umsätze aller Unternehmen und die staatlichen Ausgaben für die unentgeltlich bereitgestellten Güter (z. B. öffentliche Infrastruktur, innere und äußere Sicherheit) addiert werden und anschließend von dieser Summe alle Vorleistungen subtrahiert werden. Das BIP repräsentiert somit den wirtschaftlichen Wert dessen, was in einer Volkswirtschaft in einer Zeitperiode neu geschaffen wurde. Beispielsweise betrug das BIP Deutschlands im Jahr 2023 – zu Marktpreisen bewertet – ca. 4.185 Mrd. Euro bzw. ca. 49.500 Euro pro Kopf.

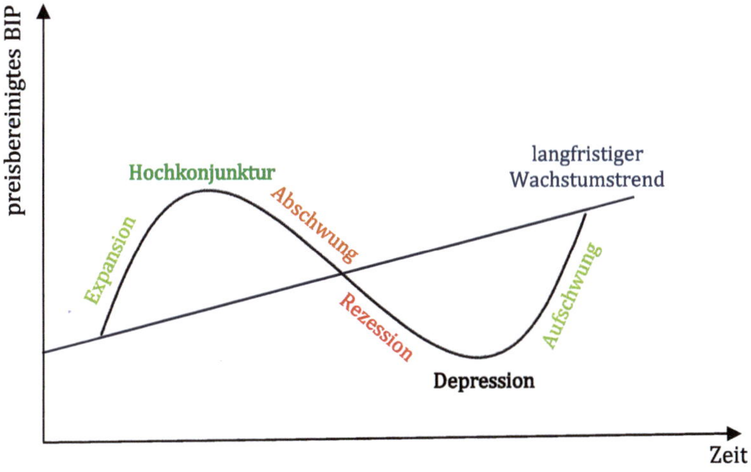

Abb. B-1: Idealtypischer Konjunkturzyklus | Quelle: Kulessa (2018), S. 38

Gesellschaftlich negative Wirkungen von Rezession und Depression sind u. a. steigende Arbeitslosigkeit und Unterinvestition. Negative Wirkungen von Boom und Hochkonjunktur sind steigende Inflationsraten und die Gefahr von Überinvestitionen bzw. Spekulationsblasen, die über kurz oder lang zusammenbrechen und in eine Rezession oder Krise münden können.

Zu den prozesspolitischen Maßnahmen zur **Konjunkturstabilisierung** zählen zum einen gesamtwirtschaftlich ausgerichtete Maßnahmen auf der Einnahmen- oder Ausgabenseite des Staates (**Fiskalpolitik**), z. B. eine (vorübergehende) Änderung der Steuersätze oder der Subventionen/Transfers. Zum anderen zählen dazu Maßnahmen der Zentralbank (**Geldpolitik**), etwa die Änderung des Leitzinses, der Zentralbankgeldmenge oder der Kauf/Verkauf von Wertpapieren.

Weitergehende Ausführungen zu den gesamtwirtschaftlichen Zielen und Politikmaßnahmen würden den Rahmen dieses Lehrbuchs sprengen, weswegen an dieser Stelle auf makroökonomische Lehrbücher verwiesen sei (z. B. Blanchard & Illing 2021, Clement, Terlau & Kiy 2023, Kulessa 2018, Mankiw 2024).

Schließlich sieht die Konzeption der **Sozialen Marktwirtschaft** vor, dass der Staat eine aktive Rolle bei der Etablierung und Aufrechterhaltung des **Wettbewerbsmechanismus** spielt, damit der Markt tatsächlich auch als Wohlfahrtsgenerator fungieren kann. Damit ist gemeint, dass der Staat **Wettbewerbspolitik** betreibt und gegen **private Wettbewerbsbeschränkungen** vorgeht. Eine Politik gegen Wettbewerbsbeschränkungen lässt sich also auch mit dem **Ziel des Wohlstands** begründen. Das **Freiheitsziel** kann ebenfalls zu ihrer Begründung herangezogen werden, denn Wettbewerbsbeschränkungen von Unternehmen (z. B. Kartelle, Boykotte) reduzieren oftmals die (Wahl-)Freiheit von Nachfragern, Konkurrenten oder anderen Marktteilnehmern (→ Teil C | Kap. 4.5).

> ➲ Mehr zu **Wettbewerbsbeschränkungen** und **Wettbewerbspolitik** finden Sie in → Teil C.

1.8 Prinzipien der Sozialen Marktwirtschaft

Wie bereits erwähnt, zählen **Privateigentum an Produktionsmitteln** und **dezentrale Koordination** zu den elementaren ordnungspolitischen Prinzipien der sozialen Marktwirtschaft. Damit einher geht das **Individualprinzip**, d. h. das Individuum ist frei in seinen ökonomischen Handlungen. Dies schlägt sich u. a. nieder in Konsumfreiheit, Gewerbefreiheit, freier

Berufs- und Arbeitsplatzwahl. Das Individualprinzip impliziert zugleich, dass das Individuum die Verantwortung und die Konsequenzen für sein Handeln trägt.

Zugleich betont der sozialstaatliche Charakter der Sozialen Marktwirtschaft das **Sozialprinzip**. Das Existenzminium der Einzelnen soll gesichert sein und im Bedarfsfall aus den Mitteln aller gedeckt werden. Außerdem soll wirtschaftlich-soziale Ungleichheit reduziert werden, wozu wiederum die Mittel aller zu Gunsten einzelner Gruppen eingesetzt werden. Das Sozialprinzip steht in einem gewissen Spannungsverhältnis zum Individualprinzip: Das begünstigte Individuum wird in Teilen aus der Verantwortung für sein Tun und dessen Konsequenzen entlassen; den Individuen, die die Umverteilung finanzieren, werden Früchte der eigenen Tätigkeit entzogen.

Das **Subsidiaritätsprinzip** baut eine Brücke zwischen Individual- und Sozialprinzip. Es besagt, dass eine Aufgabe auf der untersten aller geeigneten Handlungs- und Entscheidungsebenen bewältigt werden soll. Nur, wenn sich eine Ebene als ungeeignet herausstellt, weil sie z. B. überfordert ist, soll die nächsthöhere Ebene einschreiten. Für die Sozialpolitik bedeutet das Subsidiaritätsprinzip, dass in einer individuellen wirtschaftlichen Notlage zunächst die Kernfamilie zur Unterstützung verpflichtet ist. Kann sie dies nicht, ist die nächsthöhere Einheit zuständig, also z. B. der weitere Verwandtenkreis oder die Gemeinde, dann das Land und schließlich der Bund oder sogar die internationale Ebene (z. B. EU).

In der Sozialen Marktwirtschaft kommen speziell für die Sozialpolitik ferner dem **Versicherungsprinzip** und dem **Fürsorgeprinzip** Bedeutung zu. Gemäß dem **Individualprinzip** soll jeder selbst für das Alter oder den Fall von Krankheit, Pflege, Unfall, Erwerbslosigkeit etc. vorsorgen. Da dies jedoch nicht jedes Individuum aus freien Stücken tut, wird es vom Staat dazu verpflichtet, sich gegen diese Risiken zu versichern. Da sich andererseits nicht jeder ausreichend versichern kann, greift der Staat weiter ein. So zahlt er z. B. Sozialhilfe bzw. die Versicherungsprämien für sozial Schwache (Fürsorgeprinzip). Außerdem existieren in Deutschland gesetzliche Pflichtversicherungen mit einkommensabhängigen Beiträgen. Die Leistungen sind bei der gesetzlichen Kranken- und Pflegeversicherung hingegen einkommensunabhängig. Bei den Kranken- und Pflegekassen greift also neben dem Versicherungsprinzip auch das **Solidarprinzip**.

1.9 Regeln für wirtschaftspolitische Maßnahmen

Zielwirksamkeit

Maßnahmen sollen geeignet sein, das angestrebte Ziel zu erreichen. Dieses Kriterium wird auch als **Effektivität** bezeichnet. Zielwirksamkeit umfasst **Nah- und Fernwirkungen**, d. h. die Maßnahme soll nicht nur kurzfristig den Zielerreichungsgrad erhöhen, sondern auch auf lange Sicht. Maßnahmen sollen mit anderen Worten der nachhaltigen Zielerreichung dienen. Beispiel: Ein niedriger staatlich vorgegebener Höchstpreis für Nahrungsmittel kann zwar kurzfristig dem Ziel einer bezahlbaren Lebensmittelversorgung der Bevölkerung dienen. Aber langfristig würde der Höchstpreis zu einem Rückgang der Nahrungsmittelproduktion führen, und die gestiegene Knappheit würde wiederum die Lebensmittelversorgung der Bevölkerung verschlechtern.

Außerdem inkludiert Zielwirksamkeit minimale negative Wirkungen auf andere Ziele; im Idealfall sollen keine vermeidbaren **Nebenwirkungen** eintreten. Eine Maßnahme, die den Erreichungsgrad des Ziels A (z. B. Umweltschutz) erhöht, zugleich aber den Erreichungsgrad des Ziels B (z. B. Gerechtigkeit) unnötig verschlechtert, ist in diesem Sinne nicht zielwirksam.

Marktkonformität

Maßnahmen sollen den **marktwirtschaftlichen Preismechanismus** nicht außer Kraft setzen. Vielmehr sollen die Auswirkungen auf die Funktionsfähigkeit des Marktes bzw. den Wettbewerbsmechanismus minimiert werden. Das oben angeführte Beispiel eines niedrigen Höchstpreises für Nahrungsmittel setzt den Preismechanismus außer Kraft. Eine Subventionierung von Nahrungsmitteln oder soziale Transfers an Bedürftige lassen den Marktmechanismus hingegen weitestgehend intakt. Im Wesentlichen geht es bei der Marktkonformität um die Auswahl der Maßnahmen mit der niedrigsten Eingriffsintensität, sowohl in den Marktmechanismus als auch in die individuelle Freiheit.

Effizienz

Unter Effizienz ist die Wirtschaftlichkeit einer Maßnahme zu verstehen. Das bedeutet, dass idealerweise die Maßnahme mit dem besten **Nutzen-Kosten-Verhältnis** ergriffen wird. Alternativ kann auch formuliert werden, dass ein gegebenes Ziel zu geringstmöglichen Kosten erreicht werden soll. Zu den Kosten zählen einzelwirtschaftliche ebenso wie externe Kosten, unternehmerische Kosten ebenso wie Kosten der öffentlichen Hand. Beispiel: Eine ausreichende und bezahlbare Nahrungsmittelversorgung ließe sich evtl. durch staatliche Produktionsmengenvorgaben für Landwirtschaft und Lebensmittel mit anschließender Verteilung der Lebensmittel bewerkstelligen, aber die Kosten wären deutlich höher als etwa im Falle von Subventionen oder Transfers.

In der Theorie der Sozialen Marktwirtschaft sollen Maßnahmen ergriffen werden, die zugleich **effektiv**, **marktkonform** und **effizient** sind. In der Praxis muss hiervon indes abgewichen werden. Gründe können u. a. sein, dass marktkonforme Maßnahmen bisweilen nicht zielwirksam sind, dass die theoretisch idealen Maßnahmen politisch nicht durchsetzbar sind, oder dass zielwirksame marktkonforme Maßnahmen in der Praxis an den hohen Umsetzungskosten scheitern, d. h. faktisch nicht effizient sind bzw. nicht praktikabel.

Ordnungs- versus Prozesspolitik

Die **Ordnungspolitik** umfasst alle wirtschaftspolitischen Maßnahmen, die den institutionellen Rahmen für die Wirtschaftsordnung abstecken. Der Rahmen ist ein dauerhaftes und i. d. R. rechtlich verankertes Set von Spielregeln für die wirtschaftlichen Akteure. Dazu zählen u. a. die **Eigentumsverfassung** (z. B. Schutz und Verantwortung privaten Eigentums), die **Unternehmensverfassung** (z. B. handels- und gesellschaftsrechtliche Regelungen und Mitbestimmungsgesetze), die **Arbeitsmarktordnung** (z. B. Tarifautonomie, freie Arbeitsplatzwahl), die **Geldordnung** (z. B. Unabhängigkeit der Zentralbank), die **Wettbewerbsordnung** (z. B. das Gesetz gegen Wettbewerbsbeschränkungen GWB), die **Sozialordnung** (z. B. soziales Sicherungssystem) und die **Außenwirtschaftsordnung**. Umfassende Steuerreformen, Ladenschlussgesetze und Arbeitsschutzgesetze zählen ebenfalls zur Ordnungspolitik. Ordnungspolitische Maßnahmen werden – sobald der Ordnungsrahmen etabliert ist – im Vergleich zu prozesspolitischen Maßnahmen eher selten ergriffen. Eines der letzten größeren ordnungspolitischen Pakete waren die sog. „Hartz-Reformen" zu Beginn der 2000er-Jahre, mit denen das soziale Sicherungssystem und insbesondere das System arbeitsmarktpolitischer Leistungen und Anreize modifiziert wurden.

Prozesspolitische Maßnahmen werden hingegen relativ häufig ergriffen. Mit Prozesspolitik (auch: Ablaufpolitik) sind Eingriffe in wirtschaftliche Prozesse (Abläufe) gemeint, die das Marktergebnis unmittelbar verändern. Sie ist anders als die Ordnungspolitik nicht nur langfristig ausgerichtet, sondern übernimmt vor allem kurzfristige Steuerungsaufgaben. Die Prozesspolitik kann gesamtwirtschaftlich orientiert (z. B. Konjunkturpolitik) oder auf Branchen bzw. Regionen ausgerichtet sein (sektorale bzw. regionale Prozesspolitik). Beispiele für prozesspolitische Maßnahmen sind die Erhöhung/Senkung von Staatsausgaben (z. B. Infrastruktur-, Bildungs- und Transferausgaben) und Abgaben (z. B. Steuern, Sozialversicherungsbeiträge) oder das Anheben/Absenken von Leitzinsen (Geldpolitik).

In einem Satz lässt sich sagen: Die Ordnungspolitik legt die **Spielregeln** fest, unter denen die Marktteilnehmer agieren dürfen. Die Prozesspolitik greift in das Spiel ein und verändert dadurch das Ergebnis des „Spiels". Oftmals können Maßnahmen aber nicht eindeutig der Ordnungs- oder Prozesspolitik zugeordnet werden. So ist der gesetzliche Mindestlohn in Deutschland insoweit eine ordnungspolitische Maßnahme, als mit der erstmaligen Einführung eines Mindestlohngesetzes (2015) die deutsche Arbeitsmarktordnung direkt und langfristig berührt wurde. Andererseits ist die Festlegung des Mindestlohns auf zunächst 8,50 Euro eine prozesspolitische Maßnahme ebenso wie die Folgeerhöhungen auf mittlerweile 12,82 Euro (2025).

In der Konzeption der Sozialen Marktwirtschaft ist eine starke Präferenz für die Ordnungspolitik verankert. Prozesspolitische Maßnahmen sollen auf das Nötigste beschränkt und marktkonform gestaltet werden. In der Praxis der deutschen Wirtschaftsordnung sind staatliche Interventionen in das wirtschaftliche Geschehen hingegen an der Tagesordnung. Es wird über die Notwendigkeit und Marktkonformität etlicher Maßnahmen gestritten, ebenso über deren Zielwirksamkeit und Effizienz.

2 Vom Merkantilismus zum Ordoliberalismus

Eine wirtschaftspolitische Konzeption ist ein programmatisches Leitbild, zu dessen Verständnis die Vorgeschichte der Konzeption hilfreich ist. Die folgenden historischen Ausführungen beziehen sich im Wesentlichen auf Europa; teils sind sie auf Deutschland beschränkt.

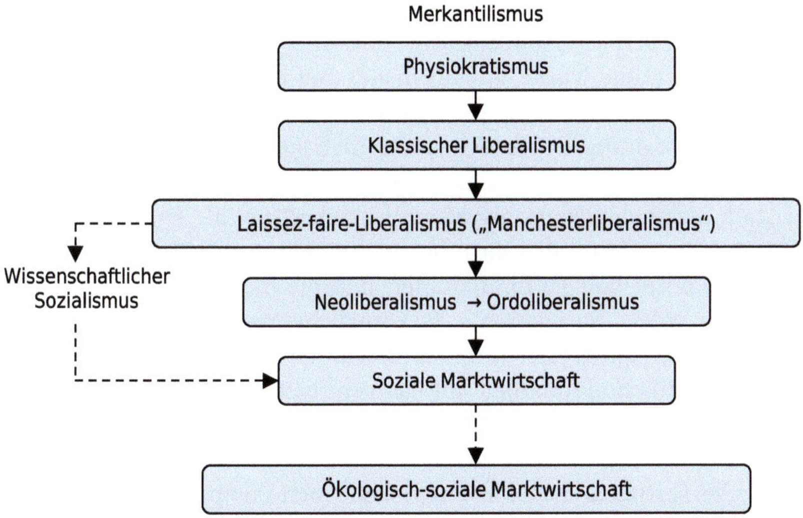

Abb. B-2: Chronologie wirtschaftspolitischer Konzeptionen

Es werden zunächst die Entwicklungen vom **Merkantilismus** (17. bis 18. Jahrhundert) zum **klassischen Liberalismus** (18. Jahrhundert) und zum **Laissez-faire-Liberalismus** (19. Jahrhundert) skizziert. Nach einem kurzen Ausflug zum **wissenschaftlichen Sozialismus** (19./20. Jahrhundert) wird der **Neoliberalismus** und der **Ordoliberalismus** (20. Jahrhundert) dargestellt, um dann auf die Anfänge der **Sozialen Marktwirtschaft** im Nachkriegsdeutschland (1950er) einzugehen.

2.1 Merkantilismus

Im Zeitalter des Barocks (17. bis 18. Jahrhundert) herrschte in vielen Ländern Europas ein Absolut (z. B. König), der von den Gesetzen losgelöst war und sich bei seiner Alleinherrschaft meist auf „Gottes Gnaden“ berief. Er galt als unumschränkter Herrscher des Landes und griff erheblich in das Leben seiner Untertanen ein, etwa die Religion betreffend. Dieses zentralistische und auf eine Person oder Familie konzentrierte politische System wird als **Absolutismus** bezeichnet und hatte sein wirtschaftspolitisches Gegenstück im **Merkantilismus**.

Die wirtschaftspolitische Konzeption des **Merkantilismus** hatte im Kern den Reichtum des Staates zum Ziel. Und der Staat, das war im Wesentlichen der Absolut; man denke nur an den berühmten Satz „der Staat bin ich“, den der „Sonnenkönig“ Ludwig XIV. angeblich gesagt haben soll. Als Reichtum wurde vor allem der Besitz von **Edelmetallen** wie z. B. Gold und Silber erachtet. Mit diesen wurden das höfische Leben, das Heer, die Verwaltung, der Adel und natürlich auch Prunkbauten finanziert. Entsprechend standen möglichst hohe Staatseinnahmen im Vordergrund der stark lenkenden zentralistischen Wirtschaftspolitik. Es wurden relativ hohe Steuern und Einfuhrzölle erhoben. Einnahmenschaffende Aktivitäten wie die Exporte von Fertigprodukten und die dazu dienlichen Gewerbe wurden gefördert. So wurden z. B. königliche Manufakturen eröffnet, in denen teils Zwangsarbeiter verpflichtet wurden, womit die weit verbreitete landwirtschaftliche Fronarbeit auf das verarbeitende Gewerbe übertragen wurde. Importe wurden mit Ausnahme von Rohstoffimporten, die in der Industrie gebraucht wurden, stark beschränkt bis hin zu Einfuhrverboten für etliche Fertigwaren. Zwar entwickelte sich das politische System im 18. Jahrhundert vielerorts zu einem aufgeklärten Absolutismus, der weniger des Königs Reichtum und mehr des ganzen Landes Wohlstand in den Mittelpunkt rückte. Dennoch blieb die Wirtschaftspolitik **dirigistisch**, **zentralistisch** und **protektionistisch**. Dies gilt auch und gerade für Preußen unter Friedrich dem Großen (1712–1786).

2.2 Aufklärung und Liberalismus

Auf den Barock folgte in der ersten Hälfte des 18. Jahrhunderts das Zeitalter der **Aufklärung**, welche die **Vernunft** zum Maßstab aller Dinge erhob und grundsätzlich jeden Menschen als fähig erachtet, zu lernen und sich Wissen anzueignen. (Einschränkend sei hinzugefügt, dass viele Anhänger der Aufklärung dies im Wesentlichen nur auf männliche, weiße Erwachsene bezogen.) Vernunft und neues Wissen, so die Überzeugung eines großen

Teils der Aufklärer, können langfristig dazu beitragen, die großen Herausforderungen der Menschheit zu bewältigen. Das Individuum gewann an Bedeutung; es entwickelten sich liberale Werte und eine gewisse Toleranz, insbesondere was Religion betrifft. Die Leibeigenschaft wurde vielerorts abgeschafft. Zünfte verloren an Bedeutung und das Wirtschaftsbürgertum entstand. Es war eine Zeit der gesellschaftlichen und politischen Umwälzungen; davon zeugen u. a. die Unabhängigkeitserklärung der USA (1776) und die Französische Revolution (1789).

Die Etablierung der **Nationalökonomie**, also der VWL, als eigenständige Wissenschaft fällt ebenfalls ins 18. Jahrhundert. Das Werk *Tableau Économique* (1751) des französischen Mediziners François Quesnay gilt hier als Meilenstein. Quesnay (1694–1774) ist einer der bekanntesten Vertreter der physiokratischen Schule. Die mehrheitlich in Frankreich beheimateten Physiokraten vertraten eine wirtschaftspolitische Auffassung, die dem Merkantilismus diametral entgegenstand. So sehen sie in der Landwirtschaft den einzigen produktiven Sektor und messen dem Geldvermögen, ganz anders als der Merkantilismus, keinen eigenen Wert bei. Viel wichtiger für unsere Fragestellung nach den historischen Ursprüngen der Sozialen Marktwirtschaft ist indes zum einen die Forderung der Physiokraten nach der (wirtschaftlichen) **Freiheit des Einzelnen** und folgerichtig der Abschaffung von Leibeigenschaft, Fronarbeit und Marktzugangsbeschränkungen (z. B. Zunftsordnungen, Monopolprivilegien). Zum anderen sieht die Physiokratie **freie Märkte** und einen **freien Außenhandel** sowie **Privateigentum** an Boden und anderen Produktionsmitteln vor. Man solle den Markt „laufen lassen" (*laissez faire et laissez passer*) (Oncken, 1886, S. 4 ff.), d. h. den staatlichen Einfluss auf die Volkswirtschaft und die wirtschaftlichen Entscheidungen der Einzelnen minimieren.

2.3 Klassischer Liberalismus

Parallel zum Physiokratismus entwickelte sich die später als klassischer Liberalismus bezeichnete wirtschaftspolitische Konzeption, die sich überwiegend von Großbritannien aus verbreitete. Ihr berühmtester Vertreter ist zweifellos der Schotte **Adam Smith** (1723–90). Sein Werk „Der Wohlstand der Nationen[3]" (*An Inquiry into the Nature and Causes of the The Wealth of Nations*, 1776) war binnen kurzer Zeit ausverkauft, wird nach wie vor aufgelegt und findet noch heute große Beachtung.

In dem Buch führt der Philosoph und Ökonom seine liberalen Wirtschaftstheorien zusammen und untersucht die Funktionsweise von Märkten. Zwar galt er als Bewunderer des Physiokratismus und speziell von Quesnay, aber er sah nicht die Natur und den Boden als den einzigen produktiven Produktionsfaktor an, sondern erachtete auch Kapital und Arbeit als produktiv. Dabei rückte er die **Arbeitskraft** in den Mittelpunkt wirtschaftlicher Wertschöpfung. Zusammenfassend sah er in der **Arbeitsteilung** sowohl in Manufakturen als auch innerhalb und zwischen den Volkswirtschaften die Quelle wirtschaftlichen Wohlstands.

Der rege Güteraustausch nach den freien Kräften des Marktes steigere in Verbindung mit Privateigentum, Gewerbe- und Vertragsfreiheit das Gemeinwohl. Kein noch so wohlwollender Absolut könne für annähernd so hohen gesellschaftlichen Reichtum sorgen und zwar nicht zuletzt mangels der dafür nötigen Informationen in einer immer komplexer werdenden Volkswirtschaft. Der Markt – als Ort des Zusammenwirkens von Angebot und Nachfrage bei „freier Konkurrenz" – schaffe es hingegen, das individuelle Streben der Einzelnen nach Glück in einen Zustand des Reichtums für die ganze Gesellschaft münden zu lassen. Diese Überlegung wird als die „**These von der unsichtbaren Hand des Marktes**" bezeichnet. Die Bezeichnung geht auf ein Zitat von Smith zurück, in dem er das Verhalten eines privaten Investors beschreibt:

„He generally, indeed, neither intends to promote the public interest, nor knows how much he is promoting it. [...] he intends only his own gain; and he is in this, as in many other cases, led by an invisible hand to promote an end which was no part of his intention [...]. By pursuing his own interest, he frequently promotes that of the society more effectually than when he really intends to promote it." (Smith, 1827, S. 184)

Smiths Werk bzw. der wirtschaftliche Liberalismus werden oft auf die „unsichtbare Hand" reduziert. Gelegentlich wird entsprechend die Schlussfolgerung unterstellt, dass der größtmögliche Wohlstand für die Gesellschaft dann entstünde, wenn man egoistische Marktteilnehmer nur machen lasse (*laisser faire*) und sich der Staat aus der wirtschaftlichen Sphäre völlig

3 Andere deutsche Übersetzungen des Titels lauten „Reichtum der Nationen" oder in früherer Zeit „Untersuchung über das Wesen und die Ursachen des Volkswohlstandes".

zurückziehe. Dies ist jedoch eine unzulässige **Verkürzung** von Smith und dem klassischen Liberalismus.

Smith bezeichnete es vielmehr als Pflicht des Staates, solche Güter bereitzustellen, die für die Gesellschaft höchst vorteilhaft sind, die aber zu wenig Gewinn abwerfen, um von Privaten angeboten zu werden. Dazu zählte er

- äußere und innere Sicherheit,
- ein funktionierendes Rechtswesen zum Schutz „jedes Mitglieds der Gesellschaft vor Ungerechtigkeit oder Unterdrückung durch ein anderes Mitglied“ (Smith, 1827, S. 302) und von Privateigentum,
- öffentliche Infrastruktur, und zwar insbesondere Verkehrsinfrastruktur
- sowie Bildungseinrichtungen für das „gemeine Volk“, flankiert von einer Schulpflicht.

Smith sah verschiedene Probleme, die mit einer völlig ungezügelten Marktwirtschaft einhergehen. So befasst er sich intensiv mit sozialen Fragen. Ungebremste Arbeitsteilung in den Betrieben führe zu Monotonie für die Arbeiter und zu deren „Verdummung“, wogegen der Staat etwas unternehmen müsse (Smith, 1827, S. 327). Zwar glaubt Smith, dass der wachsende „Überfluss“ zu den „untersten Ränken“ durchsickere, aber dazu bedarf es einer „gut regierten Gesellschaft“ (Smith, 1827, S. 5). Er sah die Gefahr, dass Arbeiter durch niedrige Löhne ausgebeutet werden könnten und er sprach sich für Löhne über dem Existenzminimum aus (Smith, 1827, S. 34). Allerdings zog er daraus keine politischen Konsequenzen, sondern setzte auf eine steigende Nachfrage nach Arbeitskräften im Wachstumsprozess. Zur Notwendigkeit einer Verbesserung der Situation der Arbeiter schreibt Smith, dass keine Gesellschaft gedeihen und glücklich sein könne, wenn ein großer Teil ihrer Mitglieder arm und elend sei (Smith, 1827, S. 33).

Smith war kein großer Fürsprecher der Arbeiterschaft, noch weniger ergriff er jedoch Partei für die Arbeitgeber und Kapitaleigentümer, deren Klasse er u. a. für ihren Lobbyismus heftig attackierte. Kaufleute bezeichnete er als eine Gruppe, die in der Regel daran interessiert ist, die Allgemeinheit zu täuschen oder sogar zu missbrauchen (Smith, 1827, S. 107). Sie strebten nach Monopolisierung, weshalb sie z. B. Freihandel bekämpften (Smith, 1827, S. 201). Außerdem versuchten die Arbeitgeber, die Löhne durch Absprachen untereinander niedrig zu halten (Smith, 1827, S. 28). Berühmt sind auch Smiths Ausführungen zur Neigung der Unternehmer, den Wettbewerb durch Preisabsprachen zu beschränken:

„People of the same trade seldom meet together, even for merriment and diversion, but the conversation ends in a conspiracy against the public, or in some contrivance to raise prices.“ (Smith, 1827, S. 54)

Alles in allem nimmt der klassische Liberalismus, wenn man ihn vereinfachend mit Adam Smiths „Wohlstand der Nationen“ gleichsetzt, einiges vorweg, was die Soziale Marktwirtschaft ausmacht:

- Privateigentum an Produktionsmitteln,
- das Primat des Marktes als unsichtbare Hand, die nachhaltig Wohlstand schafft,
- das Plädoyer für einen freien Handel,
- der Fokus auf das Wohlergehen der privaten Haushalte (Konsumenten),
- das Ziel, Armut zu beseitigen,
- die staatliche Aufgabe, öffentliche Güter und Bildungsdienstleistungen bereitzustellen,
- und die Erkenntnis, dass Unternehmen zur Kartellbildung neigen.

Kartelle sind Vereinbarungen bezüglich eines oder mehrerer Parameter zwischen Unternehmen, die auf dem gleichen Markt an sich miteinander konkurrieren. Die kartellierten Paramenter können z. B. Preise, Mengen, Rabatte oder andere Konditionen, Normen oder die Forschung (Preiskartell, Mengenkartell usw.) sein.

➲ Mehr zu **Kartellen** und **anderen Wettbewerbsbeschränkungen** finden Sie in → Kap. 2 des Teils C.

2.4 Laissez-faire-Liberalismus

Der Laissez-faire-Liberalismus ist eine wirtschaftspolitische Konzeption, die im 19. Jahrhundert von vielen Vertretern der bürgerlichen Nationalökonomie befürwortet wurde. Er steht für eine völlig sich selbst überlassene Marktwirtschaft, in welcher der Staat die wirtschaftliche Freiheit der Unternehmer in keiner Weise einschränkt. Die Rolle des Staates ist im Wesentlichen darauf beschränkt, für äußere und innere Sicherheit zu sorgen. Das Land soll also vor ausländischen Aggressoren geschützt werden, z. B. durch eine handlungsfähige Armee, bzw. der Staat soll im Inneren für öffentliche Sicherheit sorgen, indem er z. B. seine Bürger und deren

Eigentum durch ein funktionierendes Polizei- und Justizwesen schützt. Dieses Konzept wird häufig als **„Nachtwächterstaat"** bezeichnet. Dieser ursprünglich spöttisch gemeinte Begriff geht auf Ferdinand Lassalle (1825–64) zurück, ein Wortführer der deutschen Arbeiterbewegung und Gründer der Vorläuferorganisation der Sozialdemokratischen Partei Deutschlands (SPD).

Statt von *laissez-faire* wird gelegentlich auch von „Manchesterliberalismus" gesprochen. Das liegt sowohl daran, dass eine damals sehr aktive politische Freihandelsbewegung ihre Wurzeln in Manchester hatte, als auch daran, dass die Arbeitsteilung und Industrialisierung in der Stadt damals vergleichsweise weit fortgeschritten war.

Spiegelbildlich zum wirtschaftspolitischen Laissez-faire-Liberalismus entwickelte sich im 19. Jahrhundert eine „bürgerliche" Volkswirtschaftslehre, die als Neoklassik bezeichnet wird. Die Abbildung der Märkte wurde formalisiert und in mathematische Modelle gegossen. Diese Gleichgewichtsmodelle zeigen, wie der Marktmechanismus zu einer optimalen Faktor- und Güterallokation findet. Das grundlegende neoklassische Marktmodell finden Sie in → Teil A | Kap. 1–5 (insbesondere → Abb. A-29).

Eine völlig ungezügelte Marktwirtschaft ohne staatliche Eingriffe jenseits Verteidigung und öffentlicher Ordnung hat es in der Praxis allerdings niemals gegeben, selbst in England nicht. Es war indes durchaus so, dass die **Gewerbefreiheit** im 19. Jahrhundert deutlich ausgedehnt wurde – etwa durch die Abschaffung von Zünften und Gilden – und die Unternehmer immer weniger Einschränkungen unterlagen. Die Akkumulation von Produktionsmitteln in privater Hand und das Recht der Eigentümer, frei über ihr Kapital zu verfügen, ist typisch für das 19. Jahrhundert. Gleichwohl stammen verschiedene **Arbeitsschutzgesetze** aus dieser Zeit. So wurde z. B. trotz erheblicher Proteste der Unternehmer die Kinderarbeit ebenso wie die Arbeitszeit in etlichen Staaten im 19. Jahrhundert begrenzt, womit die unternehmerische Freiheit gewissermaßen auch wieder eingeschränkt wurde. Allerdings waren diese Einschränkungen aus heutiger Sicht minimal.

Der Staat überließ zwar das Angebot an Infrastruktur in vielen europäischen Ländern ebenso wie in Amerika zunächst in Teilen den Privaten (z. B. Eisenbahn und Schifffahrtskanäle), was dem Bild eines Nachtwächterstaats nahekommen mag. Der Staat engagierte sich aber im Laufe der Zeit wieder verstärkt bei der **Bereitstellung von Verkehrsinfrastruktur**, nicht zuletzt aufgrund von Finanzierungsschwierigkeiten der Privaten und anderen Fehlentwicklungen. Dazu zählten u. a. Ineffizienzen, Monopolisierung und teils gewaltsame Auseinandersetzungen zwischen konkurrierenden Eisenbahngesellschaften. Das staatliche Engagement im **Transportbereich** diente vorrangig der Förderung der Industrialisierung, während der Ausbau der **städtischen Versorgungsinfrastruktur** (z. B. Kanalisation und Wasserversorgung) als Reaktion auf die demographischen Folgen der Industrialisierung zu sehen ist. Im späten 19. Jahrhundert übernahm der Staat vielerorts zudem nennenswerte Teile des **Bildungsangebots** und führte die allgemeine **Grundschulpflicht** ein. Somit folgte man auch in diesem Punkt eher den Ansichten von Adam Smith als dem Laissez-faire-Kapitalismus.

Allerdings herrschte durchaus *laissez faire* in Bezug auf **wettbewerbsbeschränkende Verhaltensweisen** von Unternehmern wie etwa Kartelle und Monopolisierungsbestrebungen. Solches Verhalten wurde als Ausdruck der Vertragsfreiheit bewertet und zumindest geduldet. In Deutschland wurden Kartelle bis ins 20. Jahrhundert hinein sogar als Mittel zur Eroberung von Exportmärkten sowie als Instrument zur Stabilisierung der Preise befürwortet. In einzelnen Branchen wurden Kartelle sogar verordnet. (Im Nationalsozialismus kam es dann ab 1933 zu einer sehr weitgehenden Zwangskartellierung der Wirtschaft.) Lediglich in den USA entstand schon gegen Ende des 19. Jahrhunderts mit dem *Sherman Act* (1890) eine Politik zur Eindämmung von Wettbewerbsbeschränkungen.

Im 19. Jahrhundert betrieben die Staaten kaum **Sozialpolitik**, obwohl die „soziale Frage" infolge der extremen Ungleichverteilung und der elenden Lebensverhältnisse der wachsenden Arbeiterschicht bereits recht früh evident war und immer dringlicher wurde. Erst als die soziale Frage an politischer Brisanz für die Regierungen gewann, die sich u. a. durch kommunistische und sozialdemokratische Bewegungen zusehend bedroht fühlten, vollzogen sich erste Schritte hin zu einer modernen staatlichen Sozialpolitik. So wurden in Deutschland in den 1880ern die **gesetzlichen Pflichtversicherungen** (Unfall-, Kranken-, Alters- und Invaliditätsversicherung) eingeführt. Sie waren auf Arbeitnehmer begrenzt und wurden zu verschiedenen Teilen von den Arbeitnehmern und den Arbeitgebern finanziert. Der Ansatz des deutschen Sozialversicherungswesens wurde später von etlichen Staaten übernommen.

Zusammenfassend kann der Laissez-faire-Liberalismus des 19. Jahrhunderts als eine verkürzte Interpretation der Lehren von Adam Smith charakterisiert werden: Die „unsichtbare Hand des Marktes“ würde zu einer **optimalen Allokation der Ressourcen** führen und die Aufgabe des Staats sei darauf reduziert, **Privateigentum** und **innere wie äußere Sicherheit** zu gewährleisten. Die Konzeption wurde im vorletzten Jahrhundert allenfalls in Ansätzen realisiert, obwohl sie damals sehr viele Anhänger in Wissenschaft, bürgerlicher Gesellschaft und Politik hatte. Auch heute noch gibt es Befürworter des wirtschaftlichen Laissez-faire. Dazu zählen etwa die Vertreter des in jüngerer Zeit erstarkenden Palaölibertarismus, die einen Minimalstaat fordern und vereinzelt sogar den Nachtwächterstaat insoweit ablehnen, als vorgeschlagen wird, die innere Sicherheit zu privatisieren.

Die wirtschaftliche Entwicklung nahm im 19. Jahrhundert in vielen Teilen der Welt erheblich an Fahrt auf. Zugleich aber wuchs die Kluft zwischen reicher werdenden Industriellen, dem aufstrebenden Bürgertum und der breiten Bevölkerung. Außerdem kam es vermehrt zu wirtschaftlichen Krisen, die anders als in früheren Jahrhunderten nicht durch Kriege oder Missernten hervorgerufen wurden, sondern dem Wirtschaftsprozess innewohnend zu sein schienen. Schließlich entwickelten sich die Marktstrukturen hin zu Kartellen und Monopolen; das Konkurrenzstreben der Unternehmen, von dem Adam Smith sich so viel versprochen hatte, wurde im industriellen Sektor zunehmend zur Ausnahme.

Es ist hier nicht der Raum, die Diskussion darüber zusammenzufassen, ob die genannten negativen Erscheinungen nun Folge einer liberalen Wirtschaftspolitik oder der Industrialisierung sind, oder schlichtweg eine Mischung aus beidem. Es ist an dieser Stelle vielmehr bedeutsam, dass es diese negativen Folgen waren, die Anlass für die Entwicklung weiterer liberaler Leitbilder gaben, darunter der im übernächsten Kapitel behandelte Neoliberalismus.

2.5 Wissenschaftlicher Sozialismus

Der Sozialismus zählt nicht zu den Vorläufern der Sozialen Marktwirtschaft, aber er spielte bei der Entwicklung des Neoliberalismus und der Sozialen Marktwirtschaft durchaus eine gewichtige Rolle, weswegen hier auch auf ihn eingegangen werden soll. Es waren nämlich nicht zuletzt die Erfahrungen mit der Umsetzung sozialistischer Ideen in Russland bzw. der

Sowjetunion, die liberale Intellektuelle motivierten, dem Sozialismus ein **liberales** und zugleich **soziales Konzept** entgegenzusetzen. Das revolutionäre Russland war durch jahrelange Gewalt gekennzeichnet und mündete 1922 in eine Diktatur, die gezielt Terror betrieb.

Der reale Sozialismus beruft sich auf die Lehren der Deutschen **Karl Marx** (1818–83) und **Friedrich Engels** (1820–95), die auch als wissenschaftlicher Sozialismus bezeichnet werden. Marx und Engels begriffen die kapitalistische Klassengesellschaft als eine Phase des gesellschaftlichen **Entwicklungsprozesses**, die mit der Industrialisierung eingesetzt hätte. Die Anhäufung der Produktionsmittel („Arbeitsmittel") in den Händen weniger Privater (Klasse der Kapitalisten, Bourgeoisie), welche die vielen Arbeiter (Klasse der Proletarier, Proletariat) ausbeuteten, indem sie sich die Produktivitätszuwächse aneigneten, gehe mit einem Klassenkampf einher. Das Proletariat würde letztendlich die Kapitalisten entmachten, die Produktionsmittel würden vergesellschaftet, und nach einer vorübergehenden „Diktatur des Proletariats" (**Sozialismus**) entstünde eine klassenlose und langfristig sogar staatsfreie Gesellschaft (**Kommunismus**). Im Kommunismus leiste jeder mit seiner selbstbestimmten Arbeit seinen Teil für die Gemeinschaft und jedem würde gerecht: „Jeder nach seinen Fähigkeiten, jedem nach seinen Bedürfnissen." (Marx, Engels 1973, S. 21) Diese Beschreibung war zunächst einmal eine Prognose und kein programmatisches Leitbild. Insofern sind der wissenschaftliche Sozialismus und der Kommunismus von Marx keine wirtschaftspolitischen Konzeptionen. Jedoch entwickelten andere auf der Grundlage der Werke von Marx und Engels wirtschaftspolitische Leitbilder.

Diese „marxistischen" – aber eben nicht von Marx selbst stammenden – Konzeptionen sind vielfältig. Sie postulieren alle das angestrebte Ideal der klassenlosen Gesellschaft mit freien Entfaltungsmöglichkeiten, aber die Ziele, Prinzipien und Maßnahmen auf dem Weg dorthin unterscheiden sich zum Teil erheblich. Zusammenfassend und vereinfachend können **soziale Gerechtigkeit**, **Gleichheit und Wohlstand** als gemeinsame Ziele identifiziert werden. (Die hier gewählte Reihenfolge spiegelt im Wesentlichen die Priorisierung der Ziele wider.) Hinzu kommt **Freiheit**, die jedoch nicht mit dem liberalen Verständnis von individueller Entscheidungs-, Handlungs- und Verfügungsfreiheit gleichgesetzt werden kann. Es geht vielmehr um die Freiheit von ausbeuterischen Produktionsverhältnissen und von entfremdender Arbeit, denn dann könne sich der Mensch in seiner ökonomischen Tätigkeit frei entfalten. Prinzipien sind **Gemeinschaftseigentum** an Produktionsmitteln und **Solidarität**; häufig kommt der Zentralismus hinzu. Wichtigste Maßnahme ist die **Vergesellschaftung** des privaten Produktionseigentums, meist eine Verstaatlichung. Weitere Maßnahmen sind der staatliche Ausbau der Infrastruktur sowie unentgeltlicher Zugang zu Gesundheits- und Bildungsdienstleistungen für alle. Erhebliche Differenzen bestehen bezüglich des Wegs zum Sozialismus. Während die einen auf gewaltsame **Revolutionen** setzen (z. B. Leninismus, Maoismus), halten andere **Demokratie und Sozialreformen** für den geeigneten Weg (z. B. früher demokratischer Sozialismus).

2.6 Neoliberalismus

Ursprünglich wurden unter dem wirtschaftlichen **Neoliberalismus** europäische Strömungen des 20. Jahrhunderts verstanden, die den wirtschaftspolitischen Liberalismus weiterentwickelten und dabei vor allem um den **Schutz des Wettbewerbs** und die **Bewältigung der sozialen Frage** ergänzten. Neben das Ja zu Freiheit, Demokratie und Marktwirtschaft gesellte sich die Überzeugung, dass der Staat die Volkswirtschaft regulieren muss, und zwar vorrangig durch **ordnungspolitische Maßnahmen**. Mittlerweile wird der Begriff indes auch zur Umschreibung einer Politik der radikalen Liberalisierung, Deregulierung und Privatisierung der Wirtschaft verwendet (Kulessa, 2016). In diesem Lehrbuch wird der Begriff des Neoliberalismus jedoch nicht mit Marktfundamentalismus gleichgesetzt, sondern stets in seiner ursprünglichen Bedeutung verwendet.

Die **Soziale Marktwirtschaft** ist im Wesentlichen eine deutsche Variante des Neoliberalismus. Natürlich wurden ähnliche Konzeptionen durchaus auch in anderen Ländern angedacht. Die deutschen „Erfinder" der Sozialen Marktwirtschaft standen zudem im Austausch mit ausländischen Wissenschaftlern. Dennoch ist es im Großen und Ganzen gerechtfertigt, die Soziale Marktwirtschaft als deutsche Konzeption zu bezeichnen. Daher – und weil dies ein deutschsprachiges Lehrbuch ist – konzentrieren sich die folgenden Ausführungen hauptsächlich auf den deutschen geschichtlichen Hintergrund.

Im ersten Drittel des 20. Jahrhunderts wurde Europa durch verschiedene Erschütterungen geprägt. Dazu zählen der Erste Weltkrieg (1914–18), die gewaltsame Oktoberrevolution (1917) mit anschließender Gründung der Sowjetunion (1922–91), die Machtübernahme der Faschisten in Italien (1922) und in der ökonomischen Sphäre vor allem die **Weltwirtschaftskrise**

(„Große Depression“ 1929–34). Die Deutschen wurden zudem 1923–24 von einer heftigen Hyperinflation geradezu traumatisiert; der Brotpreis stieg binnen sechs Monaten von 474 Mark auf 5,6 Mrd. Mark (Losse, 2012).

Zwar gab es in der **Weimarer Republik** (1918–33) durchaus einige Jahre des wirtschaftlichen Aufschwungs, alles in allem aber war die Situation der breiten Bevölkerung von **Armut** und anderen sozialen Missständen geprägt. Die **Unternehmenskonzentration** wuchs, **Kartelle** waren an der Tagesordnung. Der politische Einfluss der Großunternehmen und Kartelle war erheblich. Der verlorene Krieg und die Unzufriedenheit mit den Verhandlungsergebnissen zwischen der demokratischen Regierung und den Siegermächten taten neben den Wirtschaftskrisen das ihrige, um demokratiefeindliche Radikalisierungstendenzen zu befördern, und zwar sowohl nach rechts (z. B. Nationalsozialismus, Faschismus) als auch nach links (z. B. Kommunismus, revolutionärer Sozialismus). Zugleich geriet liberales einschließlich wirtschaftsliberales Gedankengut ins Hintertreffen, ja geradezu in Verruf. Die soziale Lage und die Wirtschafts- und Machtstrukturen wurden von den Menschen nicht selten als das Ergebnis einer **liberalen Wirtschaftspolitik** und der **Marktwirtschaft** an sich erachtet.

Vor diesem Hintergrund plädierten verschiedene Liberale für einen zeitgemäßen **wirtschaftspolitischen Liberalismus**, der auf die drängenden Probleme wie **soziale Fragen** und **Wirtschaftskrisen** Antworten gibt. Mit einer liberalen und zugleich sozialen Wirtschaftsordnung könnte, so die Hoffnung, das Vertrauen in die Marktwirtschaft und ein freiheitlich-demokratisches System gestärkt werden.

Die Bezeichnung **Neoliberalismus** geht auf ein Treffen liberaler europäischer Intellektueller in Paris („Colloque Walter Lippmann“ 1938) zurück. Dort wurde nach einem Namen für die neuen liberalen Strömungen gesucht, um sich vom „alten“ bzw. vom Laissez-faire-Liberalismus abzusetzen. Im Gespräch waren u. a. „Linksliberalismus“, „Sozialliberalismus“ und „positiver Liberalismus“.

Eine neoliberale Strömung ist die sog. **Freiburger Schule**, die 1933 von Professoren der Rechts- und Staatswissenschaften an der Freiburger Universität begründet wurde. Seit den 1950er-Jahren wird die Freiburger Schule auch als **Ordoliberalismus** bezeichnet. Die Freiburger Schule bzw. der Ordoliberalismus plädiert zwar für den Markt als Koordinationsmechanismus, fordert aber zugleich seine Begrenzung durch eine Rahmenordnung. Eine zentrale These lautet, dass der Wettbewerb nicht sich selbst überlassen werden könne, sondern dass er durch ordnungspolitische Maßnahmen des Staats geschaffen und sichergestellt werden müsse (**„Wettbewerb als staatliche Veranstaltung“**). Des Weiteren solle sich der Staat grundsätzlich auf die Ordnung der Wirtschaft beschränken, d. h. ablaufpolitische Eingriffe in die Wirtschaftsprozesse werden weitgehend abgelehnt. Einen Einblick in die Anfänge des Ordoliberalismus gibt die Schriftenreihe „Wirtschaft und Ordnung“, die 1936 und 1937 erschien.

Mit dem Machtantritt von Adolf Hitler als Reichskanzler (1933) und der darauffolgenden Errichtung einer **nationalsozialistischen Diktatur** rückte die Umsetzung neoliberaler Leitbilder allerdings in weite Ferne. Die Volkswirtschaft entwickelte sich vielmehr in Richtung einer **kapitalistischen Zentralverwaltungswirtschaft**, was letztlich in Einklang mit der parallelen Aufrüstung und Hitlers Kriegsvorbereitungen stand. Die wirtschaftspolitischen Maßnahmen der Nationalsozialisten wie Zwangskartellierung, zentralistische Produktionsplanung, Preisfestsetzungen und Enteignungen („Arisierung des Eigentums“) standen im offensichtlichen Widerspruch zu wirtschaftsliberalen Überzeugungen.

Einige der Neoliberalen emigrierten – teils gezwungenermaßen – während des Nationalsozialismus aus Deutschland; andere zogen sich ins private Leben zurück. Etlichen der neoliberal eingestellten Professoren wurde die Lehrerlaubnis entzogen; viele mussten die Universitäten verlassen. Anfangs hielten einige neoliberale Professoren noch Seminare mit systemkritischen Inhalten, die bei den Studierenden sehr beliebt gewesen sein sollen. Später verlagerten sich die Seminare in private Räume und ähnelten zunehmend konspirativen Treffen. Eine dieser Gesprächskreise war das **Freiburger Konzil**, das nach der Reichspogromnacht 1938 gegründet wurde. Zu dem Freiburger Konzil zählten verschiedene Nationalökonomen, Rechtswissenschaftler und im Laufe der Zeit zunehmend auch Theologen. Die Mitglieder beriefen sich in hohem Maße auf ihre christliche Verantwortung, der nationalsozialistischen Obrigkeit ein alternatives Konzept für die Ordnung von Wirtschaft, Staat und Kirche entgegenzusetzen. Es gab personelle Überschneidungen mit ähnlichen oppositionellen Kreisen, den sog. **Freiburger Kreisen**. Mitglieder der Freiburger Kreise wurden in den 1940er-Jahren wiederholt von der Gestapo (Geheime Staatspolizei) verhört. Nach dem gescheiterten Attentat auf Hitler im Juli 1944 wurden mehrere von ihnen verhaftet, manche in Konzentrationslagern interniert und einige zum Tode verurteilt. In Folge wurden die Treffen weitgehend eingestellt.

2.7 Ordoliberalismus

Zu den Mitgliedern der Freiburger Kreise zählte **Walter Eucken** (1891–1950), der als Professor für Nationalökonomie an der Freiburger Universität tätig war. Er begründete außerdem zusammen mit den Juristen Franz Böhm (1895–1977) und Hans Grossmann-Doerth (1894–1944) die sog. Freiburger Schule (1933). Eucken ist aus heutiger Sicht der bekannteste Ökonom des Freiburger Konzils und wird nach wie vor in der deutschen Literatur rezipiert. Obwohl er sich inner- und außeruniversitär sowie in Schrift und Lehre wiederholt gegen die nationalsozialistische Rechts- und Wirtschaftsordnung positionierte, durfte Eucken anders als z. B. Böhm ununterbrochen als ordentlicher Professor lehren. Er wurde zwar 1944 ebenso wie viele seiner Mitstreiter von der Gestapo verhört, aber nicht verhaftet.

Die Bezeichnung der Freiburger Schule als **Ordoliberalismus** geht übrigens auf die Zeitschrift ORDO zurück, die Walter Eucken und Franz Böhm im Jahr 1948 ins Leben riefen. Die Zeitschrift bildet noch heute ein Forum für die Diskussion ordoliberaler Überlegungen. Die früheren Jahrgänge erlauben, die theoretische Entwicklung des Ordoliberalismus hin zur Konzeption der Sozialen Marktwirtschaft nachzuvollziehen.

Euckens wichtigstes Werk sind die posthum veröffentlichten „Grundsätze der Wirtschaftspolitik“ (1952), mit denen er bereits zu Beginn des Kriegs begonnen hatte. Eucken leitete hierin Grundsätze für die Gestaltung einer **Wirtschaftsordnung** her, die als Blaupause für ein demokratisches Nachkriegsdeutschland konzipiert war. Seine zentrale Fragestellung lautete: „[W]ie kann der modernen industrialisierten Wirtschaft eine funktionsfähige und menschenwürdige Ordnung gegeben werden?“ (Eucken, 1952, S. 14).

Im Folgenden wird das Werk Euckens herangezogen, um die wirtschaftspolitische Konzeption des **Ordoliberalismus** zu beschreiben. Sicherlich gab es außer ihm eine Reihe von weiteren Wissenschaftlern, die den Ordoliberalismus prägten. Dazu zählen unbestritten sein Schüler Leonhard Miksch (1901–50), der 1933 aus Deutschland geflüchtete linksliberal eingestellte Ökonomieprofessor Wilhelm Röpke (1899–1966) und der ebenfalls ins Exil gegangene Alexander Rüstow (1885–1963). Hier ist indes nicht der Raum, um auch auf diese einzugehen.

Ziele des Ordoliberalismus

Die Oberziele des Ordoliberalismus bilden Freiheit, Wohlstand und die Bewältigung der sozialen Frage. Letzteres umschließt die Abwesenheit von krasser Armut, angemessene Löhne und eine moderate Einkommensumverteilung. Damit reihen sich soziale Sicherheit und Gerechtigkeit in den Zielkatalog. Folglich gleichen die Ziele der neoliberalen Konzeption des Ordoliberalismus denen der Sozialen Marktwirtschaft.

Der zentrale Ansatz des Ordoliberalismus lautet, dass sich die meisten ökonomischen und sozialen Probleme des Laissez-faire-Liberalismus beseitigen lassen, wenn der Staat für die Errichtung und Aufrechterhaltung einer funktionsfähigen **Ordnung** sorgt. Wettbewerb sei kein Selbstläufer, sondern eine Aufgabe (Miksch, 1937).

Eucken stellte eine Reihe von Prinzipien auf, nach denen die Wirtschaftsordnung zu gestalten sei. Zum einen sind dies „konstituierende Prinzipien", welche für die Herstellung einer Wettbewerbsordnung konstitutiv sind, also eine wesentliche Voraussetzung. Zum anderen sind es „regulierende Prinzipien", welche essentiell sind, um die Funktionsfähigkeit der Ordnung aufrechtzuerhalten. Die Prinzipien werden im Folgenden genannt, in knapper Form erläutert und zum Teil kommentiert.

Die sieben konstituierenden Prinzipien

- **Das Grundprinzip.** Die Herstellung eines funktionsfähigen Preismechanismus muss das wesentliche Prinzip jeder wirtschaftspolitischen Maßnahme sein. Daraus folgt z. B., dass allgemeine Preisstopps, Importverbote und staatliche Zwangsmonopole vermieden und z. B. Kartelle verboten werden. Eucken spricht mehrfach vom „Preissystem vollständiger Konkurrenz". Es liegt einerseits nahe, dass er damit wortwörtlich für das neoklassische Modell der vollständigen Konkurrenz (→ Teil A | Kap. 2) als wirtschaftspolitisches Leitbild plädierte. Dafür spricht u. a., dass er davon ausgeht, dass in einer Wettbewerbsordnung die Preise gleich den Grenzkosten sind, was typisch für das neoklassische Modell der vollständigen Konkurrenz ist. Da er indes andererseits die theoretische Nationalökonomie der letzten Jahrzehnte – und damit implizit auch die neoklassische Theorie – als wirtschaftspolitisch wenig hilfreich kritisierte, ist es auch denkbar, dass er im Grunde „lediglich" eine wettbewerbliche Ordnung mit konkurrierenden Marktteilnehmern und flexiblen Preisen im Blick hatte.

- **Primat der Währungspolitik.** Währungsstabilität ist notwendig, um den Preismechanismus funktionsfähig zu halten. Preisniveaustabilität – also weder Inflation noch Deflation – ist laut Eucken am besten durch eine politisch unabhängige Institution und eine regelgebundene Geldpolitik zu erreichen.
- **Offene Märkte.** Hierunter sind Gewerbefreiheit, Berufswahl- und Arbeitsplatzwahlfreiheit, Investitionsfreiheit sowie Import- und Exportfreiheit zu verstehen. Dabei sind nicht nur staatliche Marktzugangsbeschränkungen zu beseitigen, sondern auch Marktzugangsbehinderungen durch marktmächtige Unternehmen oder Vereinigungen. Kartelle sind zu verbieten. Eucken warnt zudem vor Importzöllen und anderen Handelsbeschränkungen, die einheimische Monopole schützen. Staatlich gewährte Patente sieht er äußerst kritisch, da sie den Markt für Konkurrenten des Patentinhabers verschließen, weswegen er es für erwägenswert hält, einen Kontrahierungszwang einzuführen. Das heißt, dass Patentinhaber staatlicherseits verpflichtet werden, jedem Interessenten die Nutzung der patentierten Erfindung gegen ein angemessenes Entgelt zu ermöglichen.
- **Privateigentum.** Privates Eigentum an den Produktionsmitteln ist eine Voraussetzung für eine funktionsfähige Wettbewerbsordnung. Zugleich ist eine wettbewerbliche Ordnung Voraussetzung dafür, dass Privateigentum zu einem „ökonomisch und sozial brauchbaren Instrument des ‚Ordnungsaufbaus' wird." (Eucken, 1952, S. 273) Machtgebilde auf der Angebots- oder Nachfrageseite führen hingegen dazu, dass Privateigentum unsozial wirkt. Fehlt die Kontrolle durch Konkurrenz, müssen die Verfügungsrechte über das Privateigentum eingeschränkt werden (Eucken, 1952, S. 275).
- **Vertragsfreiheit.** Individuelle Vertragsfreiheit der Haushalte und Unternehmen ist eine notwendige Bedingung dafür, dass der alltägliche Wirtschaftsprozess durch den Wettbewerb effizient gelenkt wird. Zugleich müssen der Vertragsfreiheit Grenzen gesetzt werden, wenn Verträge dazu dienen, die Vertragsfreiheit zu beschränken oder zu beseitigen (z. B. Kartelle). Gleiches gilt, wenn es aufgrund eines fehlen-

den, kontrollierenden Konkurrenzmechanismus zu diktierten Verträgen kommt, z. B. zu ausbeuterischen Arbeitsverträgen mit unangemessen niedrigen Löhnen. Eucken erachtet für diese Fälle eine staatliche Monopolkontrolle als notwendig.

- **Haftung.** „Wer den Nutzen hat, muß auch den Schaden tragen." (Eucken, 1952, S. 279) Damit die Wettbewerbsordnung funktioniert, bedarf es der Verantwortung der Einzelnen. Die volle Haftung treibt zu Sorgfalt bei Investitionen an und trägt damit zu einer optimalen Allokation von Kapital bei. Haftungsbeschränkungen betrachtete Eucken mit großer Skepsis. Das Haftungsprinzip, laut dem der Entscheidungsträger auch derjenige ist, der haftet, stieß indes schon zu Euckens Lebzeiten an seine Grenzen. Zum einen galt es immer häufiger zwischen Geschäftsführung und Eigentümer zu unterscheiden; zum anderen gab es bereits damals genug Unternehmen, in denen Großaktionäre das Handeln bestimmten, während alle Teilhaber finanziell hafteten.
- **Konstanz der Wirtschaftspolitik.** Private Investoren benötigen eine gewisse Planungssicherheit, was sowohl die staatliche Rahmenordnung als auch die prozesspolitischen Maßnahmen (z. B. Zollsätze, Steuersätze etc.) betrifft. Daher ist eine spontane oder experimentierfreudige Wirtschaftspolitik abzulehnen.

Jedoch verhindern die konstituierenden Prinzipien weder monopolistisches Verhalten, noch verhindern sie, dass der Markt trotz „vollständiger Konkurrenz" unerwünschte Ergebnisse erzeugt. Dies motivierte Eucken dazu, Prinzipien zur Kontrolle wirtschaftlicher Macht bzw. zur Korrektur von Marktergebnissen aufzustellen. Die hier gewählten Bezeichnungen der regulierenden Prinzipien folgen anders als bei den konstituierenden Prinzipien nicht dem Original (Eucken, 1952, S. 291–304).

Die vier regulierenden Prinzipien

- **Monopolkontrolle (das Monopolproblem).** Monopole sind unter staatliche Aufsicht zu stellen, welche eine Preiskontrolle umschließt. Die Monopolbehörde soll politisch unabhängig sein und für wettbewerbsanaloge Marktergebnisse sorgen. Die Behörde soll für Angebots- und Nachfragemonopole gleichermaßen zuständig sein, ebenso für beiderseitige Monopole (etwa auf dem Arbeitsmarkt) und für marktbeherrschende „Teilmonopolisten". Außerdem sind monopolistische Verhaltensweisen zu verbieten, die andere Marktteilnehmer wettbewerbswidrig behindern oder ausschließen (z. B. Dumpingpreise, Treuerabatte, Lieferverweigerungen, Ausschließlichkeitsbindungen und sog. *closed shops*, d. h. nur Gewerkschaftsangehörige dürfen in einem Unternehmen arbeiten). Außerdem spricht sich Eucken an einer Stelle seines Buches dafür aus, Monopole aufzulösen und nur dann zu beaufsichtigen, wenn sie sich nicht auflösen lassen (Eucken, 1952, S. 294).

- **Umverteilung (Einkommenspolitik).** Eine Korrektur des „ethisch-gleichgültigen Automatismus" der Marktverteilung wird als notwendig erachtet. Die Progression der Einkommensteuer sei hierzu geeignet, soweit sie nicht so stark ist, dass Leistungs- und Investitionsanreize verlorengehen.
- **Umweltschutz und Arbeitsschutz (Wirtschaftsrechnung).** Da der Einzelne nicht alle Wirkungen seines Handelns in seiner Wirtschaftsrechnung berücksichtigt, ist der Staat gefordert, bei spürbaren negativen Wirkungen in die Planungs- und Entscheidungsfreiheit des Verursachers einzugreifen. Beispiele sind zum einen der Raubbau an natürlichen Ressourcen wie etwa die Zerstörung von Wäldern sowie gesundheitliche Schäden, die durch Produktion und Abfallentsorgung entstehen. Der Ordoliberalismus griff somit vor ca. 75 Jahren bereits das Problem externer ökologischer Kosten auf. Hinzu kommen Arbeitsschutzgesetze gegen negative Gesundheitswirkungen der Beschäftigung auf die Arbeitnehmer, seien sie durch Kinderarbeit, Arbeitsunfälle oder lange Arbeitszeiten hervorgerufen.
- **Mindestlohngebot (anomales Verhalten des Angebots).** Insbesondere auf dem Arbeitsmarkt soll durch Mindestpreise („Minimallöhne") sichergestellt werden, dass es nicht zu einer Abwärtsspirale der Löhne infolge anomalen Angebotsverhaltens kommt. Anomales Verhalten liegt vor, wenn der Marktlohn so niedrig ist, dass die Arbeitskräfte ihr Arbeitsangebot ausweiten, um ihr Einkommen zu sichern. Steigendes Arbeitsangebot führt dann zu einem Angebotsüberhang, dieser drückt den Lohn nach unten, woraufhin das anomal reagierende Arbeitsangebot steigt und die Löhne erneut sinken usw. usf. (→ Teil A | Kap. 10.2).

Im Ordoliberalismus waren somit alle Elemente der Sozialen Marktwirtschaft bereits angelegt. Jedoch löst sich die Soziale Marktwirtschaft ausdrücklich vom Modell der vollständigen Konkurrenz. Außerdem wird dem Solidarprinzip und der Sozialpolitik mehr Gewicht eingeräumt (→ Kap. 1).

3 Politische Anfänge der Sozialen Marktwirtschaft

3.1 Weichenstellungen

Bislang standen wirtschaftspolitische Konzeptionen im Vordergrund. Demgegenüber wird nun auf die Realisierung der Sozialen Marktwirtschaft als Wirtschaftsordnung eingegangen, und zwar konkret auf ihre Umsetzung in den Anfängen der Bundesrepublik Deutschland.

Wesentliche Teile Deutschlands und Österreichs wurden unmittelbar nach dem Zweiten Weltkrieg von den Siegermächten in vier Besatzungszonen aufgeteilt. Der Rest wurde ausgegliedert und anderen Staaten zugeschlagen. Während sich in Deutschland in der amerikanisch, britisch und französisch besetzten „Westzone" nach der Währungsreform im Jahr 1948 der Aufbau einer **Wirtschaftsordnung nach kapitalistischem, markwirtschaftlichem Muster** abzeichnete, wurde in der „Ostzone" eine **sozialistische Planwirtschaft** vorangetrieben, die sich an der sowjetischen Wirtschaftsordnung orientierte.

Mit der Gründung der Bundesrepublik Deutschland und dem Inkrafttreten des Grundgesetzes (GG) im Mai 1949 wurde aus der ehemaligen Westzone ein Staat mit demokratischer und marktwirtschaftlicher Grundordnung. Im Oktober des gleichen Jahres wurde die Deutsche Demokratische Republik (DDR) gegründet, mit einer planwirtschaftlichen und faktisch diktatorischen Grundordnung.

Im Grundgesetz der Bundesrepublik ist keine konkrete Wirtschaftsordnung festgeschrieben. Jedoch wurde mit den Grundrechten und dem Postulat des sozialen Rechtsstaats gemäß GG Art. 28(1) und Art. 20(1) von Anbeginn eine Wirtschaftsordnung angelegt, die der Sozialen Marktwirtschaft zumindest ähnelt.

Die **Grundrechte** sind in GG Art. 1–18 niedergelegt. Grundrechte sind gerichtlich einklagbar. Sie können nicht beseitigt werden. Das erstgenannte Menschenrecht ist der Schutz der Menschenwürde. Von den übrigen Menschenrechten ist das Recht auf freie Entfaltung der Persönlichkeit und die Gewährleistung des Privateigentums einschließlich der Vorgaben bei Enteignung von besonderer Bedeutung für die Wirtschaftsordnung. Bei den Bürgerrechten, die nur für deutsche Staatsbürger gelten, sind dies die Freizügigkeit, die freie Berufswahl sowie die Vereinigungsfreiheit, welche das Recht zur Bildung von Arbeitnehmervereinigungen (Gewerkschaften) und Arbeitgebervereinigungen umschließt.

Die Konzeption der **Sozialen Marktwirtschaft** spielte bereits im ersten Bundestagswahlkampf (1949) eine zentrale Rolle. Auf der einen Seite warben CDU/CSU offensiv mit diesem neoliberalen Wirtschaftskonzept. Auf der anderen Seite vertrat die SPD ein Konzept, das eine verstärkte Planung des Wirtschaftsprozesses, eine Sozialisierung großer Industrieunternehmen und der Finanzdienstleitungsbranche, eine Bodenreform und großzügige soziale Hilfen in Aussicht stellte. Die CDU/CSU gewann die Wahlen mit 31 % der Stimmen zwar relativ knapp, aber dies genügte, um mit der FDP und der Deutschen Partei eine Regierungskoalition zu bilden. Konrad Adenauer (1876–1967) wurde erster Bundeskanzler.

Es sind nicht zuletzt die wirtschaftlichen Erfolge, die der CDU/CSU bei den folgenden Wahlen deutliche Stimmenzuwächse bescherten, während der Stimmenanteil der SPD stagnierte. Im Jahr 1959 vollzog die SPD schließlich eine Kehrtwende, die neben der verteidigungspolitischen Position vor allem ihre wirtschaftspolitische Programmatik betraf. Mit dem Godesberger Programm bejahte die Partei sowohl den freien Markt, „wo immer wirklich Wettbewerb herrscht“ als auch das Privateigentum an Produktionsmitteln. Das SPD-Zitat **„Wettbewerb soweit wie möglich – Planung soweit wie nötig!“** (SPD, 1959, S. 14) passt zur wirtschaftspolitischen Konzeption des deutschen demokratischen Sozialismus ab 1959 und zur Konzeption der Sozialen Marktwirtschaft gleichermaßen.

Als politischer Vater der Sozialen Marktwirtschaft gilt nach wie vor Ludwig Erhard (1897–1977), auch wenn seine tatsächliche Rolle bei der praktischen Umsetzung der Konzeption durchaus umstritten ist (Hentschel, 1998). Der spätere Bundeskanzler Erhard vertrat die Soziale Marktwirtschaft für die CDU im Wahlkampf 1948–49 und war Bundeswirtschaftsminister in den Jahren 1949–63. Während dieser Zeit erschien sein populäres Buch „Wohlstand für alle“ (Erhard, 1957). Seine Kernthese lautete, dass der Wettbewerb das erfolgversprechendste Mittel zur Erreichung des Wohlstands der breiten Schichten sei, da er allein dazu führe, dass wirtschaftlicher Fortschritt allen Menschen – insbesondere in ihrer Funktion als Verbraucher – zugute käme (Erhard, 1957, S. 7 f.).

Abb. B-3: Wahlplakat von 1957 | Quelle: ACDP, Plakatsammlung, 10-001:664, DIE WAAGE Gemeinschaft zur Förderung des sozialen Ausgleichs e. V., Köln

3.2 Ordnungspolitische Meilensteine

Zu den Meilensteinen auf dem Weg zur Sozialen Marktwirtschaft zählt das Inkrafttreten des ersten deutschen **Kartellgesetzes** (Gesetz gegen Wettbewerbsbeschränkungen GWB) im Jahr 1958, das Erhard gegen einigen Widerstand durchgesetzt hatte. Zwar enthielt das damalige GWB lediglich ein durch viele Ausnahmen verwässertes Kartellierungsverbot und eine aus heutiger Sicht rudimentäre Aufsicht über marktmächtige Unternehmen, aber der erste und wesentliche Schritt hin zu einer systematischen **Politik gegen unternehmerische Wettbewerbsbeschränkungen** war getan. Wesentliche Novellen folgten in den späten 1960er- und in den 1970er-Jahren.

Ein anderer Meilenstein war das **Bundesbankgesetz** von 1958, mit dem für das gesamte Bundesgebiet eine einheitliche Zentralbank geschaffen wurde. Obwohl Adenauer einer gänzlich unabhängigen Zentralbank ablehnend gegenüberstand, gelang es dem Wirtschaftsministerium unter Erhard, die politische, finanzielle und personelle **Unabhängigkeit der Bundesbank** in dem Gesetz zu verankern (Buchheim, 2001). Politische Unabhängigkeit bedeutet, dass die Bundesbank keinerlei Weisungen der Regierung oder des Parlaments unterliegt. Das Prinzip einer gänzlich unabhängigen Notenbank gilt übrigens auch für die Europäische Zentralbank (EZB), an welche die geldpolitische Kompetenz für Deutschland und andere europäische Länder im Jahr 1999 übergegangen ist.

Das **Tarifvertragsgesetz** (1949) ist ein weiterer Meilenstein. Es sichert den Traifparteien (Gewerkschaften und Arbeitgeberverbände) die **Tarifautonomie** zu, so dass diese ohne staatliche Vorgaben Löhne und andere Arbeitsbedingungen aushandeln können. Die Tarifautonomie war in Deutschland zwar bereits 1918 eingeräumt worden, aber sie wurde während der Weimarer Republik stark verwässert und 1933 von den Nationalsozialisten abgeschafft (Bach et al. 2022). In der Bundesrepublik etablierte sich nach Einführung des Tarifvertragsgesetzes ein System branchenspezifischer Gewerkschaften und Arbeitgeberverbände. Sie organisierten sich – bis auf wenige Ausnahmen – in einem Dachverband, dem Deutschen Gewerkschaftsbund (DGB) und der Bundesvereinigung deutscher Arbeitgeberverbände (BDA). Die tarifgebundenen Unternehmen beschäftigten noch bis in die 1980er Jahre knapp 90 Prozent aller Arbeitnehmer (heute nur ca. 50 Prozent). Somit herrschten nahezu auf dem gesamten Arbeitsmarkt tarifliche Mindestlöhne.

Dem Tarifvertragsgesetz schloss sich die Wiedereinführung von Gesetzen zur **Arbeitnehmermitbestimmung** in Unternehmen an. Stationen sind das Montan-Mitbestimmungsgesetz für Kohle- und Stahlunternehmen (1951), das Betriebsverfassungsgesetz (1952) und das Personalvertretungsgesetz (1955).

Außerdem ist die **Privatisierung staatlicher Großunternehmen** erwähnenswert. Sie begann im Wesentlichen erst gegen Ende der 1950er-Jahre. Damals befand sich schätzungsweise noch ein Fünftel aller Industrieunternehmen im Staatsbesitz. Die Privatisierung diente zuvorderst dazu, dem Prinzip des Privateigentums an Produktionsmitteln in höherem Maße gerecht zu werden. **Privateigentum** zählt – wie oben beschrieben – nach Eucken zu den konstituierenden Prinzipien einer liberalen Wirtschaftsordnung. Zugleich sollte die Privatisierung genutzt werden, um den Besitz von Unternehmensbeteiligungen zu streuen. Die Ungleichverteilung des Aktienbesitzes war auch damals schon sehr groß und war zudem während der 1950er stark angestiegen. Erhard propagierte Mitarbeiteraktien sowie insbesondere sog. Volksaktien. Volksaktie bedeutet, dass Aktien gezielt an Kleinanleger ausgegeben werden, der Aktienerwerb pro Kopf begrenzt wird und Mindesthaltefristen vorgegeben werden. Zu den Unternehmen, die 1959–65 (teil-)privatisiert wurden, zählten Volkswagen, Preussag (TUI), VEBA (e.on) und die Baden-Werke (EnBW).

3.3 Sozialreformen

Die Soziale Marktwirtschaft setzt auf **Selbstverantwortung** sowie auf **Solidarität** für den Fall, dass der Einzelne in eine existenzielle wirtschaftliche Notlage gerät und sich nicht ohne gemeinschaftliche Unterstützung aus ihr befreien kann. Das Solidarprinzip findet seinen Niederschlag im **Versicherungsprinzip** und – wenn dieses nicht greift – im **Fürsorgeprinzip**.

Seit mehr als 130 Jahren wird in Deutschland das **Versicherungsprinzip** angewandt. Die gesetzlichen Kranken-, Unfall-, Alters- und Invaliditätsversicherungen stammen aus dem 19. Jahrhundert, während die Arbeitslosenversicherung zu Zeiten der Weimarer Republik eingeführt wurde. (Mitte der 1990er-Jahre folgte die Pflegeversicherung.) Somit existierte bereits zur Gründung der Bundesrepublik ein sozialpolitischer Grundpfeiler der Sozialen Marktwirtschaft. Die Versicherungsleistungen waren in den ersten Nachkriegsjahren als Folge der hohen Zahl Empfangsberechtigter (z. B. Arbeitslose, Alte, Hinterbliebene und Invalide) sowie der gesamtwirtschaftlich desolaten Situation allerdings extrem niedrig. Viele Notleidende hatten zudem keine Versicherungsansprüche, darunter Millionen von Flüchtlingen. Letztlich bestand aber keine grundsätzliche Notwendigkeit für die Bundesregierung, einen Systemwechsel durchzuführen. Dieser erfolgte dennoch im Bereich der Alterssicherung, als mit der **Rentenreform 1957** das Umlageverfahren eingeführt wurde. Die Summe der Einzahlungen der aktuell abhängig Beschäftigten bestimmt seither im Wesentlichen die Höhe der Zahlungen an die Rentenempfänger. Damit ging eine dynamische Anpassung der Renten an das Lohneinkommen einher. Die Renten stiegen angesichts hohen Wirtschaftswachstums entsprechend stark an.

Mitte der 1940er-Jahre herrschte in Anbetracht der akuten Notlage breiter Bevölkerungsschichten dringender Handlungsbedarf hinsichtlich der Ausgestaltung der konkreten Versicherungsleistungen und der fürsorgeorientierten Sozialleistungen. Dieser Handlungsbedarf führte in den ersten Jahren der Bundesrepublik zu einem regelrechten Aktionismus bei der sozialrechtlichen Gesetzgebung. „Das Ergebnis war ein Paragraphengestrüpp, dessen Undurchsichtigkeit und Uneinheitlichkeit sowohl die Effizienz des Leistungssystems wie auch die Rechtssicherheit des einzelnen beeinträchtigte." (Hockerts, 1977, S. 346) Bestrebungen, ein Gesamtkonzept für eine Sozialreform umzusetzen, scheiterten jedoch. Immerhin reduzierte die **Rentenreform** (1957) die Intransparenz und Inkonsistenz bei der Alters- und Invaliditätsversicherung. Außerdem trugen die Einführung des Kindergelds (1954), die Lohnfortzahlung für Arbeiter im Krankheitsfall (1957) sowie Verbesserungen der Arbeitslosen- und Unfallversicherungsleistungen (1956–57) zu mehr Konsistenz des Systems bei. Es dauerte jedoch bis in die frühen 1970er-Jahre, dass nennenswerte Schritte zu einem **einheitlicheren System sozialer Sicherung** getan wurden. Dazu zählt auch die Überführung der Sozialgesetzgebung in ein einziges Gesetzeswerk, mit der die SPD/FDP-Regierung Anfang der 1970er begonnen hatte und die bis dato (2025) nicht abgeschlossen ist.

3.4 Wohnungsbaupolitik und Mietrecht

Die **Wohnungsbaupolitik** war ein weiterer Bereich, der für die soziale Lage der Bevölkerung in der Nachkriegszeit von entscheidender Bedeutung war. Die **Wohnraumknappheit** war extrem groß. Das lag nicht zuletzt an der kriegsbedingten Zerstörung von Wohnraum sowie dem Zuzug von rund 10 Mio. deutschstämmigen Flüchtlingen und einigen Mio. ausländischen Menschen, die als ehemalige Zwangsarbeiter oder KZ-Insassen in Westdeutschland gestrandet waren. Im Jahr 1946 fehlten rund 5,5 Mio. Wohnungen (Egner, 2014). Trotz bemerkenswerter Anstrengungen entspannte sich die Wohnungsmarktlage zunächst nur langsam, was u. a. daran lag, dass in den 1950er-Jahren ca. 2 Mio. Bürger aus der DDR ins Bundesgebiet bzw. nach Westberlin zogen.

Die damalige Wohnungspolitik war zunächst eine weitgehende Fortsetzung der nationalsozialistischen **Zwangsbewirtschaftung**. Wohnraum wurde zugeteilt und die Mieten waren gedeckelt. Daneben wurden wenige

Jahre nach Kriegsende verschiedene **anreizpolitische Instrumente** zur Schaffung neuen und bezahlbaren Wohnraums implementiert. Dazu zählt die steuerliche Förderung von selbstgenutztem Wohneigentum (Einkommensteuergesetz 1949) und Bausparprämien (Wohnungsbauprämiengesetz 1951) sowie der staatliche bzw. staatlich subventionierte Bau von **Sozialwohnungen** (Erstes Wohnungsbaugesetz 1950). Erst im Jahr 1960 wird die Wohnungszwangswirtschaft per Gesetz beendet und der Wohnungsbau vom Grundsatz her den Regeln der **Sozialen Marktwirtschaft** unterworfen. Dazu passt es, dass fünf Jahre später mit dem Wohngeldgesetz die Subjektförderung eingeführt wurde, etwa in Form von Zuschüssen zur Miete oder zu den Kosten selbstgenutzten Wohneigentums.

3.5 Einkommensteuer

Nach dem Krieg wurden die ohnehin recht hohen Steuersätze von den Siegermächten erheblich angehoben. Der Spitzensteuersatz lag 1946 bei 95 %, aber auch bei niedrigeren Einkommen griffen Grenzsteuersätze von um die 50 %. Eine durchschnittliche Einkommensteuerbelastung von 30–50 % war üblich (Boss, 1987, S. 7). Die Steuersätze wurden in den Jahren 1949 und 1953 spürbar gesenkt, und es wurden vermehrt Investitions- und Sparanreize in das Gesetz integriert. Aber eine **marktkonforme Einkommensteuer**, die genügend Leistungsanreize für eine funktionierende Wettbewerbswirtschaft und mehr Transparenz bietet, wurde erst mit den Steuerreformen in den Jahren 1958 und 1964 geschaffen. Die Steuersätze wurden drastisch gesenkt und zugleich wurde die Vielzahl an Steuervergünstigungen reduziert. Die höchste Durchschnittsbelastung lag nun bei 54 % statt bei 94 % (Boss, 1987, S. 8).

Alles in allem waren die wirtschaftlichen Erfolge der Bundesrepublik Deutschland in den 1950er-Jahren beachtlich; das jährliche Wirtschaftswachstum lag bei 8 % und mehr. Diese Phase ging als **„das deutsche Wirtschaftswunder“** in die Wirtschafts- und Sozialgeschichte ein. Das Wirtschaftswunder wird u. a. auf die Wirtschaftsordnung der Bundesrepublik Deutschland zurückgeführt. Allerdings verzeichneten andere europäische Länder zur gleichen Zeit ebenfalls einen rasanten wirtschaftlichen Aufschwung. Frankreich, Italien und Spanien prosperierten z. B. in ähnlich hohem Maße ebenso wie auch Österreich. Österreich war übrigens das andere Land, das neben Deutschland für sich in Anspruch nahm, eine soziale

Marktwirtschaft zu sein. Allerdings war Österreich bis in die 1980er-Jahre eine deutlich stärker gelenkte Marktwirtschaft mit einem höheren Anteil staatlicher Unternehmen als die deutsche Bundesrepublik.

4 Ökologisch-soziale Marktwirtschaft

4.1 Zeitgeschichtlicher Kontext

Spätestens in den 1970er-Jahren hatte die **Luft- und Wasserverschmutzung** in den Industrieländern ein so drastisches Ausmaß angenommen, dass die Regierungen – zumindest in demokratischen Staaten – gezwungen waren, zu handeln. Smogalarm im Ruhrgebiet und der Rhein als „stinkende Kloake" sind nur zwei von vielen Beispielen für die Offensichtlichkeit der Umweltprobleme auch in Deutschland. Nachdem die Soziale Marktwirtschaft die **„soziale Frage"** des 19. Jahrhunderts aufgegriffen hatte und diese weitgehend als bewältigt galt, stellte sich nun die **„ökologische Frage"**. Es bildeten sich immer mehr lokale Bürgerinitiativen und überregionale Umweltschutzorganisationen. 1980 wurde die Partei „Die Grünen" gegründet (heute: Bündnis 90/Die Grünen) und zog wenig später in den Bundestag ein.

In dem weltweit beachteten Bericht „Grenzen des Wachstums" (Meadows, 1972) prognostizierte eine vom *Club of Rome* beauftragte, international besetzte Gruppe von Wissenschaftlern, dass ein *business as usual* („Weiter so") binnen 100 Jahren in den ökologischen, wirtschaftlichen und sozialen Kollaps führe. Diese Schlussfolgerung basierte auf einem computergestützten globalen Modell, das die Entwicklung fünf interagierender Variablen berücksichtigte, und zwar von Bevölkerung, Nahrungsmittelproduktion, Industrieproduktion, Ressourcenverbrauch und Umweltverschmutzung. Die Wissenschaftler erstellten mithilfe des Simulationsmodells verschiedene Szenarien, von denen eines besagte, dass der Kollaps nicht unausweichlich sei, sondern dass eine **nachhaltige Entwicklung** möglich sei. Dazu müsse indes dem Ressourcenverbrauch, der Umweltverschmutzung und dem Bevölkerungswachstum entschieden entgegen gewirkt werden. Außerdem müsste die industrielle Produktion gedrosselt werden. Der Bericht „Grenzen des Wachstums" wurde intensiv diskutiert und von verschiedenen Seiten heftig kritisiert. Insbesondere wurde den Verfassern vorgeworfen, sie würden den technologischen Fortschritt unterschätzen, der eine Entkopplung von Produktionswachstum und steigendem Ressourcenverbrauch bzw. zunehmender Umweltbelastung ermögliche.

Im selben Jahr (1972) nahmen sich die **Vereinten Nationen** (UN) des Umweltthemas an: Es wurde das **UN-Umweltprogramm** (United Nations Environmental Programme, UNEP) gegründet. 1983 riefen die UN die **Welt-**

kommission für Umwelt und Entwicklung ins Leben. Diese legte 1987 den sog. **Brundtland-Report** mit dem Titel „*Our Common Future*“ (deutsch: „Unsere gemeinsame Zukunft“) vor (*United Nations World Commission on Environment and Development*, 1987; Hauff, 1987). Der Bericht wird auch heute noch viel zitiert, insbesondere im Zusammenhang mit den dort definierten Begriffen der nachhaltigen Entwicklung und der Nachhaltigkeit. Unter Nachhaltigkeit ist dort eine Entwicklung zu verstehen, „die den Bedürfnissen der heutigen Generation entspricht, ohne die Möglichkeiten künftiger Generationen zu gefährden, ihre eigenen Bedürfnisse zu befriedigen und ihren Lebensstil zu wählen[4].“ (Hauff, 1987, S. 43) Nachhaltigkeit lässt sich in drei Dimensionen aufteilen: ökonomische, soziale und ökologische Nachhaltigkeit. Daraus lassen sich verschiedene **Nachhaltigkeitsmodelle** ableiten. Das bekannteste ist das **Drei-Säulen-Modell**: Es müssen sowohl die ökonomische, die soziale als auch die ökologische Säule stabil sein, damit Nachhaltigkeit herrscht.

Vor diesem Hintergrund stieg auch die Zahl umweltökonomischer Veröffentlichungen, in denen es zunächst vor allem um die Wirkungen umweltpolitischer Instrumente ging. In den frühen 1980er-Jahren kamen verstärkt Abhandlungen hinzu, welche die Frage zum Gegenstand hatten, welche Wirtschaftsordnung zur Bewältigung der ökologischen Probleme geeignet sei. Zu den bekanntesten Wirtschaftswissenschaftler:innen, die sich als Erste im deutschsprachigen Raum mit der „Ökologisierung“ der Marktwirtschaft befassten, zählen der Schweizer Hans Christoph Binswanger (1929–2018) und die Deutsche Christiane Busch-Lüty (1931–2010).

Der Nachhaltigkeitgedanke fand schließlich auch Eingang in die deutsche Verfassung. So wurde 1994 der **Umweltschutz als Staatsziel** ins Grundgesetz aufgenommen (2002 folgte der Tierschutz). Art. 20a des Grundgesetzes lautet: „Der Staat schützt auch in Verantwortung für die künftigen Generationen die natürlichen Lebensgrundlagen und die Tiere im Rahmen der verfassungsmäßigen Ordnung durch die Gesetzgebung und nach Maßgabe von Gesetz und Recht durch die vollziehende Gewalt und die Rechtsprechung.“ Staatsziele sind zwar anders als Grundrechte nicht einklagbar, aber als Richtlinien für staatliches Handeln sind sie in der Praxis und der Rechtsprechung durchaus von Belang.

---

4 „Sustainable development seeks to meet the needs and aspirations of the present without compromising the ability to meet those of the future.“ (United Nations World Commission on Environment and Development, 1987, ch. II par. 49)

4.2 Ziele und Prinzipien

Vor diesem Hintergrund wurde die Konzeption der Sozialen Marktwirtschaft um das ausdrückliche Ziel des Umweltschutzes erweitert; entsprechend wird von der **ökologischen und sozialen**, **der ökologisch-sozialen** oder **ökosozialen Marktwirtschaft** gesprochen.

Zwar zählte der Schutz natürlicher Ressourcen bereits im Ordoliberalismus zu den regulierenden Prinzipien (⟶ Kap. 2.7). Und in der Sozialen Marktwirtschaft sind staatliche Maßnahmen zur Behebung von Marktversagen vorgesehen, welches eindeutig gegeben ist, wenn externe ökologische Kosten vorliegen. Aber der Schutz der natürlichen Umwelt und Ressourcen erhält erst mit der Konzeption der ökologisch-sozialen Marktwirtschaft den Rang eines Oberziels.

Somit lauten die **Oberziele** der ökosozialen Marktwirtschaft:

- Freiheit,
- Erhalt natürlicher Lebensgrundlagen (ökologische Nachhaltigkeit),
- Wohlstand (wirtschaftliche Nachhaltigkeit),
- soziale Gerechtigkeit und Sicherheit (soziale Nachhaltigkeit).

Die **Prinzipien der ökosozialen Marktwirtschaft** unterscheiden sich im Grunde nicht von denen der Sozialen Marktwirtschaft (Individualprinzip, dezentrale Koordination, Privateigentum, Subsidiaritätsprinzip, Sozialprinzip). Außerdem wird das **Vorsorgeprinzip** betont. Damit ist gemeint, dass Umweltschäden möglichst im Vorhinein vermieden anstatt erst im Nachhinein mehr oder weniger gut repariert werden. Dabei werden das **Haftungsprinzip** und das **Verursacherprinzip**, die für das Funktionieren einer kapitalistischen Marktwirtschaft ohnehin zentral sind, speziell für den ökologischen Bereich angemahnt. Das bedeutet, dass die Verursacher von Umweltbelastungen für Schäden haften bzw. für deren Beseitigung aufkommen müssen anstelle von Dritten oder der Gesellschaft. Außerdem sollen die Verursacher für die Inanspruchnahme der natürlichen Umwelt – etwa Schadstoffeinträge in Luft, Böden und Gewässer – in die Pflicht genommen werden, indem sie dafür einen angemessenen Preis bezahlen. Der Preis ist idealerweise so bemessen, dass die Umweltbelastung auf ein nachhaltiges Niveau zurückgeht.

4.3 Umweltpolitische Maßnahmen

Die ökosoziale Marktwirtschaft basiert auf der Konzeption der Sozialen Marktwirtschaft und sieht entsprechend die gleichen Gestaltungskriterien für wirtschafts- und umweltpolitische Maßnahmen vor (Zielwirksamkeit, Marktkonformität, Effizienz). Das Entscheidende bei der Konzeption ist, dass sie eine **marktkonforme Transformation** der Volkswirtschaft hin zur ökologischen Nachhaltigkeit vorsieht. In der ökosozialen Marktwirtschaft soll dies zuvorderst dadurch gewährleistet sein, dass für die Nutzung bzw. Belastung der Umwelt ein Preis bezahlt wird. Anders gewendet: „Preise sollen die ökologische Wahrheit sagen." (Weizsäcker, 1991, S. 63) Wann immer möglich, sollen marktwirtschaftliche Instrumente wie z. B. Umweltabgaben und handelbare Verschmutzungsrechte (Zertifikate) dem Einsatz ordnungsrechtlicher Ge- und Verbote vorgezogen werden. Nur wenn marktwirtschaftliche Instrumente nicht praktikabel oder nicht zielwirksam sind, soll auf eingriffsintensivere Maßnahmen zurückgegriffen werden.

Es gibt eine Vielzahl von Veröffentlichungen über die konkreten Maßnahmen, die eine ökosoziale Marktwirtschaft kennzeichnen. Verschiedene Akteure setzen dabei unterschiedliche Schwerpunkte, darunter Wissenschaftler, Stiftungen und Vereine. Außerdem befassen sich politische Parteien mit der Ausgestaltung einer ökologischen und sozialen Marktwirtschaft; in Deutschland finden sich z. B. in Grundsatzprogrammen von CDU (1994) und Bündnis 90/Die Grünen (2001) entsprechende Textpassagen. Die folgende Darstellung stützt sich auf die Arbeiten des „Forum Ökologisch-Soziale Marktwirtschaft (FÖS e. V.)". Das FÖS ist eine unabhängige Denkfabrik (*think tank*), die „sich für eine Weiterentwicklung der sozialen Marktwirtschaft zu einer ökologisch-sozialen Marktwirtschaft" einsetzt (FÖS, 2024).

Kernelemente des Umbaus sind demnach

- **Ökologisierung des Steuer- und Ausgabensystems:** eine deutlich stärkere Besteuerung des Verbrauchs natürlicher Ressourcen und umweltbelastender Aktivitäten, insbesondere im Bereich des Klimaschutzes; Entlastung der Arbeitseinkommen durch niedrigere Steuern und Sozialabgaben; Fokussierung der Ausgaben auf Nachhaltigkeit und soziale Gerechtigkeit.

- **Internalisierung externer Kosten** mit Vorrang für ökonomische Instrumente wie z. B. CO_2-Preis, Emissionshandel, Energie- und Ressourcensteuer.
- **Abbau umweltschädlicher Subventionen**.

Zwar sind in vielen Ländern einschließlich Deutschland einige Schritte hin zu einer ökologisch-sozialen Marktwirtschaft getan, aber von einer Umsetzung der Konzeption im Sinne einer existierenden Wirtschaftsordnung kann zum jetzigen Zeitpunkt nicht gesprochen werden.

5 Jüngere Entwicklungen und Herausforderungen

Die Soziale Marktwirtschaft gilt nach wie vor als das in Deutschland vorherrschende Leitbild für die Wirtschaftspolitik, ein wenig angepasst an die „ökologische Frage“. Eine repräsentative Umfrage für Deutschland unter Beteiligung des ifo-Instituts ergab, dass 75 Prozent der 2.000 Befragten die Soziale Marktwirtschaft positiv bewerten (Blesse et al. 2022, S. 53). Laut einer Untersuchung des Allensbacher Instituts für Demoskopie haben nur 15 Prozent der Deutschen keine gute Meinung von der Sozialen Marktwirtschaft, während 56 Prozent eine gute Meinung haben (Institut für Demoskopie 2021, S. 6). Auch wenn die Kenntnisse über die wirtschaftspolitische Konzeption sehr unterschiedlich verteilt sein dürften, zeigt diese Umfrage doch, dass zumindest der Begriff bei der Mehrheit der Bevölkerung auf Zustimmung stößt. Der Begriff wird außerdem nach wie vor häufig von Politikern in Reden und Parteiprogrammen verwendet (Blesse et al. 2022, S. 51).

Ein Paradigmenwechsel hinsichtlich der wirtschaftspolitischen Konzeption hat bislang zwar nicht stattgefunden, wohl aber hat die Wirtschaftsordnung der Bundesrepublik Deutschland einige erhebliche Herausforderungen und Reformen erlebt. Zu nennen sind hier zum einen die **Deutsche Einheit (1990),** die Schaffung des **EU Binnenmarktes (1992)** und die **Einführung des Euros (1999)**. Zum anderen hat sich die Wirtschaftsordnung durch die **Liberalisierungs- und Privatisierungsstrategie** einschließlich einer Deregulierung der Finanzmärkte während der 1990er Jahre spürbar geändert. Das Gleiche gilt für die **Arbeitsmarkt- und Sozialreformen** zu Beginn der 2000er Jahre (sog. Agenda 2010), mit welchen der Ausbau des Sozialstaats der 1960/70er Jahre teils zurückgebaut wurde. Schließlich erodiert seit den 1990ern das System der Tarifpartnerschaft insoweit, als ein immer kleinerer Teil der Unternehmen tarifgebunden ist. Angesichts des parallel wachsenden Niedriglohnsektors wurde 2015 erstmalig ein **gesetzlicher Mindestlohn** eingeführt.

Darüber hinaus hatten die weltweite **Finanzkrise (2008/09)**, die **„Coronakrise“ (2020–22)** und der **Energiepreisschock** in Folge des Angriffs Russlands auf die Ukraine (2022) zumindest kurzfristig Einfluss auf die Wirtschaftsordnung Deutschlands als z. B. die Staatsquote (Staatsausgaben/BIP) wieder spürbar anstieg. Eine weitere – auch wirtschaftspolitische – Herausforderung stellt die ungeplante **Zuwanderung** dar.

Schließlich stellt die Digitalisierung der Wirtschaft ebenso wie die anvisierte Transformation hin zu **Klimaneutralität** die Wirtschaftspolitik vor erhebliche Herausforderungen. Es ist vor allem in Bezug auf die Klimaneutralität (und andere ökologische Nachhaltigkeitsziele) derzeit völlig ungewiss, inwieweit solch eine ehrgeizige Transformation in Deutschland gelingen wird bzw. sich durchsetzen lässt. Ebenso offen ist, ob etwaige dazu ergriffene Politikmaßnahmen zu einer Sozialen Marktwirtschaft passen oder ob sie letztlich mit einem ordnungspolitischen Paradigmenwechsel einhergehen werden.

6 Zusammenfassung

Die **Soziale Marktwirtschaft** blickt auf eine nunmehr **75jährige Geschichte** zurück. Sie ist das Ergebnis einer kritischen Analyse des Laissez-faire Liberalismus und der Erfahrungen mit sozialistischen bzw. nationalsozialistischen Wirtschaftsordnungen.

Die **Soziale Marktwirtschaft** ist eine **wettbewerbliche Wirtschaftsordnung** mit **Privateigentum an Produktionsmitteln**, die einen starken Staat voraussetzt. Seine Kernaufgabe besteht darin, einen **Ordnungsrahmen** für den Wirtschaftsprozess zu schaffen. Dieser soll die Effizienz des Marktmechanismus zum Tragen kommen lassen, für gesamtwirtschaftliche Stabilität und Wohlstand sorgen, Marktversagen korrigieren sowie soziale Sicherheit und Gerechtigkeit schaffen. Prozesspolitische Maßnahmen sind so zu gestalten, dass sie **zielwirksam** und **marktkonform** sind.

Das Leitbild der Sozialen Marktwirtschaft hat seit ihrer Entwicklung in den 1950er Jahren im Wesentlichen keine grundsätzliche Weiterentwicklung erfahren. Eine Ausnahme ist allenfalls die ausdrückliche Berücksichtigung der ökologischen Frage in den 1980ern, aus welcher die Ausarbeitung einer Konzeption der **ökologisch-sozialen Marktwirtschaft** hervorging.

Sieht man von der Einbettung der Marktwirtschaft in eine marktkonforme Sozialordnung ab, so dürfte das hervorstechendste Merkmal der Sozialen Marktwirtschaft gegenüber anderen liberalen Wirtschaftskonzeptionen darin bestehen, dass der **Wettbewerb als „staatliche Veranstaltung“** aufgefasst wird. Dahinter steht die Überzeugung, dass der wirtschaftliche Leistungswettbewerb sich weder selbst schaffen, noch sich selbst erhalten kann. Eucken bezeichnete dies als konstituierendes Prinzip der offenen Märkte. Somit kommt der **Wettbewerbspolitik** als Voraussetzung für eine funktionierende Marktwirtschaft eine tragende Rolle in der Sozialen Marktwirtschaft zu. Die Politik und Theorie des Wettbewerbs sind Gegenstand des → Teils C dieses Lehrbuchs.

Lesetipps zu Teil B „Soziale Marktwirtschaft“

Eucken, W. (1952). *Grundsätze der Wirtschaftspolitik.* Hg. von Eucken, E./Hensel, K. P., Tübingen: J.C.B. Mohr.

Goldschmidt, N./Kolev, S. (2023). *75 Jahre Soziale Marktwirtschaft in 7,5 Kapiteln.* Freiburg: Herder.

Goldschmidt, N./Wohlgemuth, M. (Hg.) (2025). *Soziale Marktwirtschaft. Grundtexte zur Ordnungsökonomik*, 2. Aufl., Stuttgart: Mohr Siebeck (UTB).

Horn, K. I. (2010): *Die Soziale Marktwirtschaft.* Frankfurt: Frankfurter Allgemeine Buch.

Teil C | Wettbewerbspolitik

eLearning-Kurs | Zu diesem Kapitel werden Single- und Multiple-Choice-Fragen angeboten. Der folgende Link oder der QR-Code führen Sie zu den Fragen.

https://narr.kwaest.io/s/1329

Vorbemerkungen

Eine zentrale Erkenntnis der wirtschaftspolitischen Konzeption der Sozialen Marktwirtschaft lautet, dass der Staat für einen funktionierenden Wettbewerb zwischen den Marktteilnehmern sorgen muss. Mit anderen Worten: Wettbewerb ist kein Automatismus, der sich selbst generiert und aufrechterhält, sondern Wettbewerb ist eine **„staatliche Veranstaltung"** (Miksch, 1937, S. 11).

Unter Wettbewerbspolitik werden im Folgenden vor allem Maßnahmen zur Aufrechterhaltung des Wettbewerbsmechanismus verstanden. Im Mittelpunkt dieses Teils steht die **Politik gegen Wettbewerbsbeschränkungen**.

Die Ausführungen haben zum Ziel, zum einen in wettbewerbstheoretische Grundlagen und zum anderen in die Praxis der Wettbewerbspolitik einzuführen. Der/die Leser:in sollte nach dem Studium in der Lage sein

- Verhaltensweisen zur Beschränkung des Wettbewerbs zu erkennen,
- eine volkswirtschaftliche Bewertung solcher Verhaltensweisen vorzunehmen
- und eine Einschätzung abzugeben, ob eine konkrete Verhaltensweise mit dem Wettbewerbsrecht vereinbar ist oder nicht.

Zu diesem Zweck werden zunächst einige Begriffe geklärt (→ Kap. 1). Daraufhin werden verschiedene **Verhaltensweisen** von Unternehmen geschildert, die das Potenzial besitzen, wettbewerbsbeschränkend zu wirken (→ Kap. 2). Im Anschluss werden die **Wettbewerbsfunktionen** erklärt (→ Kap. 3) und die prominentesten **wettbewerbspolitischen Leitbilder** vorgestellt (→ Kap. 4). Es folgt eine Erläuterung des *„more economic approach"* (→ Kap. 5), dem aktuellen wettbewerbspolitischen Ansatz der EU. Da es für die wettbewerbspolitische Beurteilung von konkreten unternehmerischen Verhaltensweisen sehr wichtig ist, welcher Markt betroffen ist, wird in einem eigenen Kapitel auf die Abgrenzung des relevanten Marktes eingegangen (→ Kap. 6). Abschließend werden die Grundzüge des deutschen **Gesetzes gegen Wettbewerbsbeschränkungen (GWB)** dargestellt (→ Kap. 7) und durch Hinweise auf das **EU-Wettbewerbsrecht** ergänzt.

1 Begriffliche und inhaltliche Abgrenzung

1.1 Wettbewerb und Wettbewerbspolitik

Marktwirtschaftlicher Wettbewerb bedeutet, dass die Marktakteure um die Gunst der Marktgegenseite konkurrieren. Gewinnt der eine Akteur, kann kein Mitbewerber zugleich auch gewinnen. Besonders offensichtlich wird das Wettbewerbsprinzip im Falle von Ausschreibungen oder Auktionen.

Wettbewerb kann sowohl zwischen Anbietern als auch zwischen Nachfragern bestehen. Je nachdem liegt Angebots- oder Nachfragewettbewerb vor. Auf einem funktionierenden Markt herrscht beides.

Wettbewerb setzt nicht zwingend mehrere Anbieter bzw. Nachfrager voraus. Vielmehr kann auch sog. potenzielle Konkurrenz herrschen. Der Begriff umschreibt die Situation, in der z. B. ein Monopolist mit dem Marktzutritt eines neuen Konkurrenten rechnen muss, wenn er unattraktive Leistungen anbietet. Das Wissen um potenzielle Konkurrenten setzt ihn trotz fehlender existierender Mitwettbewerber unter Wettbewerbsdruck, sodass er bemüht ist, zumindest einigermaßen attraktive Leistungen anzubieten.

Wettbewerbsparameter sind die Variablen, mittels derer die Konkurrenten um die Gunst der Marktgegenseite rivalisieren. Zu den Wettbewerbsparametern zählen z. B. Preise, Mengen, Qualität, Konditionen und Innovationen. Vollkommener Wettbewerb liegt nach neoklassischer Auffassung vor, wenn sich Ausprägungen der Wettbewerbsparameter so herausbilden, dass das Kosten-Nutzen-Verhältnis optimal ist, also volkswirtschaftliche Effizienz herrscht (⟶ Modell der vollständigen Konkurrenz, ⟶ Teil A | Kap. 2). Solch ein Zustand wird als **Allokationsoptimum** bezeichnet (⟶ Einführung | Kap. 2). Die Realität ist jedoch viel zu weit von den idealisierten Bedingungen entfernt, unter denen der Konkurrenzmechanismus nach modelltheoretischen Erkenntnissen in ein Allokationsoptimum mündet. Außerdem haftet dem Konstrukt des Allokationsoptimums im Modell der vollständigen Konkurrenz etwas Statisches an, das dem Innovationsprozess nicht gerecht wird. Dieser spielt indes für das Wohlergehen der Gesellschaft eine große Rolle. In der Praxis kann von einem funktionierenden Wettbewerb dann gesprochen werden, wenn sich die wirtschaftlich Leistungsfähigsten am Markt durchsetzen. Der Begriff der Leistungsfähigkeit bezieht sich dabei nicht allein auf die Fähigkeit, zu möglichst niedrigen Kosten zu produzieren. Vielmehr geht es auch um die Fähigkeit, die „richtigen“

Produkte herzustellen, den „richtigen“ Service anzubieten und die Produkte „richtig“ zu gestalten bzw. die „richtigen“ Innovationen hervorzubringen.

Wettbewerbspolitik im weiten Sinne ist die Summe aus rechtlichen Regelungen und wirtschaftspolitischen Maßnahmen, die der Errichtung und Aufrechterhaltung eines funktionierenden Wettbewerbs dienen. **Wettbewerbspolitik im engeren Sinne** ist ein Teilbereich dessen, nämlich die Summe der rechtlichen Regelungen zur Bekämpfung von Wettbewerbsbeschränkungen sowie deren Anwendung. Gegenstand der folgenden Ausführungen ist die **Politik gegen Wettbewerbsbeschränkungen**. Das heißt, es geht um die Bekämpfung von Verhaltensweisen, die verhindern (sollen), dass sich der wirtschaftlich Leistungsfähigste am Markt durchsetzt.

Es kann zwischen privaten und staatlichen Wettbewerbsbeschränkungen unterschieden werden. **Private Wettbewerbsbeschränkungen** sind diejenigen, die von Unternehmen getätigt werden. Hierbei spielt es keine Rolle, ob es sich um private oder staatliche Unternehmen handelt. **Staatliche Wettbewerbsbeschränkungen** gehen hingegen nicht von Unternehmen aus, sondern von der Exekutive bzw. der Legislative. Beispiele sind Erhaltungssubventionen, die Einräumung von Monopolrechten und andere staatlich gesetzte Marktzugangsschranken sowie Schutzzölle und weitere Importhemmnisse. Im Mittelpunkt der weiteren Ausführungen stehen **private Wettbewerbsbeschränkungen**.

1.2 Wettbewerbsrecht

Das deutsche Wettbewerbsrecht umfasst das **Gesetz gegen Wettbewerbsbeschränkungen (GWB)** und das **Gesetz gegen unlauteren Wettbewerb (UWG).** Das GWB wird ferner durch verschiedene branchenspezifische Gesetze ergänzt, z. B. für den Telekommunikationssektor und die Energieversorgung.

Das GWB zielt primär auf den Schutz des Wettbewerbs als Institution (**Institutionenschutz**) und ist somit der hier interessierende rechtliche Rahmen. Demgegenüber steht der **Schutz des Einzelnen** im Vordergrund des UWG: Der Verbraucher soll vor unfairen Vertriebspraktiken wie z. B. vorgetäuschten Sonderangeboten, unzumutbarer Belästigung und irreführender Werbung geschützt werden (**Verbraucherschutz**); der Mitbewerber soll u. a. vor Anschwärzung, unrechtmäßiger Nachahmung und Dumpingpreisen geschützt werden (**Mitbewerberschutz**). Das UWG ist nicht Gegenstand der weiteren Ausführungen, da es nicht auf den Schutz der Institution des Wettbewerbs zielt. Es sei jedoch angemerkt, dass der Mitbewerberschutz des UWG mittelbar auch dem Institutionenschutz dient, da es den Einzelnen vor unlauteren Verdrängungspraktiken schützt, welche den Leistungswettbewerb verzerren können.

Wettbewerbsbeschränkungen mit grenzüberschreitender Wirkung fallen i. d. R. unter das EU-Wettbewerbsrecht, an welches das GWB im Jahr 2005 weitgehend angepasst wurde. Die rechtlichen Grundlagen des **EU-Wettbewerbsrechts** finden sich in den Artikeln 101–109 des Vertrags über die Arbeitsweise der Europäischen Union (AEUV). Darüber hinaus gibt es diverse relevante EU-Verordnungen, z. B. die EG-Fusionskontrollverordnung.

In der Diskussion stößt man häufig auf den Begriff des **Kartellgesetzes** bzw. des **Kartellrechts**. Darunter fallen alle Gesetze und Verordnungen gegen Wettbewerbsbeschränkungen, auch wenn dort deutlich mehr als Kartelle – also Absprachen von Konkurrenten über Wettbewerbsparameter (Preis, Konditionen etc.) – geregelt werden. Außerdem sei angemerkt, dass das Wettbewerbsrecht und die Wettbewerbspolitik der EU als **europäisches Wettbewerbsrecht** bzw. **europäische Wettbewerbspolitik** bezeichnet werden, obwohl die EU derzeit (2025) nur 27 der insgesamt 47 europäischen Länder umfasst.

1.3 Marktstruktur, Marktbeherrschung und Marktmacht

Unter **Marktstruktur** sind alle Merkmale zu verstehen, die einen Markt längerfristig prägen. Die **Marktstrukturvariablen** sind für die einzelnen Marktteilnehmer in aller Regel ein Datum, d. h. ein einzelnes Wirtschaftssubjekt kann die Marktstruktur üblicherweise nicht spürbar beeinflussen. Beispiele für Strukturvariablen sind die Anbieterzahl und die Zahl der Nachfrager sowie die Verteilung der Marktanteile. Weitere Marktstrukturvariablen sind die Höhe der Marktzutritts- und Austrittsschranken, der Grad der Produktheterogenität, der Grad der Markttransparenz, die Güterart (z. B. Konsum- oder Investitionsgütermarkt), das Ausmaß der Verflechtung einer Wertschöpfungsstufe mit vor- und nachgelagerten Stufen, Merkmale der Produktionstechnologie (z. B. steigende, konstante oder sinkende Grenzkosten), die Marktphase usw.

Im → Teil A dieses Lehrbuchs wurde der/die Leser:in bereits mit verschiedenen Marktstrukturen vertraut gemacht: vollständige Konkurrenz, „vollkommenes“ Monopol, monopolistische Konkurrenz und „vollkommenes“ Duopol. So ist das Konstrukt der vollständigen Konkurrenz z. B. durch sehr viele kleine Anbieter und Nachfrager, keine Marktschranken, vollkommene Transparenz, völlige Produkthomogenität, steigende Grenzkosten etc. gekennzeichnet.

Die **Marktmorphologie** umfasst die Zahl der Anbieter und Nachfrager sowie den Konzentrationsgrad, d. h. die Verteilung der Marktanteile auf die einzelnen Anbieter bzw. Nachfrager. Die Zahl der Anbieter/Nachfrager bestimmt die **Marktform**. Die anzutreffenden Marktformen sind das Polypol, das Monopol, das Duopol und Oligopol auf der Angebotsseite. Auf der Nachfrageseite spricht man von Polypson (Nachfragepolypol), Monopson (Nachfragemonopol) und Duopson (Nachfrageduopol) bzw. Oligopson (Nachfrageoligopol). Die → Abb. C-1 veranschaulicht die Bedeutung dieser und darüber hinausgehender Begriffe.

	1 Anbieter	2 Anbieter	wenige Anbieter	sehr (unendlich) viele Anbieter
1 Nachfrager	bilaterales Monopol	beschränktes Monopson	beschränktes Monopson	Monopson
2 Nachfrager	beschränktes Monopol	beschränktes Duopol	beschränktes Duopson	Duopson
wenige Nachfrager	beschränktes Monopol	beschränktes Duopol	beschränktes Oligopol	beschränktes Oligopson
sehr (unendlich) viele Nachfrager	Monopol	Duopol	Oligopol	Polypol

Abb. C-1: Marktformen

Das **Oligopol** ist die häufigste Marktform. Es lässt sich je nach Anbieterzahl zwischen weitem und engem Oligopol unterscheiden. Bei sehr wenigen

Anbietern spricht man von einem **engen Oligopol**; bei vielen, aber nicht sehr vielen Anbietern spricht man von einem **weiten Oligopol**. Es gibt keine feste Anbieterzahl, ab der ein Oligopol als weit gilt, sondern in Grenzfällen obliegt die Zuordnung letztlich der Intuition der Betrachter:innen. Eine Form des engen Oligopols ist das Duopol mit nur zwei Anbietern.

In der Praxis richtet sich die Bezeichnung der Marktform nicht allein nach der Zahl der Anbieter (bzw. Nachfrager), sondern es wird die gesamte Marktmorphologie betrachtet. So würde man einen Markt mit drei großen Anbietern, die jeweils einen Marktanteil von 30 % haben, und 30 kleinen Anbietern, auf die der restliche Marktanteil von 10 % entfällt, nicht als weites Oligopol bezeichnen. Vielmehr gilt dies in der Praxis als enges Oligopol. Entsprechend würde ein Unternehmen mit z. B. 90 % Markanteil in der Praxis als Monopolist bezeichnet.

Die verschiedenen Marktformen lassen sich zusätzlich durch die Beschaffenheit der gehandelten Güter differenzieren. Sind die Produkte verschiedener Anbieter (nahezu) identisch und somit unbegrenzt austauschbar, spricht man von Homogenität, also z. B. von einem homogenen Oligopol. Sind die Produkte nur zu einem gewissen Grad substituierbar, weil recht unterschiedlich, wäre die Bezeichnung des Marktes als heterogenes Oligopol treffend.

In der Wettbewerbspolitik spielt es eine wesentliche Rolle, ob ein Unternehmen **marktbeherrschend** ist oder nicht. Marktbeherrschende Unternehmen unterliegen nämlich einer deutlich strengeren Aufsicht durch die Wettbewerbsbehörden als andere Unternehmen. Außerdem werden Fusionen untersagt, wenn durch sie eine **marktbeherrschende Stellung** entsteht oder vergrößert wird. Ein Unternehmen gilt als marktbeherrschend, wenn es als Anbieter oder Nachfrager auf dem relevanten Markt keinem wesentlichen Wettbewerb ausgesetzt ist, oder wenn das Unternehmen eine im Verhältnis zu seinen Wettbewerbern überragende Marktstellung hat. Ob ein Unternehmen marktbeherrschend ist, hängt also in hohem Maße von seinem **Marktanteil** ab. Es spielen indes auch weitere **Marktstrukturvariablen** eine Rolle wie etwa die Verteilung der übrigen Marktanteile, die Höhe der Marktzutrittsschranken für potenzielle Konkurrenten und die Finanzstärke des besagten Unternehmens sowie produktionstechnische Gegebenheiten (Umstellungsflexibilität, Kostenverlauf etc.). Nicht zuletzt deshalb lässt sich kein konkreter Marktanteil festlegen, ab dem ein Unternehmen als marktbeherrschend gilt. Beispielsweise geht das deutsche Wettbewerbsrecht zwar von der Vermutung aus, dass ab einem Marktanteil von 40 % eine marktbeherrschende Stellung vorliegt; aber zugleich lässt das Gesetz Spielraum, auch bei einem niedrigeren Marktanteil eine marktbeherrschende Stellung zu konstatieren (→ Kap. 7.2).

Insbesondere bei der Fusionskontrolle wird gelegentlich zwischen **Marktbeherrschung** und **Marktmacht** unterschieden. Ein Unternehmen gilt als marktmächtig, wenn es über spürbar größere Verhaltensspielräume verfügt als dies bei wirksamem Wettbewerb der Fall wäre. Große Verhaltensspielräume resultieren weitestgehend daraus, dass es den Nachfragern oder Lieferanten an Ausweichmöglichkeiten mangelt. Erhöht ein Anbieter etwa c. p. den Preis, und es fehlt den Nachfragern an attraktiven Substitutionsmöglichkeiten, dann verfügt das Unternehmen über Marktmacht. Es kann also überhöhte Preise durchsetzen oder andere besonders gewinnbringende Konditionen erwirken, die über die hinausgehen, die bei wirksamem Wettbewerb möglich wären.

Während ein marktbeherrschendes Unternehmen stets auch über Marktmacht verfügt, muss ein Unternehmen mit Marktmacht nicht zwingend auch marktbeherrschend sein. So ist z. B. bei einem Unternehmen mit 20 % Marktanteil wohl kaum von einer Einzelmarktbeherrschung auszugehen, jedoch kann das Unternehmen z. B. aufgrund einer hohen Kundentreue bzw. hohen Wechselkosten durchaus über Marktmacht verfügen.

2 Wettbewerbsbeschränkungen

2.1 Überblick

Beschränkungen des Wettbewerbs lassen sich in private und staatliche Wettbewerbsbeschränkungen einteilen. Hier stehen private potenziell wettbewerbsbeschränkende Verhaltensweisen im Fokus, die in den folgenden Kapiteln erörtert werden.

Die → Abb. C-2 gibt einen Überblick über die verschiedenen Formen **privater Wettbewerbsbeschränkungen**.

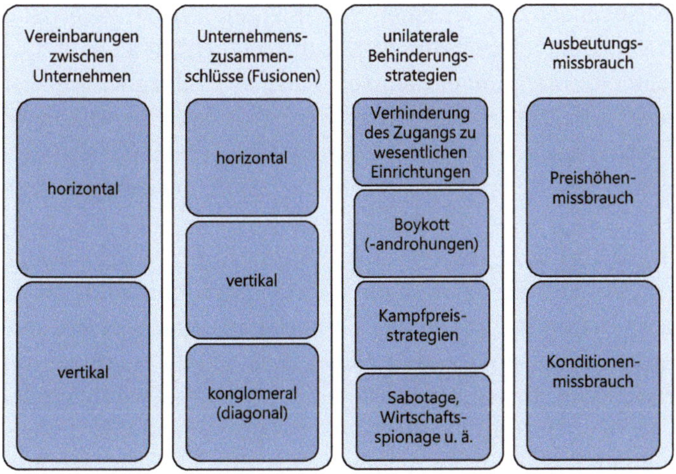

Abb. C-2: Private Wettbewerbsbeschränkungen

Staatliche Wettbewerbsbeschränkungen umfassen:

- Subventionen (Beihilfen),
- Außenhandelsbeschränkungen (Zölle, Importmengenbeschränkungen usw.),
- staatlich implementierte Marktzutrittsschranken (z. B. Vergabe von Mobilfunklizenzen, Meisterpflicht im Handwerk),
- staatliche Monopole bzw. Gewährung von Monopolrechten (z. B. das 2008 abgeschaffte Briefmonopol).

Sie werden in diesem Lehrbuch nicht weiter erörtert.

2.2 Horizontale Vereinbarungen: Kartelle

Horizontale Vereinbarungen sind Absprachen, die zwischen Unternehmen stattfinden, die auf der gleichen Wertschöpfungsstufe aktiv sind. Es handelt sich somit um Vereinbarungen zwischen Konkurrenten. Sie können sowohl von Anbietern als auch von Nachfragern ausgehen. So können z. B. mehrere Automobilhersteller einerseits vereinbaren, Autos nicht unter einem bestimmten Preis anzubieten (Angebotskartell); sie können andererseits vereinbaren, für Autobatterien von Zulieferern nicht mehr als einen gewissen Preis zu bezahlen (Nachfragekartell). Da wettbewerbsbeschränkende Verhaltensweisen indes mehrheitlich von Anbietern getätigt werden, stehen im Folgenden anbieterseitige Verhaltensweisen im Vordergrund.

Horizontale Absprachen über einen oder mehrere Wettbewerbsparameter können vertraglich festgehalten oder informell getroffen werden. In beiden Fällen handelt es sich um ein **Kartell**. Kartelle sind freiwillige Vereinbarungen zwischen rechtlich und wirtschaftlich selbständig bleibenden Unternehmen. Mittlerweile sind die meisten Kartelle gesetzlich verboten. Entsprechend selten sind vertraglich fixierte Kartellvereinbarungen, denn ein schriftlicher Vertrag weist den Nachteil auf, dass er – soweit er in die Hände der Kartellbehörde gelangt – den Abschluss des Kartells belegt. Zugleich birgt ein illegaler Vertrag keinerlei Vorteil gegenüber informellen Absprachen, da er ebenso wenig rechtlich bindend ist. Eine Vorstufe sind sog. **abgestimmte Verhaltensweisen**. Dabei stimmen Unternehmen ihr Vorgehen untereinander ab ohne ausdrücklich eine Kartellvereinbarung abzuschließen. So kann es im Einzelfall z. B. genügen, dass sich die Geschäftsführer konkurrierender Unternehmen über ihre Lieferkonditionen austauschen und dabei zu erkennen geben, welche Ausgestaltung die aus ihrer Sicht „beste“ sei. Orientieren sich die Unternehmen fortan an dieser „Empfehlung“, ist die Wirkung des abgestimmten Verhaltens weitestgehend die gleiche wie die eines expliziten Konditionenkartells.

Das Motiv für Kartelle ist fast ausschließlich die Steigerung der Gewinne der beteiligten Unternehmen. Für eine Kartellierung kommen grundsätzlich alle denkbaren Wettbewerbsparameter in Betracht. Die folgende Auflistung verschiedener Arten von Kartellen kann daher nicht erschöpfend sein:

- **Preiskartell.** Die Unternehmen vereinbaren einen Festpreis, zu dem sie das Produkt anbieten (**Festpreiskartell**) oder sie einigen sich auf einen Mindestpreis (**Mindestpreiskartell**). Abgesprochene prozentuale oder absolute Preiserhöhungen sind gleichfalls Preiskartelle ebenso wie die Vereinbarung, Preise nicht zu senken. Die Kartellierung hat zum Ziel, einen Marktpreis zu erzielen, der über dem Wettbewerbspreis liegt. Da sich solch ein Preis nur sinnvoll realisieren lässt, wenn kein Angebotsüberschuss entsteht (→ Teil A | Kap. 5.1), geht ein Preiskartell oft Hand in Hand mit einem Mengenkartell, d. h. einer gemeinsamen Beschränkung der angebotenen Menge. Bei einem Nachfragepreiskartell ist entsprechend ein Einkaufspreis unter dem Wettbewerbspreis das Ziel, wobei hier zwischen Festpreis- und Höchstpreiskartell unterschieden wird.

- **Mengenkartell (Produktionskartell).** Die Unternehmen einigen sich auf eine gemeinsame Absatzmenge, die unter der Menge liegt, die bei wirksamem Wettbewerb angeboten würde. Ziel ist eine künstliche Angebotsverknappung, welche den Preis in die Höhe treibt. Da die insgesamt vereinbarte Menge auf die einzelnen Kartellanten aufgeteilt wird, spricht man alternativ von **Quotenkartell**. Nachfrageseitige Mengenkartelle – also vereinbarte Nachfrageverknappungen zwecks Erzielung niedrigerer Beschaffungspreise – sind in der Praxis eher selten.
- **Krisenkartell.** Hierunter fallen **Strukturkrisenkartelle**, die als Reaktion auf einen dauerhaften Absatzeinbruch implementiert werden. Dabei wird die Produktionsmenge beschränkt (**Mengenkartell**) und schrittweise heruntergefahren, um einen geordneten Abbau von strukturellen Überkapazitäten zu ermöglichen. Demgegenüber setzen **Konjunkturkrisenkartelle** direkt am Preis an (**Preiskartell**) und sind darauf ausgerichtet, einen konjunkturbedingten vorübergehenden Preisverfall zu verhindern.
- **Syndikat.** Dies ist die Bezeichnung für ein Preis- und Mengenkartell, das die Mitglieder verpflichtet, ihre Produkte ausschließlich über eine gemeinsame Vertriebsorganisation zu verkaufen (Absatzsyndikat) oder Vorleistungen stets über eine gemeinsame Einkaufsorganisation zu beziehen (Beschaffungssyndikat). Nicht jede Einkaufs- und Vertriebsgemeinschaft stellt notwendigerweise ein Syndikat dar. Steht es den Mitgliedern z. B. frei, andere Beschaffungs- bzw. Vertriebskanäle zu verwenden, liegt kein Syndikat vor. Wenn die Gemeinschaft nur einen geringen Marktanteil auf sich vereint, wird ebenfalls nicht von einem Syndikat gesprochen.

- **Gebietskartell.** Die Kartellanten teilen den Markt geografisch untereinander auf und sagen zu, auf dem regionalen Marktsegment eines anderen Kartellanten nicht zu konkurrieren.
- **Submissionskartell.** Konkurrenten legen fest, welches Unternehmen bei wiederkehrenden – zumeist öffentlichen – Ausschreibungen jeweils den Zuschlag bekommen soll. Dies wird dadurch erreicht, dass die übrigen Unternehmen gezielt einen höheren Preis oder eine weniger ansprechende Leistung anbieten als der Mitbewerber, der jeweils zum Zuge kommen soll. Die Baubranche gilt als vergleichsweise anfällig für diese Form der Absprache.
- **Rabattkartell und Konditionenkartell.** Die Unternehmen einigen sich auf maximale Preisrabatte bzw. einheitliche Rabattkonditionen oder kartellieren sonstige Liefer- und Zahlungskonditionen.
- **Forschungskartell.** Die beteiligten Unternehmen stimmen ihre Forschungsaktivitäten ab. Der Gegenstand eines Forschungskartells kann die Zusammenlegung von Ressourcen sein, um Innovationen zu ermöglichen, zu dem sich die Unternehmen allein nicht in der Lage wähnen. Ein gänzlich anderer Sachverhalt liegt hingegen vor, wenn sich Unternehmen auf eine Reduktion ihrer Forschungs- und Entwicklungsaktivitäten (F&E) verständigen. Ein Beispiel hierfür sind drei große deutsche Automobilproduzenten, denen die EU-Kommission vorwarf, durch Vereinbarungen die Entwicklung und Markteinführung emissionsärmerer Benzin- und Dieselmotoren gezielt verhindert zu haben (European Commission, 2019).
- **Normen- und Typenkartell.** Unternehmen einigen sich auf einheitliche Formen und Abmessungen von Einzelteilen (z. B. genormte Schrauben, DIN), um die Produktion zu vereinfachen. Oder sie einigen sich auf den einheitlichen Aufbau von Endprodukten (z. B. typisierte Mehrwegflaschen), wodurch Massenproduktionsvorteile besser genutzt werden können.
- **Rationalisierungskartell.** Darunter fallen alle Vereinbarungen zwischen Unternehmen, die der Senkung der Produktionskosten dienen. Das können Normen- und Typenkartelle ebenso sein wie Spezialisierungskartelle, bei denen die Unternehmen die Umsetzung einzelner Produktionsschritte untereinander aufteilen, um Spezialisierungsgewinne zu realisieren.

Preis-, Mengen-, Gebiets- und Submissionskartelle werden als **„Hardcore-Kartelle“** bezeichnet oder auch als horizontale **„Kernbeschränkun-**

gen". Hardcore-Kartelle sind nur wirksam, wenn sich der gemeinsame Absatz der Kartellanten zu einem sehr hohen Marktanteil addiert. Andernfalls würde die Kartellierung dazu führen, dass Konkurrenten außerhalb des Kartells einen großen Teil der Nachfrage auf sich ziehen, und die Gewinne der Kartellanten würden tendenziell sinken anstatt steigen. In der Praxis finden sich daher fast nur Hardcore-Kartelle mit hohem Marktanteil. Eine Ausnahme bilden Einkaufs-, Vertriebs- oder Erzeugerkooperationen, die primär gebildet werden, um Kosten einzusparen und nicht, um den Marktpreis oder andere Marktergebnisvariablen zum eigenen Nutzen zu verzerren. Hierunter fallen z. B. etliche Genossenschaften mit relativ niedrigem Marktanteil. Soweit Mitbewerbern der Zugang zu den Kooperationen grundsätzlich möglich ist und die Kostenersparnis an die Verbraucher weitergegeben wird, lassen sich solche als wettbewerbsunschädliche Rationalisierungskartelle einstufen.

Wirkungen von Hardcore-Kartellen

Die Wirkungen einer horizontalen Kernbeschränkung auf die am Markt generierte Wohlfahrt lassen sich mithilfe des Marktdiagramms und des Rentenkonzepts darstellen, die im → Teil A | Kap. 5.2 hergeleitet wurden. Die → Abb. C-3 zeigt dies für ein **Angebotspreiskartell** für den Fall, dass die Kartellanten einen gemeinsamen Marktanteil von 100 % aufweisen. Dann unterscheidet sich die Analyse nicht von der des vollkommenen Monopols (→ Teil A | Kap. 6).

Zunächst steht eine wettbewerbliche Angebotsfunktion $x^A_{wettb.}$ einer wettbewerblichen Nachfragefunktion x^N gegenüber. Marktgleichgewicht herrscht bei einer Menge $x^*_{wettb.}$ und einem Preis $p^*_{wettb.}$. Die Wohlfahrt setzt sich aus der gelben Konsumentenrente und der blauen Produzentenrente zusammen. Wenn sich alle Anbieter zu einem Preiskartell zusammenschließen und gewinnmaximierend handeln, werden sie den Preis $p_{kart.}$ fordern. Der Kartellpreis ist höher und die Marktmenge ($x_{kart.}$) ist niedriger als bei Wettbewerb. Die Konsumentenrente ist entsprechend um die rot schraffierte Fläche kleiner als bei unbeschränktem Wettbewerb. Die Produzentenrente ist größer, und zwar um die blau umrandete Fläche abzüglich der schwarz schraffierten Fläche. Per saldo ist die Wohlfahrt im Kartell um die zwei kleinen Dreiecke, die rot umrandet sind, kleiner als bei Preiswettbewerb.

Die → Abb. C-3 kann ebenfalls herangezogen werden, um die Wohlfahrtswirkungen eines **Mengenkartells** zu illustrieren. Dazu genügt die Annahme, dass die Kartellanten die gesamte Angebotsmenge auf $x_{kart.}$ reduzieren, woraufhin der Preis auf $p_{kart.}$ steigt. Im Prinzip stellt sich im Falle eines **Gebietskartells** ein ähnliches Ergebnis ein, soweit unterstellt wird, dass die Nachfrager keine Möglichkeit haben, das angebotene Produkt aus einer anderen Region als der des Gebietsmonopolisten zu beziehen.

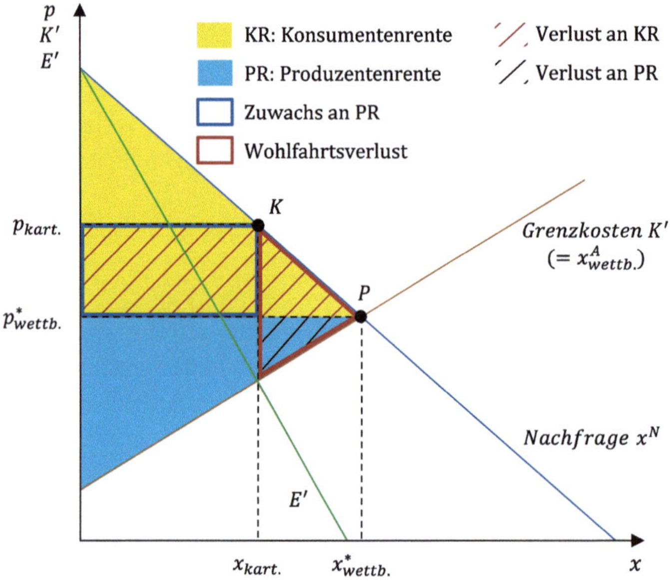

Abb. C-3: Wohlfahrtstheoretische Wirkungen eines Preiskartells

In der Praxis lassen sich keine so präzisen Angaben über den Wohlfahrtsverlust machen, wie es → Abb. C-3 suggeriert. Dies liegt u. a. daran, dass **die restriktiven Annahmen** des Modells in der Praxis nicht zutreffen. Gleichwohl ist diese Analyse hilfreich, um zu verdeutlichen: Jedes Kartell, das zu einer Preiserhöhung und Mengenreduktion gegenüber wirksamem Wettbewerb führt, zieht **statische Wohlfahrtsverluste** nach sich.

Allerdings werden dabei **dynamische Effizienzeffekte** (z. B. durch Innovationen) außen vorgelassen, obwohl sie langfristig von großer Bedeutung sind. Es ist einerseits zu vermuten, dass Hardcore-Kartelle nicht nur den Preiswettbewerb unterbinden, sondern auch den Druck zu kostensenkenden Innovationen mindern. Ergo ist der technische Fortschritt c. p. kleiner als bei wirksamem Wettbewerb. Andererseits ist es denkbar, dass das Ausschalten des Preiswettbewerbs dazu führt, dass die Konkurrenten den Wettbewerb um die Nachfrager auf andere Parameter verlegen und dass dies Produktinnovationen fördert. So ist z. B. eine Intensivierung des Qualitäts- oder Servicewettbewerbs durchaus plausibel. Bei homogenen Massenprodukten (z. B. Zement, Zucker) ist dieser innovationsförderliche Effekt zwar kaum zu erwarten, aber durchaus bei stark differenzierten oder beratungs- und serviceintensiven Gütern. Dieser verlagerte Konkurrenzdruck ist allerdings von den Kartellanten nicht erwünscht, weswegen Preis- bzw. Mengenkartelle oft mit der Kartellierung anderer Wettbewerbsparameter kombiniert werden. Dies können z. B. Konditions- oder auch Forschungskartelle sein.

Die in → Abb. C-3 dargestellte komparativ-statische Analyse ist des Weiteren nicht ausreichend, um die Wirkungen von **Struktur- und Konjunkturkrisenkartellen** abzubilden. Krisenkartelle sind zwar Kernbeschränkungen, aber je nach den Besonderheiten der kartellierenden Branche und je nach ihrer Ausgestaltung können sie mit volkswirtschaftlichen Effizienzvorteilen einhergehen. Ausgangspunkt ist eine Branche, die sich in einer strukturellen oder länger andauernden konjunkturellen Krise befindet. Das heißt, die Produktionsmenge ist größer als die strukturell oder konjunkturell zurückgegangene Nachfrage. Wenn die betrachtete Branche nun durch sehr hohe irreversible Ausrüstungsinvestitionen gekennzeichnet ist, kann es zu ruinöser Branchenkonkurrenz kommen. Die Unternehmen verbleiben angesichts der hohen Marktaustrittsschranken am Markt, obwohl die Preise sinken, wodurch der Angebotsüberschuss nicht abgebaut wird und die Preise weiter sinken. Im Extrem fallen die Preise ins Bodenlose mit der Folge, dass auch solche Unternehmen aufgeben müssen, die im Grunde leistungsfähig genug gewesen wären, den Strukturwandel bzw. die konjunkturelle Krise zu überstehen. Bei ruinöser Branchenkonkurrenz versagt mit anderen Worten der Selektionsmechanismus des Wettbewerbs. Die damit verbundenen volkswirtschaftlichen Kosten sind den Wohlfahrtsverlusten eines Krisenkartells gegenüberzustellen.

Bei der Wirkungsanalyse von Hardcore-Kartellen sollte auch berücksichtigt werden, dass Kartelle **instabil** sein können. Ein Grund dafür kann sein, dass **Außenseiter** (*outsider*) das Kartell nutzen, um ihren Absatz zu erhöhen, indem sie zu einem niedrigeren Preis oder besseren Konditionen anbieten. Diese Außenseiter können Konkurrenten sein, die dem Kartell nicht beigetreten sind. Die Außenseiter können aber auch **Newcomer** sein, die von den hohen Gewinnen angezogen werden. Bestehen indes spürbare

Markteintrittsschranken wie z. B. hohe Anfangsinvestitionen, sinkt das Risiko der Destabilisierung des Kartells durch Newcomer. Ein weiterer Grund dafür, dass Kartelle instabil sein können, liegt darin, dass grundsätzlich jeder Kartellant einen Anreiz hat, die Vereinbarung zu verletzten. Dies sei an einem Preiskartell erklärt: Das einzelne Unternehmen weiß, dass es seinen Absatz und Gewinn zu Lasten der anderen steigern kann, wenn es gegen die Absprache verstößt und einen Preis unter dem Kartellpreis verlangt. Zugleich ist jedem Unternehmen bewusst, dass ein anderer Kartellant dies ebenfalls ins Kalkül zieht. Hält sich nun ein Unternehmen an die Absprache, aber das andere nicht, verliert das Unternehmen, das den Kartellpreis einhält. Fehlt das Vertrauen, dass sich der jeweils andere an die Vereinbarung hält, dann kann die Folge sein, dass alle Kartellanten gegen die Vereinbarung verstoßen. Das Kartell ist dann wirkungslos. Sprich: Obwohl die Kartellmitglieder wissen, dass es für sie zusammen am rentabelsten ist, dass sich alle an die Vereinbarung halten, führt die Unsicherheit über das Verhalten der anderen dazu, dass das Kartell zerbricht. Die Kartellanten befinden sich also in einem Dilemma. Die Analyse solcher Dilemmata und anderer interdependenter Entscheidungen unter Unsicherheit ist Gegenstand der **Spieltheorie**, die mittlerweile ein fester Bestandteil der VWL ist.

Wirkungen von Forschungskartellen

Ein Forschungskartell, das die Bündelung von Ressourcen der beteiligten Unternehmen vorsieht, um eine bestimmte Forschungsrichtung zu forcieren, hat sowohl positive als auch negative volkswirtschaftliche Wirkungen.

Positiv ist zu beurteilen, wenn dadurch Aktivitäten der Forschung und Entwicklung (F&E) getätigt werden, die ohne Kartell nicht stattgefunden hätten. Diese Überlegung trägt zumindest dann, wenn die Aktivitäten in eine volkswirtschaftlich nennenswerte **Innovation** münden. Dieses Argument wird häufig bei Forschungskooperationen von kleineren Unternehmen vorgebracht. Kritisch wird hingegen eingewendet, dass kleinere Unternehmen durchaus hinreichend Zugang zu Risikokapital hätten, wenn sie Erfolg versprechende F&E-Konzepte vorlegten. Insoweit sei eine Beschränkung des Forschungswettbewerbs nicht gerechtfertigt.

Eine andere positive Wirkung der horizontalen Forschungskooperation ist, dass derartige Kartelle das Risiko eines ***„rat race“*** („Rattenrennen“) mindern. Unter einem *rat race* ist zu verstehen, dass es zu einer volkswirtschaftlichen Verschwendung von Ressourcen kommt, weil mehrere konkurrierende Unternehmen (oder andere forschende Einrichtungen) das gleiche Forschungsziel verfolgen und entsprechende Forschungsinvestitionen tätigen, aber nur ein Unternehmen das „Rennen“ gewinnen kann, und die Konkurrenten gänzlich ohne Lohn ihrer Forschungsanstrengungen dastehen. Dies ist volkswirtschaftlich ineffizient, weil Investitionen unnötigerweise mehrfach getätigt wurden. Allerdings sprechen gewichtige Argumente dagegen, dass Forschungskooperationen volkswirtschaftlich sinnvoll seien, weil sie unnötige Parallelinvestitionen verhindern. Ein Argument lautet, dass man das Ergebnis von Forschungsaktivitäten im Vorhinein nicht kennt. Unter anderem ist es möglich, dass im Zuge getrennter Innovationstätigkeiten verwertbare Zufallserkenntnisse gewonnen werden, die bei Forschungskooperationen nicht angefallen wären. Außerdem kann argumentiert werden, dass der Forschungswettbewerb die Erfolgswahrscheinlichkeit gegenüber einem kooperativen Ansatz erhöht, da die Vielfalt der verfolgten Forschungsansätze größer ist.

Demgegenüber lassen sich die Wirkungen von Forschungskartellen, die eine **Minderung des Innovationsdrucks** für die beteiligten Unternehmen bezwecken, relativ leicht einschätzen: Sie beschränken die Fähigkeit des Wettbewerbs, Innovationsanreize zu setzen und verlangsamen den technischen Fortschritt.

Wirkungen von Rationalisierungskartellen

Rationalisierungskartelle dienen der **Kostenreduktion**. Insoweit erhöhen sie grundsätzlich die volkswirtschaftliche Effizienz. Ihre Wirkungen sind somit im Allgemeinen positiv, und zwar vor allem dann, wenn die Kostensenkungen an die **Verbraucher weitergegeben werden**. Es ist indes zu berücksichtigen, dass auch Rationalisierungskartelle das Potenzial bergen, Konkurrenten unbillig zu behindern, wenn diese keinen ungehinderten **Zugang zu den Effizienzvorteilen** haben. Des Weiteren senken Typen- und Normenkartelle zwar die Kosten, aber sie bremsen zugleich den Wettbewerb der Typen und Normen, worunter die **Produktvielfalt** leidet.

2.3 Parallelverhalten

Parallelverhalten ist die Bezeichnung für den Sachverhalt, dass Unternehmen in einer Weise agieren, als läge ein Preiskartell oder Ähnliches vor, ohne dies indes vereinbart zu haben. Zum Beispiel erhöht ein Unternehmen die Preise oder senkt Rabatte, woraufhin seine Konkurrenten nachziehen. Solch ein Parallelverhalten kommt überwiegend auf Märkten vor, die durch wenige Anbieter, vergleichsweise homogene Güter und hohe Markttransparenz charakterisiert sind. Die Wirkungen unterscheiden sich letztlich nicht von denen eines Kartells. Es gibt für den Staat jedoch anders als bei Kartellen kaum Möglichkeiten, dagegen vorzugehen.

Der Kraftstoff- bzw. Tankstellenmarkt gilt als ein Beispiel für Parallelverhalten. In Deutschland gibt es mit fünf großen Tankstellenbetreibern nur wenige Anbieter; Benzin, Diesel und Autogas sind jeweils weitgehend homogene Güter; u. a. die gut sichtbaren Preistafeln erzeugen eine hohe Markttransparenz. Preiserhöhungen oder -senkungen des einen Tankstellenbetreibers münden in aller Regel in parallele Preisänderungen der übrigen Betreiber, ohne dass sich die Betreiber abgesprochen haben müssen. Es genügt das gegenseitige systematische Beobachten und Auswerten des Marktverhaltens der Konkurrenten. Das konventionelle Wettbewerbsrecht bietet keine Handhabe gegen das parallele Preissetzungsverhalten, denn da das Verhalten auch ohne Absprachen erklärbar ist, lässt das bloße Vorliegen paralleler Preisbewegungen nicht auf verbotene Absprachen schließen. In einigen Ländern sind deshalb branchenspezifische Regulierungen ergriffen worden. So sieht die österreichische Spritpreisverordnung von 2010 vor, dass Tankstellen die Treibstoffpreise nur einmal am Tag um 12.00 Uhr erhöhen dürfen. In Deutschland existiert seit 2013 eine beim Bundeskartellamt angesiedelte Markttransparenzstelle für Kraftstoffe: Tankstellenbetreiber müssen Preisänderungen für Benzin und Diesel in Echtzeit an die Markttransparenzstelle melden, welche die Daten verschiedenen Verbraucher-Informationsdiensten („Benzinpreis-Apps") zur Verfügung stellt. Damit sollen der Wettbewerb intensiviert, Preiserhöhungen reduziert und etwaige Hinweise auf wettbewerbswidriges Verhalten gewonnen werden (Deutscher Bundestag, 2018). Ähnliches gibt es für den Großhandel mit Strom und Gas.

Die Politik kann des Weiteren die Wahrscheinlichkeit parallelen Verhaltens senken, indem sie Verhaltensweisen unterbindet, welche die Anfälligkeit eines Marktes für Parallelverhalten erhöhen. Eine Möglichkeit besteht darin, **Unternehmenszusammenschlüsse** auf gefährdeten Märkten zu untersagen. Ein anderer Ansatzpunkt ist das Verbot transparenzsteigernder Unternehmensvereinbarungen, also etwa von **Marktinformationssystemen**, worunter die Sammlung und vor allem Verbreitung von unternehmensspezifischen Daten (Preise, Produktionsmengen etc.) zu verstehen ist.

2.4 Vertikale Vereinbarungen und Behinderungsmissbrauch

Vertikale Vereinbarungen sind Absprachen zwischen Unternehmen, die auf unterschiedlichen Wertschöpfungsstufen aktiv sind, z. B. zwischen Erzeuger und Händler oder zwischen Produzent und Lieferant. Solche Vereinbarungen sind dem Tauschprozess inhärent, werden tagtäglich getroffen und wirken in den wenigsten Fällen wettbewerbsbeschränkend. Es gibt indes einige Arten vertikaler Absprachen, die unter gewissen Marktstrukturbedingungen ein besonders großes Potenzial bergen, den Wettbewerb zu beschränken. Dazu zählen Preis-, Vertriebs- und Ausschließlichkeitsbindungen sowie Kopplungsgeschäfte.

- **Vertikale Preisbindung.** Ein Unternehmen gibt der nachgelagerten Stufe den Verkaufspreis vor. Meistens findet dieses auch als „**Preisbindung der zweiten Hand**" bezeichnete Verhalten zwischen Herstellern und Einzelhändlern statt. Ein Beispiel ist die Buchpreisbindung für Verlagserzeugnisse, die sich in Deutschland darin äußert, dass der Endverbraucher für (nahezu) jedes Buch bzw. jede Zeitung bei jedem Händler den gleichen Preis bezahlt. Die wettbewerbsbeschränkende Wirkung einer Preisbindung liegt auf der Hand: Ein **Preiswettbewerb** zwischen den (Einzel-)Händlern wird verhindert.
- **Selektive Vertriebsbindung.** Ein Produzent liefert seine Ware(n) nur an bestimmte zugelassene Händler. Diese verpflichten sich in der Regel ihrerseits dazu, das Produkt nicht an Händler weiter zu veräußern, welche vom Hersteller nicht zugelassen sind. Die Zulassungskriterien können qualitative Anforderungen an den Händler sein, z. B. eine bestimmte fachliche Qualifikation oder eine bestimmte Ladenausstattung. Solche **Fachhandelsbindungen** werden häufig von Herstellern hochpreisiger **Markenprodukte** eingesetzt, um das Image ihrer Marke zu schützen. Demgegenüber beschränken quantitative Selektivvertriebsbindungen die Zahl der Händler. Ein Extrem ist die **Alleinvertriebsvereinbarung**: der Hersteller überlässt den Vertrieb für eine bestimmte Region ausschließlich einem Händler. In den letzten Jahren haben vertikale Vertriebsbeschränkungen zugenommen, die den **Online-Handel** beschränken. Markenproduzenten und insbesondere Luxusgüterhersteller versuchen auf diese Weise, das Anbieten ihrer und gefälschter Produkte auf (imageschädlichen) Verkaufsplattformen und daraus resultierende Niedrigpreise einzudämmen. Des Weiteren

gibt es vertikale Vertriebsvereinbarungen, die unmittelbar den Kreis der Verbraucher einschränken, an die Händler das Produkt verkaufen dürfen. Zum Beispiel untersagte ein deutscher Automobilproduzent seinen italienischen Händlern in den 1990er-Jahren, Automobile an Nichtitaliener zu verkaufen. Damit wurde es z. B. deutschen Kunden erheblich erschwert, die Fahrzeuge aus Italien zu deutlich niedrigeren Preisen zu reimportieren.

- **Ausschließlichkeitsbindungen.** Dies sind zum einen Verpflichtungen eines Abnehmers, ausschließlich Produkte des Vertragspartners zu kaufen bzw. zu verkaufen. Die Bindung kann sich auf alle vom Abnehmer vertriebenen Produkte beziehen, wie es etwa beim Franchising üblich ist. Es kann auch nur gewisse Produkte betreffen, z. B. dass eine Supermarktkette ausschließlich Trockengewürze eines bestimmten Herstellers ins Sortiment nimmt. Gang und gäbe sind Ausschließlichkeitsbindungen von Brauereien: die belieferten Gaststätten verpflichten sich, das Bier nur einer Brauerei anzubieten; dafür erhalten sie Gegenleistungen wie z. B. Teile der Kneipenausstattung zu günstigen Konditionen oder Kredite. Zum anderen können sich Lieferanten zur Ausschließlichkeit verpflichten, d. h. ein Lieferant beliefert ausschließlich einen Produzenten oder Händler.
- **Kopplungsgeschäfte.** Hierunter versteht man den Absatz mehrerer Produkte im Bündel (*bundle*); meist wird eine Hauptleistung (z. B. Miete einer Wohnung) mit einer Nebenleistung (z. B. pflegerische Betreuungsleistungen) gekoppelt. Es gilt zwischen *pure bundling* und *mixed bundling* zu unterscheiden. Während bei ersterem der Kunde die Leistungen nur im Bündel erwerben kann (z. B. betreutes Wohnen oder Pauschalreisen), kann er sie beim *mixed bundling* auch separat erwerben, dann aber meist zu einem höheren Gesamtpreis. Ein Beispiel hierfür ist ein Restaurant, das vier Gerichte sowohl einzeln als auch in Form eines 4-Gang-Menüs anbietet. Eine Sonderform der Kopplungsgeschäfte ist die Kopplungsbindung (*tying*). Der Abnehmer einer Hauptleistung (z. B. Drucker) wird hier vertraglich oder aufgrund technischer Gegebenheiten gezwungen, die benötigten Nebenleistungen (z. B. Tonerkartuschen) ausschließlich vom Hersteller der Hauptleistung zu beziehen.

Die Wirkungen vertikaler Vereinbarungen zwischen Unternehmen auf den Wettbewerb lassen sich mit Ausnahme der vertikalen Preisbindung nicht pauschal ableiten. Neben der konkreten Art der Vereinbarung spielen die

Gegebenheiten auf den relevanten Märkten eine entscheidende Rolle. Je nach Marktstruktur beschränken sich die Wirkungen auf die einzelwirtschaftliche Ebene, oder es ist der Wettbewerb auf dem gesamten Markt betroffen. Grundsätzlich gilt: Die Wettbewerbswirkungen sind vernachlässigbar, wenn die **Marktanteile** der beteiligten Unternehmen sehr klein sind. Ganz anders ist es bei großen Marktanteilen des Anbieters oder des Abnehmers. Dann kann eine vertikale Vereinbarung ein Missbrauch einer marktbeherrschenden Stellung sein, die auf eine unfaire Behinderung von Konkurrenten zielt (**Behinderungsmissbrauch**).

Behinderungsmissbrauch

Beliefert z. B. ein marktmächtiger Süßwarenhersteller Supermärkte nur dann mit Süßigkeiten, wenn sie zugleich auch eine bestimmte Menge seiner Erfrischungsgetränke abnehmen, dann haben die Händler faktisch kaum eine andere Wahl als sich entsprechend zu binden. Andernfalls würden viele Kunden zur Konkurrenz abwandern, da sie die beliebten Süßwaren bei ihnen nicht vorfinden. Die Folge kann sein, dass die Supermärkte manche Getränke der Konkurrenz aus dem Sortiment nehmen, da die Regalflächen knapp sind. Der marktmächtige Süßwarenhersteller verdrängt m. a. W. Konkurrenten auf dem Getränkemarkt, indem er seine Marktmacht auf dem Süßwarenmarkt ausnutzt. Dieser Effekt widerspricht dem Wettbewerbsgedanken, da der Süßwarenproduzent seinen Absatz nicht aufgrund besonders guter oder günstiger Erfrischungsgetränke ausbaut, sondern weil er seine marktbeherrschende Stellung auf dem einen Markt (Primärmarkt) als Hebel benutzt, um seinen Anteil auf einem anderen Markt (Sekundärmarkt) auszubauen (**Leverage-Effekt**). Die Ausnutzung einer marktbeherrschenden Stellung zwecks Behinderung oder Verdrängung von Konkurrenten wird als **Behinderungsmissbrauch** oder alternativ als **Verdrängungsmissbrauch** bezeichnet.

Im Wesentlichen ist die Marktform (Zahl der Anbieter und Nachfrage sowie Verteilung ihrer Marktanteile) dafür entscheidend, ob und welche Wirkungen auf den Wettbewerb zu erwarten sind. Es sei dem/der Leser:in überlassen, die Wirkungen von Ausschließlichkeitsbindungen in Abhängigkeit der Marktanteile einzuschätzen. Bei der Analyse sollte neben den Wirkungen auf die Vertragsparteien und deren Konkurrenten stets auch die Perspektive der Verbraucher eingenommen werden. So ist zu prüfen, ob sich die Preise erhöhen, andere Konditionen verschlechtern oder die

Wahlmöglichkeiten spürbar eingeschränkt werden. Ist mindestens eine dieser Frage zu bejahen, deutet dies auf eine wettbewerbsbeschränkende Wirkung der vertikalen Vereinbarung hin.

2.5 Ausbeutungsmissbrauch

Unter Ausbeutungsmissbrauch ist das Ausnutzen einer marktbeherrschenden Stellung zwecks Forderung unangemessener Preise oder Konditionen zu verstehen. Als unangemessen gelten Preise für Kunden deutlich über denen bei wirksamem Wettbewerb oder Lieferantenpreise deutlich unter dem wettbewerblichen Preis. Man spricht in dem Zusammenhang auch von **Preishöhenmissbrauch** und von **Konditionenmissbrauch**.

Es ist in der Praxis keineswegs trivial, Ausbeutungsmissbrauch festzustellen. Hierfür stehen zwei Verfahren zur Verfügung: das **Vergleichsmarktkonzept** und das **Konzept der Gewinnspannenbegrenzung**. Beim Vergleichsmarktkonzept werden die Preise bzw. Konditionen auf dem betroffenen Markt mit denen auf einem ähnlichen Markt mit funktionierendem Wettbewerb verglichen. Dies kann der Markt für das gleiche Produkt zu einem früheren Zeitpunkt, in einer anderen Region oder für ein verwandtes Produkt sein. Entsprechend wird ein **zeitlicher, räumlicher oder sachlicher Vergleichsmarkt** herangezogen. Zu den Problemen zählt, dass solch ein Vergleichsmarkt mit wirksamem Wettbewerb zunächst einmal identifiziert werden muss. Vor allem muss sichergestellt werden, dass es keine Unterschiede auf dem betroffenen Markt gibt, welche die Preisdifferenzen rechtfertigen bzw. der Einfluss solcher Unterschiede auf den Preis muss quantifiziert und berücksichtigt werden.

Beim Konzept der **Gewinnspannenbegrenzung** werden die Herstellungs-, Zins- und Vertriebskosten um einen angemessenen Gewinnaufschlag ergänzt und der resultierende Betrag als Vergleichspreis herangezogen. Zahlen die Abnehmer höhere Preise, wird davon ausgegangen, dass Angebots- bzw. Nachfragemacht missbraucht wird. Zu den Problemen bei der Ermittlung der Herstellungs- und Vertriebskosten zählt, dass das marktbeherrschende Unternehmen diese wahrheitsgemäß angeben muss und dass sie nicht durch mangelnden Wettbewerb nach oben verzerrt sind. Es müssen mit anderen Worten **„angemessene" Kosten** zugrunde gelegt werden. Als problematisch erweist sich ferner die Definition einer

angemessenen Gewinnspanne, da diese u. a. von Branche zu Branche sowie je nach Marktphase divergiert.

2.6 Preisdifferenzierung

Neben dem Preishöhenmissbrauch ist Preisdifferenzierung eine weitere Praxis von Unternehmen, die im Falle von Marktmacht den Wettbewerb verfälschen kann. Unter Preisdifferenzierung ist zu verstehen, dass ein Anbieter für gleichartige Güter unterschiedliche Preise nimmt, die nicht durch unterschiedliche Kosten gerechtfertigt sind. Man unterscheidet zwischen Preisdifferenzierung 1., 2. und 3. Grades.

Die **Preisdifferenzierung 1. Grades** setzt voraus, dass der Anbieter die jeweilige Zahlungsbereitschaft der Nachfrager kennt. Er fordert von den einzelnen Nachfragern einen entsprechend hohen Preis, d. h. er versucht, die gesamte Konsumentenrente abzuschöpfen (→ Teil A | Kap. 5.2). Gelingt ihm dies in Gänze, spricht man von perfekter oder vollständiger Preisdifferenzierung. In der Praxis ist die dafür notwendige Kenntnis der Zahlungsbereitschaft der individuellen Nachfrager zwar eher hypothetisch. Aber der Einzug der Künstlichen Intelligenz (KI) in die Kunden-Unternehmens-Beziehungen steigert die Möglichkeiten zur Preisdifferenzierung: Je mehr Datenpunkte über Verbraucher gesammelt und gespeichert werden können und je mehr Rechenleistung einem Unternehmen die schnellere ad hoc-Interpretation dieser Daten erlaubt, desto wahrscheinlicher wird Preisdifferenzierung.

Für die **Preisdifferenzierung 2. Grades** muss der Anbieter die individuelle Zahlungsbereitschaft nicht kennen, sondern er variiert den Preis anhand von Kriterien, die der Nachfrager selbst beeinflussen kann (Selbstselektion). Ein Kriterium ist z. B. die abgenommene Menge. Ein anderes ist der Zeitpunkt des Konsums, d. h. z. B. saison- oder tageszeitabhängige Preise. Ein Beispiel für die zeitliche Preisdifferenzierung liefert die Filmbranche: zunächst kann ein Film für vergleichsweise viel Geld im Kino angeschaut werden, dann evtl. über einen Streamingdienst, später erscheint er als DVD/BD, läuft im Pay-TV und schließlich im Free-TV. Des Weiteren kann der Preis je nach Zahlungsmodalität divergieren: Ein Jahresabonnement ist häufig günstiger, wenn es zu Beginn des Jahres bezahlt wird, als wenn es vierteljährlich oder monatlich in Rechnung gestellt wird.

Bei der **Preisdifferenzierung 3. Grades** (Segmentierung) macht der Anbieter den Preis von Kriterien abhängig, die der Nachfrager nicht bzw. nicht kurzfristig beeinflussen kann. Neben der räumlichen Preisdifferenzierung ist dies die Differenzierung in Abhängigkeit von der Einkommenshöhe oder der Zugehörigkeit zu einer sozialen Gruppe. Dabei wird vom Einkommen bzw. der sozialen Gruppe auf unterschiedliche Zahlungsbereitschaften geschlossen. Beispiele sind Ermäßigungen für Studierende und Senior:innen sowie geschlechtsabhängige Preise. Letztere werden auch als sog. „*pink tax*" bezeichnet, wenn sie Frauen oder Mädchen schlechter stellen, etwa bei Friseurdienstleistungen und manchen Kosmetika.

Gelegentlich wird zwischen **Preisdifferenzierung** und **Preisdiskriminierung** unterschieden, wobei unter letzterer oftmals ein moralisch fragwürdiges oder rechtlich unzulässiges Verhalten verstanden wird. In der volkswirtschaftlichen Literatur werden die Begriffe der Preisdifferenzierung und der Preisdiskriminierung hingegen meist synonym verwendet. In diesem Buch wird ausschließlich von Preisdifferenzierung gesprochen, um Missverständnisse zu vermeiden.

Preisdifferenzierung ist auf vielen Märkten anzutreffen, wobei sie bei **Dienstleistungen** häufiger und bei Waren – mit Ausnahme von Mengenrabatten – seltener vorkommt. Das liegt daran, dass eine Preisdifferenzierung bei transport- und lagerfähigen Waren durch Arbitrage umgangen werden kann. **Arbitrage** ist die Erzielung von Gewinnen durch das risikofreie Ausnutzen von Preisunterschieden. Der Arbitrageur macht sich Preisdifferenzen zunutze, indem er zum niedrigeren Preis z. B. in Region A oder von Personengruppe C einkauft und zum höheren Preis z. B. in Region B bzw. an Personengruppe D verkauft. Als Folge gleichen sich die Preise zwischen den Regionen bzw. für die Personengruppen an. Insbesondere die Preisdifferenzierung 3. Grades erweist sich bei **Waren** des täglichen Gebrauchs zudem oft als nicht praktikabel: So würde der Ablauf im Supermarkt erheblich gestört, wenn an der Kasse unterschiedliche Preise je nach bestimmten Merkmalen der Kunden gefordert würden. Die zeitliche Preisdifferenzierung ist demgegenüber auch bei Waren leichter umzusetzen; Beispiele sind im Tagesablauf schwankende Kraftstoffpreise und die Preise auf Online-Verkaufsportalen.

Preisdifferenzierung bewirkt zunächst einmal eine Umschichtung von Konsumentenrente hin zu den Produzenten. Dies lässt sich anhand → Abb. C-4 ablesen. Dort ist ein Markt für Gut x dargestellt, wobei zur Vereinfachung eine waagerechte Grenzkostenkurve unterstellt wird.

Das bedeutet, dass ein linearer Kostenverlauf vorliegt und folglich die Grenzkosten konstant sind. Für den Fall vollständigen Wettbewerbs (Modell der vollständigen Konkurrenz, → Teil A | Kap. 2) ist die Grenzkostenkurve zugleich die Angebotskurve, und es stellt sich eine Marktmenge von x_7 und ein Marktpreis von p_7 ein. Die Konsumentenrente entspricht der Fläche, die unter der Nachfragekurve und zugleich über der Grenzkostenkurve liegt. Diese Konsumentenrente entspricht der gesamten generierten Wohlfahrt, da es infolge konstanter Grenzkosten bei einem Preis von p_7 keine Produzentenrente gibt. Als nächstes sei angenommen, dass die Annahme des einheitlichen Markpreises nicht mehr gilt, sondern dass es den Anbietern gelingt, **Preisdifferenzierung 1. Grades** zu betreiben. Die Preisdifferenzierung sei **unvollständig**. Nunmehr geht ein erheblicher Teil der Konsumentenrente an die Produzenten über, nämlich in Höhe der blauen und der blau schraffierten Flächen. Die gesamte Wohlfahrt ist zwar gleichgeblieben, aber dadurch, dass es den Anbietern gelingt, die Zahlungsbereitschaft der einzelnen Nachfrager besser abzuschöpfen, geht die Wohlfahrt der Konsumenten zugunsten der Produzenten zurück.

Nun ist es im Falle **vollständigen Wettbewerbs** (vollständiger Konkurrenz) aufgrund der Annahme der sehr vielen kleinen Anbieter unwahrscheinlich, dass eine Preisdifferenzierungsstrategie gelingt. Das liegt u. a. daran, dass Nachfrager problemlos auf andere Anbieter ausweichen können, sobald ein Anbieter versucht, ihnen einen höheren Preis abzuverlangen. Im **Monopol** hingegen besteht diese Möglichkeit nicht, weswegen das Phänomen der Preisdifferenzierung bei dieser Marktform mit ungleich höherer Wahrscheinlichkeit auftritt. Anhand der → Abb. C-4 zur unvollständigen Preisdifferenzierung lässt sich zeigen, dass (unvollständige) **Preisdifferenzierung 1. Grades** im Monopol nicht nur eine Umschichtung von Renten verursacht. Vielmehr – und dies ist das besonders Bemerkenswerte – impliziert die Preisdifferenzierung einen Anstieg der gesamten Wohlfahrt gegenüber einem Monopol ohne Preisdifferenzierung.

In → Abb. C-4 gilt für das Monopol ohne Preisdifferenzierung ein Preis von p_3 und die Marktmenge beträgt x_3. Die Produzentenrente entspricht der blauen rechteckigen Fläche; das Dreieck zwischen diesem Rechteck und der Nachfragekurve repräsentiert die Konsumentenrente. Führt der Monopolist nun differenzierte Preise ein, die sich an den verschiedenen Zahlungsbereitschaften der Nachfrager orientieren (p_1, p_2, p_3 etc.), wird er gemäß seinem Ziel der Gewinnmaximierung die Angebotsmenge auf x_7 ausdehnen. Die

Produzentenrente steigt in Höhe der blau schraffierten Flächen. Auf die **Konsumentenrente** wirken indes zwei gegenläufige Effekte: Zum einen sinkt sie, weil manche Nachfrager nun einen höheren Preis zahlen müssen. Dieser Rückgang an Konsumentenrente entspricht der Fläche der blau schraffierten Rechtecke oberhalb von p_3. Zum anderen steigt die Konsumentenrente, weil nun Nachfrager zum Zuge kommen, deren Zahlungsbereitschaft unter dem vorherigen einheitlichen Monopolpreis liegt. Dieser Zuwachs an Konsumentenrente entspricht der Fläche der kleinen weißen Dreiecke, die sich für Preise unter p_3 unterhalb der Nachfragekurve befinden.

Zusammenfassend ergibt sich aus dem Modell (→ Abb. C-4) Folgendes: Im Monopol mit Preisdifferenzierung ist die Summe aus Produzentenrente und Konsumentenrente höher als im Monopol mit Einheitspreis. Die gesamte Wohlfahrt ist genauso hoch wie bei vollständiger Konkurrenz, sprich die Allokation ist optimal. Allerdings sind die Nachfrager deutlich schlechter gestellt als bei wirksamem Wettbewerb.

Außerdem gilt: Je besser es den Anbietern bzw. dem Anbieter gelingt, die Preise zu differenzieren, desto kleiner ist die Konsumentenrente. Im Falle perfekter (vollständiger) Preisdifferenzierung schöpft der Anbieter die gesamte Konsumentenrente ab.

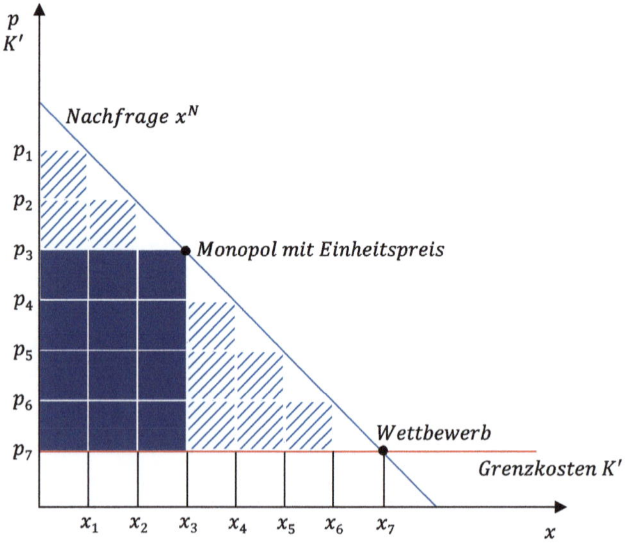

Abb. C-4: Wohlfahrt im Monopol mit Preisdifferenzierung

Grundsätzlich ist Preisdifferenzierung ein Hinweis auf eine gewisse Marktmacht, da andernfalls der Anbieterwettbewerb zu einheitlichen Preisen nahe den Grenzkosten führen sollte. In der Praxis lässt sich jedoch selten auf Anhieb erkennen, ob unterschiedliche Preise eines Anbieters etwa durch Kostenunterschiede sachlich gerechtfertigt sind (keine Preisdifferenzierung) oder nicht (Preisdifferenzierung).

Marktbeherrschende Unternehmen können die Preisdifferenzierung auch nutzen, um Konkurrenten auf nachgelagerten Stufen zu behindern. Dies sei an einem Beispiel erläutert: Angenommen, ein Anbieter von Transportbeton gehört zu dem gleichen Konzern wie die einzige Kiesgrube im Umkreis von 100 km. Damit nimmt der Konzern eine marktbeherrschende Stellung auf dem Kiesmarkt ein. Nutzt er die marktbeherrschende Stellung, um dem konzerneigenen Transportbetonhersteller niedrigere Preise als den anderen Herstellern einzuräumen, kann ihm dies zu einer marktbeherrschenden Stellung auf dem Markt für Transportbeton verhelfen.

2.7 Verhinderung des Zugangs zu wesentlichen Einrichtungen

Das oben geschilderte Beispiel mit der Kiesgrube kann auch zur Veranschaulichung des Sachverhalts der „Verhinderung des Zugangs zu wesentlichen Einrichtungen“ verwendet werden. Verwehrt der Konzern, dem die Kiesgrube gehört, konkurrierenden Transportbetonherstellern den Zugang zum Kies, schützt er den konzerneigenen Betonhersteller vor Konkurrenz. Dies ist eindeutig wettbewerbsbeschränkend. Weitere Beispiele sind vor allem Netzbetreiber, die gleichzeitig netzabhängige Leistungen anbieten, z. B. Strom oder Gas. Sie können ihr natürliches Monopol (z. B. Strom-, Gas- oder Schienennetz, → Teil A | Kap. 9.1) nutzen, um auch die Leistung zu monopolisieren, die via das Netz transportiert wird. Damit wird der Wettbewerb zwischen Anbietern von Strom-, Gas- bzw. Schienentransportdienstleistungen usw. beschränkt. Ähnlich verhält es sich z. B. mit Betreibern von Schifffahrtshäfen, wenn diese zugleich im Reedereigeschäft tätig sind.

2.8 Unternehmenszusammenschlüsse

Unter Unternehmenszusammenschlüssen ist hier das vertraglich vereinbarte Zusammengehen von zwei oder mehr Unternehmen zu verstehen, die bisher rechtlich und wirtschaftlich selbständig waren, wobei mindestens ein Unternehmen die wirtschaftliche Selbständigkeit aufgibt. Unternehmenszusammenschlüsse setzen nicht zwingend den vollen Erwerb eines Unternehmens durch ein anderes voraus. Es genügen der Erwerb von nennenswerten Teilen oder jede andere Verbindung, durch die ein wesentlicher Einfluss auf das andere Unternehmen entsteht. Darunter fallen Kreditbeziehungen ebenso wie personelle Verflechtungen.

Es wird zwischen horizontalen, vertikalen und konglomeralen Zusammenschlüssen unterschieden. **Horizontale Zusammenschlüsse** umfassen Unternehmen der gleichen Wertschöpfungsstufe – z. B. kauft ein Automobilproduzent einen Mitwettbewerber. **Vertikale Zusammenschlüsse** umfassen Unternehmen nachgelagerter Wertschöpfungsstufen – z. B. kauft ein Automobilproduzent einen Hersteller von Autobatterien. Ist ein Zusammenschluss weder horizontal, noch vertikal, liegt ein **konglomeraler** (auch: diagonaler) Zusammenschluss vor – z. B. kauft ein Automobilersteller eine Molkerei.

Horizontale Unternehmenszusammenschlüsse wirken auf die Marktstruktur, da sie die Zahl der selbständigen Anbieter und die Verteilung der Marktanteile unmittelbar verändern. Je nach der konkreten Ausgangslage und der konkreten resultierenden Marktform können sie die Wettbewerbsintensität verstärken, einschränken oder unverändert lassen. Wandelt sich z. B. ein Polypol in ein weites Oligopol, erhöht sich die Reaktionsverbundenheit, woraufhin sich der Wettbewerb c. p. tendenziell verstärkt. In dem Extremfall, dass sich ein Duopol durch Fusionierung in ein Monopol wandelt, ist die wettbewerbsbeschränkende Wirkung offensichtlich.

Unternehmenszusammenschlüsse haben neben Marktstrukturwirkungen oftmals auch direkte Effizienzeffekte. So ist vor allem bei horizontalen Zusammengängen von **Größenvorteilen** (Skalenerträge, *economies of scale*) auszugehen, d. h. die Durchschnitts- und Grenzkosten sinken, wodurch im Normalfall auch die Preise sinken. Bei vertikalen und konglomeralen Zusammenschlüssen werden vor allem **Verbundvorteile** (*economies of scope*) erwartet mit ebenfalls preissenkender Wirkung. Allerdings existieren auch **negative Effizienzeffekte** (*diseconomies of scale* bzw. *scope*), sodass die Gesamtwirkung auf die Produktionseffizienz vom Einzelfall abhängt.

3 Wettbewerbsfunktionen

Die Wettbewerbswirkung der im vorangegangenen Kapitel beschriebenen Verhaltensweisen lässt sich daran festmachen, inwieweit sie die Funktionsfähigkeit des Wettbewerbs beeinflussen. Somit rücken die Funktionen des Wettbewerbs in den Mittelpunkt des Interesses. Unter einer Wettbewerbsfunktion ist eine Fähigkeit des Wettbewerbs zu verstehen, zu der erstens der Wettbewerb grundsätzlich in der Lage ist und die zweitens zur Erreichung des Hauptziels beiträgt. Wettbewerb ist also kein **Ziel** an sich, sondern **Mittel** zum Zweck, wobei der Zweck in diesem Fall daraus besteht, die Wohlfahrt/den Wohlstand zu erhalten und zu steigern.

In der Literatur finden sich verschiedene Einteilungen und Bezeichnungen der Wettbewerbsfunktionen. Häufig wird eine Vierteilung in die Allokations-, Verteilungs-, Fortschritts- und Freiheitsfunktion vorgenommen.

- **Allokationsfunktion (statische und dynamische).** Der Wettbewerb sorgt für eine tendenziell optimale Verwendung der Ressourcen, d. h. der Verschwendung von ökonomisch knappen Ressourcen wird vorgebeugt. Dies gelingt, indem der Wettbewerbsdruck zum einen die Unternehmen zu möglichst niedrigen Kosten zwingt. Zum anderen führt das Werben um die Gunst der Nachfrager im Zusammenhang mit dem Streben nach Gewinn dazu, dass jene Güter hergestellt werden, für die eine hohe Zahlungsbereitschaft besteht und die folglich dem Verbraucher einen großen Nutzen stiften. Dies ist die **statische Allokationsfunktion**. Unter der **dynamischen Allokationsfunktion** ist die Fähigkeit des Wettbewerbs zu verstehen, nach einer Änderung – etwa der Nachfragepräferenzen oder der Rohstoffknappheit – dafür zu sorgen, dass die Produktion so angepasst wird, dass sich der Markt dem Allokationsoptimum wieder annähert (Anpassungsfunktion).
- **Verteilungsfunktion (Distributionsfunktion).** Der Wettbewerb sorgt dafür, dass Anbieter gemäß ihrer Marktleistung entlohnt werden. Funktionierender Wettbewerb bewirkt m. a. W. eine marktleistungsgerechte Einkommensverteilung. Bei nichtfunktionierendem Wettbewerb wie z. B. im Monopol werden hingegen seitens der Unternehmen Preise erzielt, die Produzentenrenten (z. B. Monopolrenten) generieren, die spürbar höher sind als die erbrachte wirtschaftliche Leistung.

- **Fortschrittsfunktion (Innovationsfunktion).** Der Wettbewerbsdruck zwingt die Unternehmen zu permanenten Verbesserungen der Produktionsverfahren sowie zur Einführung neuer Produkte und zu Qualitätssteigerungen.
- **Freiheitsfunktion.** Bei funktionierendem Wettbewerb existieren Wahlmöglichkeiten. Die Verbraucher sind nicht nur frei in der Entscheidung, ob sie konsumieren oder nicht, sondern können aus verschiedenen Anbietern auswählen. Ähnliches gilt für die Produzenten, die unter mehreren Lieferanten und Nachfragern auswählen können. Diese faktische Wahlfreiheit beschränkt zugleich die politische Macht der Unternehmen, da durch sie die Wahrscheinlichkeit gemindert wird, dass die Gesellschaft von einem einzelnen Unternehmen abhängig wird (politische/gesellschaftliche Funktion).

4 Wettbewerbspolitische Leitbilder

Es gibt eine ganze Reihe von mehr oder weniger ausdifferenzierten wettbewerbspolitischen Leitbildern (Konzeptionen). Die wichtigsten werden im Folgenden vorgestellt:

- vollständige Konkurrenz,
- funktionsfähiger Wettbewerb (*Harvard School*) einschließlich des Konzepts der optimalen Wettbewerbsintensität,
- effizienzorientierte Leitbilder, erklärt am Beispiel der *Chicago School*,
- Wettbewerbsfreiheit von Erich Hoppmann
- und dynamisch-evolutorische Ansätze.

4.1 Leitbild der vollständigen Konkurrenz

Die wettbewerbspolitische Konzeption der vollständigen Konkurrenz basiert auf dem gleichnamigen neoklassischen Modell, das ausführlich im → Teil A | Kap. 2–5 beschrieben wurde. Vereinfachend werden sehr viele kleine Anbieter und Nachfrager als wünschenswerte Marktform (Polypol/Polypson) erachtet sowie höchstmögliche Markttransparenz und hohe Produkthomogenität angestrebt. Das heißt, das Leitbild befürwortet eine Marktstruktur, die den Annahmen des Modells möglichst nahekommt. Zur Begründung für dieses Leitbild lässt sich anführen, dass unter den Annahmen der vollständigen Konkurrenz eine optimale Allokation der Ressourcen und folglich eine höchstmögliche Wohlfahrt erreicht wird (→ Teil A | Kap. 5.3).

Zu den wettbewerbspolitischen Implikationen dieses Leitbilds zählt ein Verbot von Kartellen und anderen horizontalen Kooperationen sowie von Fusionen, da diese dem „Ideal" des Polypols zuwiderlaufen. Eine weitere Empfehlung wäre die Förderung transparenzschaffender Maßnahmen.

Das Leitbild gilt indes in der Wettbewerbstheorie seit rund 70 Jahren als überholt. Das liegt zum einen daran, dass die Annahmen des namengebenden Modells in der Realität schlichtweg nicht anzutreffen sind. Beispiele sind die unendlich hohen Anpassungsgeschwindigkeiten, die völlige Markttransparenz, die Abwesenheit von Transaktionskosten und uneingeschränkt steigende Grenzkosten. Außerdem ist fraglich, ob z. B. Produkthomogenität angesichts der unterschiedlichen individuellen Präferenzen und des Werts von Vielfalt überhaupt wünschenswert ist. Zum anderen wird das Leitbild deshalb als untauglich eingestuft, weil es den Wettbewerb aus einem statischen Blickwinkel heraus betrachtet. Innovationen, die zu Pioniergewinnen und vorübergehender Marktmacht führen, sind nicht vorgesehen, obwohl sie Triebfedern von Wohlfahrtssteigerungen sind. Letztlich gibt es in der Welt der vollständigen Konkurrenz ohnehin keinen Innovationsanreiz, denn jegliche Innovationsrente würde in kürzester Zeit durch die Konkurrenz eliminiert. Käme es hypothetisch dennoch zu Marktanteilsvergrößerungen durch erfolgreiche Innovatoren, müsste eine Wettbewerbspolitik, die sich konsequent am Leitbild der vollständigen Konkurrenz orientiert, streng genommen dagegen vorgehen. Dies würde Innovationen wiederum völlig unattraktiv für die Unternehmen machen und sie blieben entsprechend aus. Anders gewendet: Das Modell der vollständigen Konkurrenz taugt nicht als wettbewerbspolitisches Leitbild, da die Fortschrittsfunktion des Wettbewerbs bei vollständiger Konkurrenz nicht erfüllt wird.

4.2 Leitbild des funktionsfähigen Wettbewerbs: Harvard School

Die wettbewerbspolitische *Harvard*-Schule wurde wesentlich durch John M. Clark (1884–1963) angestoßen. Clark stellte die bis in die 1940er vorherrschende Wettbewerbstheorie in Zweifel, die auf das Konstrukt der vollständigen Konkurrenz abstellte (Clark 1940). Seine Empfehlung lautet, gar nicht erst zu versuchen, diese (vermeintlich) optimale, aber nicht realisierbare Marktstruktur (*first best*) zu erreichen. Dagegen spricht unter anderem, dass sich die Allokationsfunktion des Marktmechanismus nicht unbedingt durch die Beseitigung einer Marktunvollkommenheit verbessert, sondern ggf. sogar verschlechtern kann. Marktunvollkommenheiten könnten sich nämlich in ihrer Wirkung auf die Markteffizienz gegenseitig ausgleichen (**„Gegengiftthese“**), sodass eine differenzierte Analyse der Wirkungen der vorliegenden Marktunvollkommenheiten in ihrer Gesamtheit sinnvoll sei. Erst danach könne entschieden werden, ob wettbewerbspolitischer Handlungsbedarf besteht und welche Maßnahmen geeignet sind.

Clark warf außerdem die zentrale Frage auf, welche Funktionen vom Wettbewerbsmechanismus erwartet werden: *„What do we want competition to do for us?“* (Clark 1961, S. 63). Damit ebnete Clark den Weg für die

Theorie des funktionsfähigen Wettbewerbs (*workable competition*), welche die Marktkonstellation danach beurteilt, inwieweit sie verspricht, die erwünschten Wettbewerbsfunktionen zu erfüllen. Die Theorie unterstellt, dass die Marktstruktur das Verhalten der Marktteilnehmer wesentlich beeinflusst und dass das Marktverhalten wiederum das Marktergebnis bestimmt (→ Abb. C-5). Diese These wird als **Struktur-Verhaltens-Ergebnis-Paradigma** (SVE-Paradigma) bezeichnet.

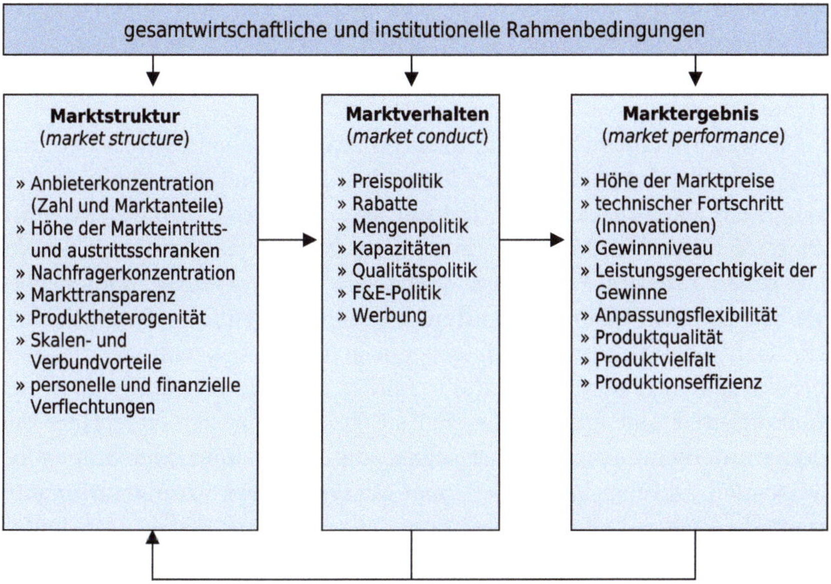

Abb. C-5: Struktur-Verhaltens-Ergebnis-Paradigma (SVE)

Vom SVE-Paradigma ist es nur ein kleiner Schritt hin zum wettbewerbspolitischen Leitbild der *Harvard School*. Die Bewertung von potenziell wettbewerbsbeschränkenden Verhaltensweisen erfolgt nicht per se, sondern wird von der jeweiligen Marktstruktur abhängig gemacht. Damit stellt sich die Frage, welche Marktstrukturen dafür sorgen, dass der Wettbewerb seine Funktionen bestmöglich erfüllt. Erhard Kantzenbach (1931–2024) hat zur Beantwortung dieser Frage das Konzept der optimalen Wettbewerbsintensität entwickelt (Kantzenbach, 1966).

Konzept der optimalen Wettbewerbsintensität

Die **Wettbewerbsintensität** ist ein Maß für die **Reaktionsverbundenheit** zwischen Unternehmen. Sie ist definiert als die Geschwindigkeit, mit der die Vorsprungsgewinne eines Pionierunternehmens von Konkurrenten wieder aufgezehrt werden (Niehans, 1954, S. 156; Kantzenbach, 1966, S. 42). Ist die Wettbewerbsintensität sehr hoch, werden Innovationen entmutigt. Ist sie sehr niedrig, impliziert dies eine geringe Anpassungsgeschwindigkeit und dass Innovationen nicht oder nur sehr langsam über die Volkswirtschaft diffundieren. Daher sei eine mittlere Wettbewerbsintensität optimal, damit sich die dynamischen Funktionen des Wettbewerbs entfalten (Niehans, 1954, S. 156).

Die Wettbewerbsintensität ist abhängig davon, wie stark sich das Vorpreschen des Pionierunternehmens für die zunächst passiven Konkurrenten bemerkbar macht. Je schneller und spürbarer ihr Absatz zurückgeht, umso stärker sind die Unternehmen gezwungen, aktiv zu werden und ihrerseits die Preise zu senken, Produkte zu verbessern, das Marketing zu intensivieren etc. Die **Reaktionsverbundenheit** ist somit von der Beweglichkeit der Nachfrage abhängig. Je zügiger und heftiger die Nachfrage zum Pionierunternehmen abwandert, desto stärker sind die Absatzeinbußen der Konkurrenten und umso mehr sind sie gezwungen, den Vorsprung des Pionierunternehmens möglichst schnell durch Imitation oder Innovation aufzuholen. Darüber hinaus bestimmt die **Größe des Pionierunternehmens** die Spürbarkeit der Absatzeinbußen. Bei einem großen Marktanteil mit entsprechend großen Kapazitäten werden die Konkurrenten c. p. relativ große Absatzverluste in kurzer Zeit erleiden. Ist der Marktanteil des Pioniers hingegen sehr gering und sind seine Kapazitäten klein, müssen die Konkurrenten erst später – wenn der Pionier seine Kapazitäten deutlich erweitert hat – mit nennenswerten Absatzeinbußen rechnen. Aus diesem Grund können sie sich Zeit lassen, bevor sie mit Preissenkungen, Innovationen etc. reagieren. Geht man nun zur Vereinfachung von gleich großen Marktanteilen aller Anbieter aus, lässt sich schlussfolgern: Je kleiner die Anbieterzahl, desto höher sind die Absatzeinbußen, welche die zunächst passiven Unternehmen aufgrund des Vorpreschens des Pionierunternehmens erleiden und umso dringlicher wird es für sie, zu reagieren.

Zusammenfassend gilt: Je höher die Nachfragebeweglichkeit und je kleiner die Zahl der Anbieter ist, desto höher ist c. p. die Wettbewerbsintensität. Die **Nachfragebeweglichkeit** hängt ihrerseits insbesondere von der

Markttransparenz und dem Grad der Produkthomogenität ab. Je höher die **Transparenz** ist, umso schneller und stärker steigt c. p. die Nachfrage nach dem Produkt des Pioniers; entsprechend heftig sinkt die Nachfrage nach den Produkten der Konkurrenten. Gleiches gilt für den Grad der **Produkthomogenität**. Je homogener das betroffene Gut ist, desto enger ist die Substituierbarkeit zwischen den Produkten verschiedener Anbieter. Dann ist es recht einfach und attraktiv für die Nachfrager, auf das günstigere oder verbesserte Produkt des Pioniers umzusteigen mit der Folge entsprechend hoher Absatzeinbußen bei den zunächst passiven Konkurrenten. Folglich steigt die Wettbewerbsintensität mit zunehmender Produkthomogenität.

In einem zweiten Schritt unterscheidet Kantzenbach zwischen der potenziellen und effektiven Wettbewerbsintensität (Kantzenbach, 1966, S. 45). Die **potenzielle Wettbewerbsintensität** ist diejenige, die zu erwarten ist, wenn die Marktteilnehmer keine Wettbewerbsbeschränkungen tätigen. Die **effektive Wettbewerbsintensität** (auch: tatsächliche Wettbewerbsintensität) ist die Intensität, die sich einstellt, wenn die Neigung zu wettbewerbsbeschränkenden Verhaltensweisen berücksichtigt wird. Zum einen neigen Unternehmen umso stärker zu Wettbewerbsbeschränkungen, je höher der Konkurrenzdruck c. p. ist. Zum anderen sind insbesondere horizontale Absprachen umso einfacher umzusetzen, je transparenter der Markt ist, je homogener die Produkte sind und je weniger Anbieter es gibt.

Die potenzielle Wettbewerbsintensität ist am höchsten im **engen Oligopol** mit homogenen Produkten (z. B. Kristallzucker, Heizöl), großer Markttransparenz und geringer Kapazitätsauslastung. Die effektive Intensität ist bei dieser Marktstruktur hingegen sehr gering. Das liegt daran, dass der Wettbewerbsdruck zum einen so hoch ist, dass die wenigen Konkurrenten sehr geneigt sind, sich diesem durch Wettbewerbsbeschränkungen zu entledigen; zum anderen sind die Verhandlungs- und Durchsetzungskosten von horizontalen Absprachen bei nur wenigen Konkurrenten relativ niedrig.

Aus dem Geschilderten zieht Kantzenbach den Schluss, dass eine **mittlere potenzielle Wettbewerbsintensität** erstrebenswert sei (Kantzenbach, 1966, S. 49). Bei hoher potenzieller Intensität treten Wettbewerbsbeschränkungen auf, sodass die effektive Wettbewerbsintensität und damit die Funktionsfähigkeit des Wettbewerbs gering ist. Bei geringer potenzieller Intensität ist auch die effektive Wettbewerbsintensität und entsprechend die Funktionsfähigkeit des Wettbewerbs gering.

Abschließend bewertet Kantzenbach die Marktstruktur des **weiten Oligopols bei mittlerer Markttransparenz und mittlerer Produkthomo-**

genität als optimal, da diese Marktstruktur eine mittlere effektive Wettbewerbsintensität verspreche (Kantzenbach, 1966, S. 138). Der Ansatz wird deshalb auch als wettbewerbspolitisches **Leitbild des weiten Oligopols** bezeichnet. Die wettbewerbspolitischen Implikationen lauten im Wesentlichen:

- Die (Un-)Zulässigkeit bestimmter Verhaltensweisen sollte von der Marktstruktur abhängig gemacht werden. Zum Beispiel sind Fusionen im Polypol positiv zu bewerten, während sie im engen Oligopol untersagt werden sollten.
- Im engen Oligopol sollten Unternehmen – soweit möglich – entflechtet oder zumindest einer wirksamen Missbrauchsaufsicht unterstellt werden.

Der Ansatz wird dafür kritisiert, dass die Einengung auf die Marktform, Produkthomogenität und Markttransparenz zu kurz greift, weil damit wichtige Marktstrukturvariablen unberücksichtigt bleiben. Dem kann entgegengehalten werden, dass der Ansatz offen für weitere Variablen ist und sich diese problemlos in die Analyse integrieren lassen. So ist z. B. die potenzielle Wettbewerbsintensität c. p. umso größer,

- je höher die Marktaustrittsschranken,
- je geringer die Zahl der Nachfrager oder
- je größer die Leerkapazitäten sind.

Ein Schwachpunkt der Schlussfolgerungen von Kantzenbach ist indes, dass nicht nach der **Marktphase** unterschieden wird. Die Marktphasen lassen sich in Analogie zum Produktlebenszyklus einteilen in die Phasen der **Einführung** (Innovation), des **Wachstums** (Expansion), **Reife**, **Sättigung** (Stagnation) und ggf. **Rückbildung** (Degeneration). Während das Leitbild des weiten Oligopols für den Fall kostensenkender Prozessinnovationen anwendbar erscheint, ist dies bei Produktinnovationen, die dem Produktlebenszyklus unterliegen, nicht der Fall. Es erklärt sich von selbst, dass während der Einführungsphase i. d. R. ein Monopol herrscht und dass die Wachstumsphase zu Beginn typischerweise durch ein enges Oligopol gekennzeichnet ist. Anders als es das Leitbild des weiten Oligopols suggeriert, lassen sich wettbewerbspolitische Eingriffe in diesen Phasen aber nicht per se rechtfertigen. Folglich muss das Leitbild durch eine Marktphasenbetrachtung erweitert werden, deren Bedeutung der Schweizer Ökonom Ernst Heuss (1922–2010) bereits 1965 herausgearbeitet hatte (Heuss, 1965).

Es ist allerdings umstritten, unter welchen Bedingungen Unternehmen tatsächlich zu Wettbewerbsbeschränkungen neigen. So hat sich z. B. gezeigt, dass in engen Oligopolen durchaus sehr intensiver Wettbewerb herrschen kann. Außerdem herrscht keine Einigkeit darüber, ob wettbewerbsbeschränkende Verhaltensweisen die Effizienz des Wettbewerbs und damit das Marktergebnis überhaupt nachhaltig beeinflussen. Die ***Chicago School*** als effizienzorientiertes Wettbewerbskonzept verneint dies zum Beispiel. Der Wettbewerb führe automatisch zu effizienten Ergebnissen, und zwar unabhängig von der Marktstruktur. Nicht die Marktstruktur bestimme, ob das Marktergebnis effizient ist, sondern die anzutreffende Marktstruktur ist Ergebnis des (stets) effizienten Wettbewerbs. Die *Chicago School* wird im anschließenden Kapitel dargestellt.

Das Leitbild des funktionsfähigen Wettbewerbs bzw. die ***Harvard School*** prägte von den 1950er- bis 1970er-Jahren zu weiten Teilen die US-amerikanische Wettbewerbspolitik (*antitrust policy*), die damals vergleichsweise eingriffsintensiv war. Das gleiche Leitbild prägte die bundesdeutsche Wettbewerbspolitik von den 1960er- bis 1990er-Jahren. Während sich die US-Antitrust-Politik gegen Ende der 1970er immer stärker dem **effizienzorientierten Leitbild** zuwandte und in den 1980ern deutlich an Eingriffsintensität verlor, fand solch eine radikale Reorientierung in der Bundesrepublik zunächst nicht statt. Nennenswerte konzeptionelle Änderungen erfolgten hierzulande erst in den 2000er-Jahren, nachdem die EU den ***more economic approach*** zu ihrem wettbewerbspolitischen Ansatz machte (→ Kap. 5).

4.3 Effizienzorientiertes Leitbild: Chicago School

Effizienzorientierte wettbewerbspolitische Konzeptionen stellen nicht auf die Erfüllung der Wettbewerbsfunktionen ab, sondern erachten Effizienz als das alleinige Kriterium zur Beurteilung von Marktkonstellationen. Der Ausgangspunkt ist das Modell der vollständigen Konkurrenz, in welchem die Wohlfahrt (die Summe aus Konsumentenrente und Produzentenrente) höchstmöglich ist. Vertreter effizienzorientierter Leitbilder gehen nun davon aus, dass die Märkte auch bei Marktstrukturen, die von der vollständigen Konkurrenz abweichen, grundsätzlich effizient sind. Die Grundannahme lautet, dass der Marktmechanismus per se für ökonomische Effizienz sorgt. Ineffizienzen sind im Wesentlichen auf klassisches Marktversagen in Form öffentlicher Güter, externer Effekte und natürlicher Monopole (→ Teil A | Kap. 9) begrenzt oder aber durch staatliche Eingriffe hervorgerufen.

Eine prominente effizienzorientierte Konzeption ist die ***Chicago School***, die sich in den 1960er- bis 1970er-Jahren als Gegenpol zur *Harvard School* herausbildete. Sie erachtet Marktmacht als unproblematisch, solange sie nicht staatlich herbeigeführt oder geschützt wird. Die These lautet, dass Marktmacht im Allgemeinen ein Ausdruck besonderer wirtschaftlicher Leistungsstärke eines Unternehmens ist. Unabhängig davon, ob die Marktmacht auf internes Wachstum oder externes Wachstum – d. h. durch Unternehmenszusammenschlüsse – zurückzuführen ist: Die Marktmacht kann nur dann aufrechterhalten werden, wenn das Unternehmen wirtschaftlich besonders effizient ist. Sobald nämlich ein marktmächtiges Unternehmen an Effizienz verliert, also nicht mehr kostenminimal produziert oder den Kundenpräferenzen nicht mehr gerecht wird, verliert es Marktanteile und wird über kurz oder lang vom Markt verdrängt. Letztlich setzen sich stets die effizienten Unternehmen durch, während die anderen aus dem Markt ausscheiden. In diesem Zusammenhang spricht man auch von der These des ***survival of the fittest***. Diese These setzt jedoch voraus, dass es keine privat errichteten Marktzutrittsschranken gibt, die marktmächtige Unternehmen vor Konkurrenten abschirmen.

Folgt man der *Survival-of-the-fittest*-These, dann führen Versuche des Staates, Marktmacht zu begrenzen oder marktmächtige Unternehmen gar zu entflechten, zu Ineffizienzen. Außerdem ist es schwer vermittelbar, warum ausgerechnet die effizienten Unternehmen durch Verbote oder Entflechtungen bestraft werden sollten.

Das effiziente Monopol

In Kap. 6.2 des Teils A wurde für den Fall des vollkommenen Monopols gezeigt, dass das Marktergebnis gegenüber dem Zustand der vollständigen Konkurrenz durch eine geringere Wohlfahrt gekennzeichnet ist. Dieses Ergebnis muss im Lichte effizienzorientierter Leitbilder der Wettbewerbspolitik relativiert werden. Denn es lässt sich argumentieren, dass die allokative Effizienz im Monopol ebenso hoch sein kann wie im Polypol. Dafür gibt es drei Begründungsansätze.

- **Theorie der anfechtbaren Märkte (*contestable markets*).** Selbst der Monopolist steht in einer Konkurrenzbeziehung: er muss stets einkalkulieren, dass Newcomer in den Markt eintreten. Um dies zu verhindern, hat er Anreize, dauerhaft effizient zu wirtschaften. Mit anderen Worten: Die potenzielle Konkurrenz zwingt ihn zu einem wettbewerblichen Marktverhalten.
- **Vollständige Preisdifferenzierung.** Weiter oben (→ Kap. 2.6 | Abb. C-4) wurde gezeigt, dass die Wohlfahrt im Monopol mit Preisdifferenzierung mit der bei vollständiger Konkurrenz übereinstimmt, d. h. der Markt ist effizient. Der/die kritische Leser:in mag einwenden, dass jedoch die Konsumenten deutlich schlechter gestellt sind als bei vollständiger Konkurrenz. Dies ist allerdings ein verteilungs- und kein allokationspolitisches Thema. Somit ist es aus effizienzorientierter Sicht irrelevant und daher unerheblich für die Wettbewerbspolitik. Zuständiger Politikbereich sei stattdessen die Finanz- oder Sozialpolitik.
- **Produktive Effizienz.** Monopolunternehmen können aufgrund der größeren Produktionsmenge im Vergleich zu den Polypolisten niedrigere Stück- bzw. Grenzkosten realisieren. Diese Skalenerträge (*economies of scale*) implizieren einen Gewinn an produktiver Effizienz. Ist der Wohlfahrtsgewinn durch die Kostensenkung größer als der Wohlfahrtsverlust infolge der monopolistischen Mengen- und Preispolitik, liegt per Saldo ein Effizienzgewinn vor.

Die wirtschaftspolitische Implikation der *Chicago School* läuft auf eine weitgehende **wettbewerbspolitische Abstinenz** des Staates hinaus. Eine Ausnahme bilden natürliche Monopole (→ Teil A | Kap. 9.1).

Vertikale Unternehmensvereinbarungen (z. B. Kopplungsverträge, Ausschließlichkeitsvereinbarungen) gelten als unproblematisch: Wenn sich die handelnden Unternehmen am Markt behaupten, dann sind die Vereinbarungen effizient; andernfalls würden die Händler/Konsumenten auf die Leistungen anderer Anbieter ausweichen und die Vereinbarungen erledigen sich von selbst.

Kartelle werden von den meisten Vertretern der *Chicago School* ebenfalls als unproblematisch erachtet, denn:

- Kartelle sind instabil, d. h. die Teilnehmer können sich durch ein Unterlaufen der Vereinbarung (z. B. niedrigere Preise) kurzfristig Vorteile zu Lasten der übrigen Kartellanten verschaffen. Da sich jedes Unternehmen dieses Risikos bewusst ist, hat es Anreize, als erstes das Kartell zu unterlaufen, um nicht zu verlieren, wenn ein anderes Unternehmen dies früher tut. Folglich ist die Wahrscheinlichkeit extrem hoch, dass das Kartell spätestens auf mittlere Sicht zerbricht.

- Kartellanten stehen in Konkurrenzbeziehungen zu Nichtmitgliedern des Kartells. Dies können tatsächliche oder potenzielle Mitwettbewerber sein. In beiden Fällen verhindert die Konkurrenz, dass das Kartell auf Dauer Bestand hat.
- Bei Preiskartellen mit vollständiger Preisdifferenzierung (→ Kap. 2.6 | Abb. C-4) ist die gesamte Wohlfahrt aus Produzenten- und Konsumentenrente ebenso hoch wie bei vollständiger Konkurrenz.

In Bezug auf **horizontale Unternehmenszusammenschlüsse** herrscht eine gewisse Ambivalenz seitens der *Chicago School*. Einerseits lässt sich argumentieren, dass fusionierte Unternehmen ihren gemeinsamen Marktanteil mittel- bis langfristig nur halten oder ausbauen können, wenn die Fusion zu Effizienzsteigerungen oder zumindest nicht zu Effizienzverlusten führt. Insoweit erübrigen sich Fusionskontrollen. Andererseits ist der Ausbau von Marktmacht durch den Unternehmenszusammenschluss (externes Unternehmenswachstum) anders als bei internem Unternehmenswachstum kein Ergebnis von besonderer Effizienz, und die erhofften Skalenerträge können durchaus ausbleiben. Das wiederum mag ein Fusionsverbot rechtfertigen, wenn der Marktanteil des fusionierten Unternehmens durch den Zusammenschluss sehr hoch wird. Andernfalls kann vorübergehend – also bis die effizientere Konkurrenz für ein Schrumpfen des Marktanteils des Unternehmens sorgt – eine auf Marktmacht basierende Produzentenrente erzielt werden, die eben nicht durch die besondere Leistungsstärke des fusionierten Unternehmens begründet ist. Verkürzt lässt sich in puncto horizontale Fusionen Folgendes festhalten: Aus kurzfristiger Perspektive mag eine Fusionskontrolle zwar sinnvoll erscheinen. Aber es muss abgewogen werden, ob sich die Kosten einer Fusionskontrolle rechtfertigen lassen, wenn sie aus langfristiger Perspektive letztlich entbehrlich ist. Zu den Kosten der Fusionskontrolle zählen nicht nur die administrativen Kosten, sondern auch das Risiko des Politikversagens.

Wie weiter oben bereits erwähnt, fanden die Lehren der *Chicago School* während der 1980er-Jahre verstärkt Eingang in die Praxis der US-amerikanischen Wettbewerbspolitik. Das führte zwar nicht zu einer wettbewerbspolitischen Abstinenz des amerikanischen Staates, wohl aber zu einer Lockerung des *Antitrust Laws*, zu unternehmensfreundlicheren Entscheidungen der Kartellbehörden und zu spürbar laxeren Gerichtsbeschlüssen.

4.4 Post Chicago Economics

Seit den 1980ern wird die *Chicago School* fortdauernd durch neuere theoretische Ansätze ergänzt. Es haben sich die *Post Chicago Economics* herausgebildet, die nach wie vor das Effizienzkriterium in den Mittelpunkt stellt, aber die Annahme relativiert, dass Märkte nahezu immer volkswirtschaftlich effizient sind.

So wird z. B. berücksichtigt, dass rationales Verhalten aller Akteure nicht zwingend zu größtmöglicher Wohlfahrt (Effizienz) führt. Vielmehr haben spieltheoretische Erkenntnisse Eingang in die Theorie gefunden, mittels derer sich zeigen lässt, dass es zu ineffizienten Ergebnissen als Folge strategischen Verhaltens unter Unsicherheit kommen kann.

Außerdem wird die strikte Trennung von Fragen der Allokation (Effizienz) und Distribution (Verteilung) insofern aufgeweicht, als nunmehr die **Wohlfahrt der Konsumenten** eine gewichtige Rolle bei der Bewertung potenzieller Wettbewerbsbeschränkungen spielt. Das bedeutet z. B., dass das Monopol mit vollständiger Preisdifferenzierung nicht mehr als genauso gut wie die Situation bei vollständiger Konkurrenz eingestuft wird. Zwar ist die gesamte Wohlfahrt aus Produzenten- und Konsumentenrente gleich hoch, aber der Verlust an Konsumentenwohlfahrt zugunsten des Monopolisten wird nun als Problem erachtet, das wettbewerbspolitische Eingriffe rechtfertigt.

Des Weiteren räumen die Vertreter:innen der *Post Chicago Economics* ein, dass privat hervorgerufene **Marktzutrittsschranken** existieren können. Diese können z. B. durch bestimmte Kopplungsgeschäfte und Ausschließlichkeitsbindungen entstehen. Von einer Marktzutrittsbarriere kann auch gesprochen werden, wenn der Markteintritt mit irreversiblen Investitionen verbunden ist und potenzielle Newcomer vom Markteintritt absehen, weil sie mit **Kampfpreisstrategien** (*predatory pricing*) rechnen. Das *predatory pricing* bedeutet, dass marktmächtige Unternehmen die Preise auf ein Verlustniveau senken, bis der Konkurrent wieder vom Markt verschwunden ist, um die Preise dann wieder auf ein überhöhtes Niveau anzuheben.

Schließlich hat die Fortentwicklung der **Theorie natürlicher Monopole** dazu beigetragen, dass im Rahmen der *Post Chicago Economics* differenzierter argumentiert wird als es bei der *Chicago School* der Fall ist. Bei letzterer sind natürliche Monopole ein seltener Sonderfall. Die *Post Chicago Economics* berücksichtigt hingegen, dass es vor allem im Kommunikations- und IT-Bereich zu Konstellationen kommen kann, bei denen sich zwangsläufig ein Monopol herausbildet. Das ist etwa dann der Fall, wenn der Anbieter mit dem größten Marktanteil einen nicht einzuholenden Wettbewerbsvorteil hat, der durch positive externe Effekte bedingt ist. Ein Beispiel für solche **Netzwerkeffekte** liefert der Softwarebereich: Je mehr Personen eine Software nutzen, umso höher ist der Nutzen für den Einzelnen, da die Möglichkeiten zum Austausch der erstellten Dateien und der gemeinsamen Bearbeitung steigen. Folglich besteht für das Individuum der Anreiz, dieses Programm einem weniger verbreiteten Programm vorzuziehen, selbst wenn dieses in technischer und preislicher Hinsicht attraktiver ist. Je mehr Konsumenten aus diesem Grund das weiter verbreitete Programm kaufen, umso größer wird die Netzwerkexternalität und damit der Wettbewerbsvorteil des Herstellers der weiter verbreiteten Software. Im Extrem verschwinden die Konkurrenzprodukte vom Markt und es bleibt ein Anbieter übrig. In diesem Fall ist die Marktform des Monopols zwar insoweit volkswirtschaftlich sinnvoll, weil es die höchsten positiven Externalitäten hervorbringt, aber dem müssen die Ineffizienzen infolge monopolitischen Verhaltens gegenübergestellt werden.

Die wettbewerbspolitische Quintessenz der *Post Chicago Economics* im Vergleich zur *Chicago School* lautet,

- dass bei Effizienzbetrachtungen nicht allein die Gesamtwohlfahrt relevant ist, sondern dass die Konsumentenwohlfahrt im Zweifelsfalle entscheidend ist,
- dass Marktineffizienzen häufiger anzutreffen sind als es die *Chicago School* annimmt und
- dass Marktzugangsschranken nicht ausschließlich staatlicherseits, sondern auch durch Private errichtet werden können.

Alles in allem besteht somit politischer Handlungsbedarf, der über den Fall klassischen Marktversagens hinausgeht. Für die wettbewerbspolitische Praxis ist vor allem die Schlussfolgerung relevant, dass horizontale und vertikale Vereinbarungen sowie Unternehmenszusammenschlüsse einer intensiveren Analyse zu unterziehen sind, bei der **positive und negative Effizienzeffekte** gegeneinander abgewogen werden müssen. In gewisser Weise hat sich damit eine **Annäherung an die *Harvard School*** vollzogen.

Nach wie vor besteht jedoch der Unterschied, dass die *Harvard School* bei der Beurteilung von Verhaltensweisen die Wirkungen auf alle **Wettbewerbsfunktionen** betrachtet und diese wiederum von der Marktstruktur bestimmt sieht, während der *Post-Chicago*-Ansatz allein auf **Effizienzeffekte** abstellt.

Heutzutage spielt die *Post Chicago Economics* in der wissenschaftlichen Diskussion über eine angemessene Wettbewerbspolitik eine wesentlich größere Rolle als die *Chicago School.* Die *Chicago School* wird von vielen als überholt erachtet, und zwar insbesondere, weil sie das Entstehen privater Marktzutrittsschranken negiert. Der Einzug der Erkenntnisse der *Post Chicago Economics* in die **amerikanische Antitrust-Politik** gestaltet sich indes schleppend. Das wird u. a. darauf zurückgeführt, dass die Theorien für Nichtökonom:innen schwer zu verstehen sind, ihre praktische Anwendung auf konkrete Wettbewerbsfälle hochdifferenzierte Analysemethoden erfordert und mit erheblichem Aufwand für die Behörden und Gerichte verbunden ist.

Die **Europäische Kommission** hat die Erkenntnisse der *Post Chicago Economics* zu Beginn der 2000er-Jahre aufgegriffen. Seither strebt sie nach einer verstärkt wirkungsbasierten Auslegung des Kartellrechts, d. h. der fallweisen Entscheidung über beanstandete Verhaltensweisen auf der Grundlage von Effizienzanalysen. Dieser Ansatz des *more economic approach* wird im 5. Kap. näher beleuchtet.

4.5 Weitere wettbewerbspolitische Leitbilder

Dynamisch-evolutorischer Ansatz

Dynamisch-evolutorische Wirtschaftstheorien gehen u. a. auf die sog. Österreichische Schule um Carl Menger (1840–1921) zurück, zu deren bekanntesten Vertretern der Nobelpreisträger Friederich Hayek (1899–1992) und Ludwig von Mises (1881–1973) zählen. Diese Schule hält Marktergebnisse für nicht vorhersagbar. Deterministische ökonomische Modelle wie etwa das der vollständigen Konkurrenz (→ Kap. 4.1 und Teil A | Kap. 5) werden abgelehnt. Zum einen sei menschliches Verhalten nicht allein durch rationales ökonomisches Kalkül gekennzeichnet, sondern subjektive und psychologische Faktoren kommen hinzu. Vor allem aber sei die reale Welt durch **erhebliche Informationsdefizite** gekennzeichnet: Es sei den Akteuren gar nicht möglich, das notwendige Wissen über den Markt und die zukünftige Entwicklung zu erlangen, um gewinn- oder nutzenmaximierende Entscheidungen auf der Basis eines rationalen Optimierungskalküls zu treffen. Da das Wissensdefizit den Marktteilnehmern bekannt ist, würden die meisten von ihnen sich bescheidenere Ziele setzen, intuitiv agieren oder einen Weg des Versuchs und Irrtums (*trial and error*) beschreiten.

Diese Überlegungen sprechen sowohl dagegen, von der Marktstruktur auf das Marktverhalten und -ergebnis zu schließen (*Harvard School*) als auch gegen die Annahme, dass sich aufgrund eigennützigen, rationalen Verhaltens Markteffizienz einstelle (*Chicago School*).

Die evolutorische Wettbewerbstheorie erachtet den Wettbewerb vielmehr als ein permanentes **Entdeckungsverfahren**, in dem manche Unternehmen erfolgreich reüssieren, dann von anderen imitiert und nach gegebener Zeit durch innovative Unternehmen verdrängt werden. Dies bezeichnete der Jurist und Ökonom Joseph Schumpeter (1883–1950) als einen Prozess „schöpferischer Zerstörung". Während dieses Experimentier-, Selektions- und Verdrängungsprozesses wandeln sich Märkte und Marktstrukturen unentwegt. Innovationen werden als Triebfeder der wirtschaftlichen Entwicklung angesehen. Die Innovationsfunktion des Wettbewerbs ist daher die entscheidende Funktion. Innovationen sind ihrerseits nicht vorhersehbare Prozesse, die nur bedingt dem rationalen ökonomischen Kalkül entspringen. Die Kreativität, Neugier, Risikofreude etc. der Akteure und der Zufall spielen vielmehr eine wesentliche Rolle. Ob z. B. eine Erfindung den Markt findet und dort diffundiert, lässt sich nicht im Voraus bestimmen, sondern ist u. a. davon abhängig, ob sie am „richtigen" Ort und zur „richtigen" Zeit stattfindet.

Aus den dynamisch-evolutorischen Wettbewerbstheorien lässt sich folgern:

- Anlass zur Besorgnis geben nicht bestimmte Marktstrukturen, sondern problematisch ist es, wenn sich eine Marktstruktur verfestigt. Solch eine Verfestigung ist ein Indiz dafür, dass der Wettbewerb seine Innovationsfunktion nicht erfüllt.
- Je weniger potenzielle Innovatoren und kreative Imitatoren es gibt, umso geringer ist c. p. die Zahl der im Wettbewerb getesteten Problemlösungshypothesen (Ideen) und damit der technische Fortschritt (Kerber, 2019, S. 134).
- Daraus folgt, dass verfestigte Monopole oder verfestigte enge Oligopole auf wettbewerbspolitischen Handlungsbedarf hinweisen.

Konzept der Wettbewerbsfreiheit

Dieser Ansatz wird vor allem mit Erich Hoppmann (1923–2007) verbunden und erhebt die Freiheitsfunktion (⟶ Kap. 3) zum vordersten Bewertungskriterium für die Wettbewerbspolitik. Gemeint ist insbesondere die Sicherstellung der **Entscheidungs- und Handlungsfreiheit**. Darunter fällt z. B. die Freiheit der Unternehmen, zu entscheiden, welche Güter sie auf welche Weise produzieren und anbieten, ebenso wie die Freiheit der Konsumenten, zu entscheiden, welche Güter sie von welchem Anbieter zu welchem Preis nachfragen. Damit diese Freiheit nicht nur formal, sondern auch faktisch gegeben ist, müssen mehrere **Alternativen** existieren. Je höher die Zahl der Anbieter, umso größer ist c. p. die **Wahlfreiheit** der Konsumenten.

Wirtschaftliche Freiheit umschließt grundsätzlich auch die **Vertragsfreiheit**, also die Freiheit, Verträge mit Partnern der eigenen Wahl abzuschließen. Jedoch sind der Vertragsfreiheit gemäß dem Ansatz der Wettbewerbsfreiheit dann Grenzen gesetzt, wenn Verträge die **Wahlfreiheit** erheblich einschränken. Dies ist etwa der Fall bei **Hardcore-Kartellen**. Entsprechend lässt sich aus dem Konzept der Wettbewerbsfreiheit ein Per-se-Verbot solcher Verhaltensweisen ableiten. Andere wettbewerbspolitische Maßnahmen werden weitestgehend abgelehnt. Dies wird zum einen damit begründet, dass über ein Per-se-Verbot hinausgehende Eingriffe die Gefahr bergen, in staatlichen Interventionismus und all die daraus erwachsenden Ineffizienzen zu münden. Zum anderen ist zu bedenken, dass staatliche Interventionen die wirtschaftliche Freiheit einschränken. Solche Einschränkungen lassen sich nur rechtfertigen, wenn sie der Unterbindung noch stärkerer privater Freiheitsbeschränkungen dienen.

5 More Economic Approach

Die Europäische Wettbewerbspolitik folgt seit geraumer Zeit einem fallspezifischen Ansatz, den die Europäische Kommission als *more economic approach* (EU Commission, 1999, Ziff. 78) bezeichnet. Die Bezeichnung soll signalisieren, dass die Kommission nicht einer bestimmten mehr oder weniger abstrakten wettbewerbspolitischen Konzeption anhängt. Stattdessen wird über wettbewerbsbeschränkende Verhaltensweisen auf der Basis einer **ökonomischen Wirkungsanalyse** entschieden. In die sowohl theoretische als auch empirische Analyse fließen Erkenntnisse verschiedener wettbewerbspolitischer Ansätze ein, insbesondere der *Post Chicago Economics* und der *Harvard School*, aber auch der Wettbewerbsfreiheit. Im Mittelpunkt der Wirkungsanalyse wettbewerbsbeschränkender Verhaltensweisen stehen **Effizienzeffekte**. Dabei steht eine Beteiligung der Verbraucher an etwaigen Effizienzgewinnen an erster Stelle, d. h. vorderstes Beurteilungskriterium ist die Konsumentenwohlfahrt. Weitere Aspekte sind Auswirkungen auf den europäischen Binnenmarkt und die internationale Wettbewerbsfähigkeit.

Damit verfolgt die Europäische Kommission einen auf den Einzelfall angewendeten wirkungsbasierten Ansatz. Dies hat gegenüber Per-se-Regeln einige Vorteile:

- Es wird grundsätzlich differenzierter vorgegangen.
- Die Gefahr ist geringer, dass ein Verhalten untersagt bzw. bestraft wird, das die Wohlfahrt erhöht hätte.
- Der Verhaltensspielraum für Unternehmen ist größer.

Jedoch hat die Anwendung eines wirkungsbasierten Ansatzes auch Nachteile:

- Die Rechtsunsicherheit für Unternehmen steigt deutlich, zumal sie die Zulässigkeit ihres Verhaltens selbst einstufen müssen. Vorab-Prüfungen seitens der EU-Wettbewerbsbehörde (EU-Kommission bzw. die zuständige Generaldirektion Wettbewerb) finden lediglich bei Unternehmenszusammenschlüssen statt.
- Die Anwendung wirkungsbasierter Einzelfallanalysen auf der Basis anspruchsvoller ökonometrischer Tests birgt ein hohes Fehlerpotenzial. Sie eröffnet gegenüber einer rein rechtsbasierten Untersuchung außer-

dem Ermessenspielräume für die Prüfenden, deren Ausschöpfung von den Betroffenen als willkürlich erachtet werden könnte.

- Der Aufwand für die zuständige Kartellbehörde ist sehr hoch, da vom Prinzip her jedes beanstandete Verhalten einzeln geprüft werden müsste. Vor allem wird umfangreiche ökonomische Expertise benötigt, sowohl die Theorie betreffend als auch statistisch-ökonometrische Verfahren. Ähnliches gilt für die Justiz, zumal aufgrund der höheren Rechtsunsicherheit mehr Entscheidungen vor Gericht landen.

6 Marktabgrenzung

In den bisherigen Ausführungen tauchten wiederholt die Begriffe des Marktanteils und der Marktbeherrschung auf. Um diese zu bestimmen, muss zuvor der relevante Markt abgegrenzt werden. Die Marktabgrenzung kann in sachlicher, räumlicher und zeitlicher Hinsicht erfolgen.

- **Sachlich relevanter Markt.** Welche Produkte gehören zu einem Markt? Sollen z. B. Stiefel zum Schuhmarkt gezählt werden oder nicht? Oder bilden frische Konditorwaren und abgepackter bzw. tiefgekühlter Kuchen einen oder zwei Märkte? Ist die Deutsche Bahn Monopolistin für Fernverbindungen oder steht sie auf einem Markt in Konkurrenz zu Anbietern von Kurzstreckenflügen oder Fernbusreisen?
- **Räumlich relevanter Markt.** Ist der relevante Markt lokal (z. B. Mainz), regional (z. B. Rhein-Main-Gebiet), national (z. B. Deutschland), international (z. B. EU) oder gar global (Weltmarkt) begrenzt? Das hängt zuvorderst von der Transportfähigkeit der Güter und den Transportkosten ab. So können z. B. etliche Dienstleistungen nicht transportiert werden, weil sie nur direkt vor Ort am Subjekt bzw. Objekt vorgenommen werden können (z. B. medizinische Untersuchungen, viele soziale Dienstleistungen, Kfz-Reparaturen). Außerdem begrenzen kurze Haltbarkeitsfristen die Transportierbarkeit (z. B. Zuckerwatte und Transportbeton). Schließlich können die Transportkosten in Relation zum Verkaufspreis so hoch sein, dass sich der Transport über weitere Strecken nicht lohnt. Dabei sind nicht nur die Transportkosten des Anbieters, sondern auch die Raumüberwindungskosten der Nachfrager zu berücksichtigen: Beispielsweise würden viele Konsumenten durchaus mehrere Stunden reisen, um einen besonders günstigen oder präferierten PKW zu kaufen, aber kaum einer würde dies für eine Tüte Gummibärchen auf sich nehmen.
- **Zeitlich relevanter Markt.** Gelegentlich treffen Angebot und Nachfrage nur in einem begrenzten Zeitraum aufeinander (bestimmte Uhrzeiten, Tag, Woche etc.). Dies ist z. B. bei Sportgroßereignissen und saisonalen Produkten wie z. B. Weihnachtsbäumen der Fall. Es kann aber auch durch eine gesetzliche Regelung der Ladenöffnungszeiten bedingt sein.

Die o. g. Beispiele zeigen, dass es oftmals nicht einfach ist, den relevanten Markt zu definieren. Dies gilt besonders für den sachlich relevanten Markt.

Methoden der sachlichen Marktabgrenzung

Der sachlich relevante Markt kann anhand der Eigenschaften der Produkte, der Angebots- und der Nachfragesubstituierbarkeit abgegrenzt werden.

- **Produkteigenschaften.** Es werden alle Produkte zum gleichen Markt gezählt, die 1) physisch-technisch gleich oder sehr ähnlich sind, etwa die stoffliche Zusammensetzung, Verarbeitung und Form betreffend, oder 2) welche die gleiche Funktion erfüllen. Während nach dem 2. Ansatz z. B. ein Gasbackofen und eine Mikrowelle mit Grill- und Heißluftfunktion zum gleichen Markt gezählt werden könnten, spricht beim 1. Ansatz vieles dafür, dass es sich um verschiedene Märkte handelt.
- **Angebotssubstituierbarkeit.** Es werden alle Produkte zum gleichen Markt gezählt, welche Produzenten ohne nennenswerte Umstellungskosten herstellen können. Wenn es z. B. für Hosenschneider:innen ohne viel Aufwand möglich ist, auf die Produktion von Röcken umzusatteln, gehören sowohl die Hosen als auch die Röcke zum relevanten Markt. Würde man hingegen die Marktabgrenzung anhand der Produkteigenschaften vornehmen, bilden Hosen und Röcke getrennte Märkte.
- **Nachfragesubstituierbarkeit (Bedarfsmarktkonzept).** Es werden alle Produkte zum relevanten Markt gezählt, die der Nachfrager austauschen (substituieren) kann, weil sie in einer konkreten Situation die gleiche Funktion erfüllen (*substitution in use-Konzept*). Plant ein Konsument z. B. eine Fahrt von Hamburg nach München, kann dieser Bedarf u. a. durch eine Bahnfahrt, einen Kurzstreckenflug, ein Ferntaxi oder einen Fernbus erfüllt werden. Bezieht man mehr Vergleichsvariablen wie Preissegment, Komfort usw. mit ein, gelangt man zum **Kaufverhaltenskonzept**. Bei diesem Ansatz ist das tatsächliche Kaufverhalten relevant. So ist etwa in o. g. Beispiel kaum anzunehmen, dass es viele Nachfrager gibt, die eine Fahrt mit dem relativ günstigen, aber wenig komfortablen Fernbus gegen eine sehr teure, wenn auch deutlich komfortablere Reise im Taxi substituieren würden.

In der Praxis der Politik gegen Wettbewerbsbeschränkungen spielt das **Bedarfsmarktkonzept** und damit die **Nachfragesubstituierbarkeit** mit Abstand die größte Rolle. Es stehen drei Verfahren zur Verfügung, um die Substituierbarkeit von Produkten zu prüfen: Kundenbefragungen, die Kreuzpreiselastizität und der hypothetische Monopoltest.

- **Kreuzpreiselastizität.** Sie gibt an, wie die nachgefragte Menge eines Gutes (x_1) sich verhält, wenn sich der Preis eines anderen Gutes (x_2) erhöht (→ Teil A | Kap. 3.8). Steigt die Nachfrage nach Gut x_1, dann ist die Kreuzpreiselastiziät positiv, und es wird von einer Substitutionsbeziehung ausgegangen. Soweit die Kreuzpreiselastiziät hinreichend groß ist, werden beide Güter zum relevanten Markt gezählt.
- **Hypothetischer Monopoltest (SSNIP-Test, *small but significant non-transitory increase in price*).** Ausgangspunkt ist ein hypothetischer Monopolist für ein Produkt x_1, der den Preis für x_1 dauerhaft um 5–10 % erhöht. Gelingt ihm dadurch eine Erhöhung seines Gewinns, gilt dies als Hinweis, dass die Nachfrager nicht auf andere Güter ausweichen können. Ergo ist der relevante Markt der Markt für das Gut x_1. Gelingt ihm dies nicht, wird ein enges Substitutionsgut x_2 hinzugenommen und von einem hypothetischen Unternehmen ausgegangen, das Monopolist sowohl für x_1 als auch für x_2 ist. Erhöht es den Preis beider Produkte um dauerhaft 5–10 % und kann seinen Gewinn steigern, bilden die Güter x_1 und x_2 den relevanten Markt. Gelingt weiterhin keine spürbare Gewinnsteigerung, wird ein drittes Substitutionsprodukt hinzugenommen usw. usf.

Marktanteilsberechnung

Der Anteil eines Unternehmens wird üblicherweise berechnet, indem sein **Umsatzanteil** am Gesamtumsatz des relevanten Marktes ermittelt wird. Vergleichsweise selten wird hingegen die abgesetzte Menge ins Verhältnis gesetzt.

Unternehmenskonzentration

Ein einfaches Maß zur Messung der Unternehmenskonzentration auf einem relevanten Markt ist die **Konzentrationsrate** (CR_n). Hierbei wird der gemeinsame Anteil der n marktanteilsgrößten Unternehmen addiert. CR_1 gibt den Anteil des größten Unternehmens an, CR_2 den der zwei anteilsstärksten Unternehmen usw. Ein CR_4-Wert unter 40 % lässt auf eine schwache Konzentration schließen, während ein Wert über 70 % auf eine starke Konzentration hindeutet. In Deutschland lag im Jahr 2017 die gesamtwirtschaftliche CR_6 bei ca. 45 %. Am höchsten war die sektorale CR_6 in der Industrie mit 55 %; am niedrigsten war sie im Handel mit 32 % (Monopolkommission, 2020, S. 130).

Zu den Nachteilen der Konzentrationsrate zählt, dass sie keine Informationen über die Abstände zwischen den Marktanteilen der n Unternehmen erlaubt. Wenn sich z. B. die Relationen spürbar verändern, liegt nach allgemeinem Verständnis meistens eine Veränderung der Marktmorphologie vor, aber der CR-Wert würde dies nicht anzeigen, solange der Gesamtanteil der n Unternehmen gleichbliebe. Außerdem lässt die CR die Anteilshöhe und -verteilung der übrigen Konkurrenten außer Acht. Aus diesen Gründen wurde eine Reihe von ergänzenden Indices entwickelt.

Der Gebräuchlichste ist der **Herfindahl-Hirschman-Index**. Der HHI bezieht die Anteile aller Marktanbieter ein. Die Marktanteile werden mit 100 multipliziert, dann quadriert und schließlich addiert. Wenn z. B. insgesamt nur drei Unternehmen mit einem Marktanteil von jeweils 0, 5 bzw. 0, 3 und 0, 2 existieren, ergibt sich.

$$HHI = (0,5 \bullet 100)^2 + (0,3 \bullet 100)^2 + (0,2 \bullet 100)^2 = 3.800$$

Je höher der HHI ist, umso konzentrierter ist ein Markt. Im Monopol erreicht der HHI mit 10.000 den Maximalwert. Ein HHI unter 1.000 gilt als Beleg für einen nicht oder schwach konzentrierten Markt, während Werte über 2.500 auf eine hohe Unternehmenskonzentration schließen lassen.

Angaben der Monopolkommission für die Jahre 2007–2021 zeigen, dass der Durchschnitt aller sektoralen HHI in Deutschland leicht angestiegen ist. In den letzten Jahren blieb er nahezu unverändert und liegt bei ca. 1.000 (Monopolkommission, 2024, S. 56 ff.). Der Industriezweig liegt mit ca. 1.350 darüber während z. B. der Dienstleistungssektor (ca. 850) und der Handel (ca. 500) darunter liegen.

7 Wettbewerbsrechtliche Regelungen

Die gesetzliche Grundlage der deutschen Wettbewerbspolitik ist das **Gesetz gegen Wettbewerbsbeschränkungen (GWB)**. Seine erste Fassung trat 1958 in Kraft. Bis heute (2025) ist es elfmal novelliert worden; die 11. Novelle trat 2023 in Kraft.[1] Während das ursprüngliche GWB noch deutlich an das Leitbild der vollständigen Konkurrenz angelehnt war, vollzog sich in den darauffolgenden Jahrzehnten ein Wandel hin zum Konzept des funktionsfähigen Wettbewerbs. Mit der 7. Novelle wurde 2005 eine weitgehende Angleichung an das Europäische Wettbewerbsrecht vorgenommen. Damit einher ging die Übernahme des ***more economic approach***. Im GWB spiegeln sich nun Gedanken sowohl der *Post Chicago Economics* als auch nach wie vor der *Harvard School* wider. Im Folgenden werden die wichtigsten Regelungen des GWB und des EU-Rechts kurz beschrieben.

Die **EU-Kommission** verfügt dann über die Prüfungs- und Entscheidungskompetenz, wenn vermeintlich wettbewerbsfeindliche Praktiken Auswirkungen auf mindestens drei Mitgliedstaaten haben und wenn eine Fusion gemeinschaftsweite Bedeutung hat.

Es folgt eine überblickartige Darstellung des Wettbewerbsrechts. Für eine ausführliche Darstellung und Diskussion des GWB und des EU-Wettbewerbsrechts sei auf einschlägige wirtschafts- und rechtswissenschaftliche Lehrbücher sowie auf Kommentare zum Wettbewerbsrecht hingewiesen (z. B. Schmidt & Haucap, 2013; Bechtold & Bosch 2025, Dreher & Kulka 2023; Emmerich & Lange 2024; Bien et al., 2022).

---

1 Eine 12. GWB-Novelle mit den Schwerpunkten Nachhaltigkeit, Bürokratieabbau und Verbraucherrechte war zwar für 2024/25 geplant, aber derzeit (Januar 2025) ist offen, wann und ob sie überhaupt kommt.

7.1 Verbot wettbewerbsbeschränkender Vereinbarungen

§ 1 GWB: Verbot wettbewerbsbeschränkender Vereinbarungen von Unternehmen

„Vereinbarungen zwischen Unternehmen, Beschlüsse von Unternehmensvereinigungen und aufeinander abgestimmte Verhaltensweisen, die eine Verhinderung, Einschränkung oder Verfälschung des Wettbewerbs bezwecken oder bewirken, sind verboten."

Aus § 1 GWB geht hervor, dass horizontale und vertikale Absprachen prinzipiell unzulässig sind, wenn sie den Wettbewerb beschränken. Gleiches gilt, wenn lediglich die Absicht besteht, den Wettbewerb zu beschränken. Damit sind sämtliche Hardcore-Kartelle (Preis-, Mengenvereinbarungen etc.) zunächst ebenso verboten wie Kopplungsgeschäfte (*pure bundling*) und vertikale Preisbindungen.

§ 2 GWB: Freigestellte Vereinbarungen (Auszug)

„(1) Vom Verbot des § 1 freigestellt sind Vereinbarungen zwischen Unternehmen, Beschlüsse von Unternehmensvereinigungen oder aufeinander abgestimmte Verhaltensweisen, die unter angemessener Beteiligung der Verbraucher an dem entstehenden Gewinn zur Verbesserung der Warenerzeugung oder -verteilung oder zur Förderung des technischen oder wirtschaftlichen Fortschritts beitragen, ohne dass den beteiligten Unternehmen

1. Beschränkungen auferlegt werden, die für die Verwirklichung dieser Ziele nicht unerlässlich sind, oder
2. Möglichkeiten eröffnet werden, für einen wesentlichen Teil der betreffenden Waren den Wettbewerb auszuschalten. [...]"

Effizienzerhöhende Unternehmensvereinbarungen sind somit vom Kartellverbot (§ 1 GWB) ausgenommen, wenn die Konsumenten profitieren. Diese Regelung von 2005 spiegelt den Einzug der *Post Chicago Economics* in das Wettbewerbsrecht wider und impliziert, dass jeweils im konkreten

Fall geprüft werden muss, ob der Nutzen einer grundsätzlich wettbewerbsbeschränkenden Maßnahme die Nachteile überwiegt. Diese Einschätzung muss von den beteiligten Unternehmen selbst vorgenommen werden.

EU-Wettbewerbsrecht

§ 1 GWB und Art. 101 Abs. 1 AEUV (Vertrag über die Arbeitsweise der Europäischen Union) sind nahezu identisch, nur finden sich im EU-Recht ergänzende Hinweise auf den Handel zwischen den EU-Mitgliedern und den Wettbewerb innerhalb des EU-Binnenmarktes.

§ 2 Abs. 1 GWB wurde wortwörtlich dem EU-Recht entnommen, konkret Art. 101 Abs. 3 AEUV. Dort wird zusätzlich auf **Gruppenfreistellungen** verwiesen. Gruppenfreistellungen legen fest, unter welchen Voraussetzungen bestimmte Unternehmensvereinbarungen zulässig sind. Diese EU-Freistellungen gelten unmittelbar auch für das nationale Wettbewerbsrecht in den EU-Mitgliedstaaten. Sie sollen zu einer höheren Rechtssicherheit für Unternehmen beitragen. Zu den derzeit (2021) geltenden Gruppenfreistellungsverordnungen (GVO) zählen die „Vertikal-GVO“ und verschiedene Verordnungen, die horizontale Vereinbarungen oder bestimmte Branchen betreffen:

- Verordnung (EU) Nr. 330/2010. Die **Vertikal-GVO** besagt, dass vertikale Vereinbarungen von Unternehmen mit einem Marktanteil bis 30 % oder für Einzelhändler mit einem Umsatz unter 50 Mio. Euro vom Verbot des Art. 101 Abs. 3 AEUV (bzw. § 1 GWB) freigestellt sind. Die Verordnung trägt dem Umstand Rechnung, dass vertikale Vereinbarungen von Unternehmen im Allgemeinen wettbewerbspolitisch unproblematisch sind, soweit keine Marktmacht vorliegt. Allerdings werden zugleich Ausnahmen von der Freistellung definiert. Dies ist der Fall für Hardcore-Vereinbarungen wie z. B. vertikale Preisbindungen und Verpflichtungen für Händler, nur in einer Region bzw. nur an Kunden aus einer Region zu verkaufen.
- Verordnung (EG) Nr. 316/2014 für bestimmte **Technologietransfervereinbarungen**.
- Verordnung (EU) Nr. 1218/2010 für bestimmte **Spezialisierungsvereinbarungen**.
- Verordnung (EU) Nr. 1217/2010 für die **Forschungs- und Entwicklungszusammenarbeit**.

- Verordnung (EU) Nr. 461/2010 für den **Kraftfahrzeugsektor**.
- Verordnung (EG) Nr. 246/2009 für den **Seeschifffahrtssektor**.

Darüber hinaus werden Vereinbarungen von Unternehmen mit einem sehr niedrigen Marktanteil als unproblematisch erachtet, da sie den zwischenstaatlichen Handel nicht spürbar beeinträchtigen könnten. Die Schwellen betragen 10 % bei horizontalen Vereinbarungen und 15 % bei vertikalen Vereinbarungen (Europäische Kommission, 2014, Rn. 8). Für Kernbeschränkungen (Hardcore-Kartelle, Preisbindungen etc.) gilt diese ***de-minimis-Regel*** jedoch nicht.

Sonderregelungen

Das deutsche Recht enthält im Bereich der Unternehmensvereinbarungen drei wesentliche Sonderregelungen:

- **Buchpreisbindung.** Das absolute Verbot der vertikalen Preisbindung gilt in Deutschland nicht für Bücher, Musiknoten und kartographische Produkte (Buchpreisbindungsgesetz) sowie Zeitungen und Zeitschriften (§ 30 GWB). Dies wird bei Büchern vor allem bildungs- und kulturpolitisch begründet. Bei Zeitungen/Zeitschriften steht eine flächendeckende diskriminierungsfreie Versorgung im Vordergrund, um Pressevielfalt zu sichern. Dies wird auch als Begründung dafür angeführt, dass die verlagswirtschaftliche Zusammenarbeit zur Stärkung der wirtschaftlichen Basis vom § 1 GWB ausgenommen ist (§ 30 Abs. 2b GWB). Fusionen von Zeitungs- und Zeitschriftenverlagen genießen ebenfalls eine Sonderstellung (§ 36 Abs. 1 Nr. 3 GWB).
- **Mittelstandskartelle (§ 3 GWB).** Rationalisierungskartelle kleiner und mittlerer Unternehmen sind zulässig, soweit sie die Wettbewerbsfähigkeit der Unternehmen stärken und den Wettbewerb nicht wesentlich beschränken.
- **Agrargenossenschaften.** Landwirtschaftliche Unternehmen dürfen Vereinbarungen, die nach § 1 GWB grundsätzlich verboten sind, treffen. Die Voraussetzungen sind, dass die Erzeugung, der Absatz oder die gemeinschaftliche Nutzung von Lagerungs- oder Bearbeitungseinrichtungen betroffen ist, keine Preisbindung erfolgt und der Wettbewerb nicht ausgeschlossen wird (§ 28 Abs. 1 GWB).

7.2 Missbrauchsaufsicht

Für marktbeherrschende Unternehmen gelten schärfere wettbewerbsrechtliche Bedingungen als für die übrigen Unternehmen, da von ihnen eine höhere Wahrscheinlichkeit ausgeht, den Wettbewerb durch ihr Verhalten einzuschränken oder zu verhindern. Marktbeherrschung an sich ist nicht verboten, sondern ihr Missbrauch.

§ 19 GWB: Verbotenes Verhalten von marktbeherrschenden Unternehmen (Auszug)

„(1) Die missbräuchliche Ausnutzung einer marktbeherrschenden Stellung durch ein oder mehrere Unternehmen ist verboten."

Ein Missbrauch liegt insbesondere vor, wenn ein marktbeherrschendes Unternehmen als Anbieter oder Nachfrager (§ 19 Abs. 2 Nr. 1–5 GWB):

- andere Unternehmen behindert (**Behinderungsmissbrauch**),
- ein anderes Unternehmen ohne sachlich gerechtfertigten Grund anders als gleichartige Unternehmen behandelt (**Diskriminierung**),
- unangemessen hohe oder niedrige Preise verlangt oder bezahlt (**Ausbeutungsmissbrauch** bzw. **Verdrängungsmissbrauch durch Kampfpreise**),
- den **Zugang** zu den eigenen Netzen oder anderen wesentlichen Infrastruktureinrichtungen gegen angemessenes Entgelt verwehrt,
- andere Unternehmen auffordert, ihm ohne sachlich gerechtfertigten Grund Vorteile zu gewähren (**Ausbeutungsmissbrauch**).

Das Missbrauchsverbot gilt auch für Unternehmen, von denen kleine und mittlere Unternehmen insoweit abhängig sind, als dass keine ausreichenden und zumutbaren Möglichkeiten existieren, auf andere Abnehmer bzw. Lieferanten auszuweichen (§ 20 Abs. 1–3 GWB). Das GWB spricht in dem Zusammenhang von „**relativer Marktmacht**".

Ferner ist es Wirtschafts- und Berufsvereinigungen sowie Gütezeichengemeinschaften verboten, anderen Unternehmen die Aufnahme ohne sachlich gerechtfertigten Grund zu verweigern (§ 20 Abs. 4 GWB).

§ 18 GWB: Marktbeherrschung (Auszug)

„(1) Ein Unternehmen ist marktbeherrschend, soweit es als Anbieter oder Nachfrager einer bestimmten Art von Waren oder gewerblichen Leistungen auf dem sachlich und räumlich relevanten Markt

1. ohne Wettbewerber ist,
2. keinem wesentlichen Wettbewerb ausgesetzt ist oder
3. eine im Verhältnis zu seinen Wettbewerbern überragende Marktstellung hat."

Bei der Bewertung der Marktstellung werden verschiedene Strukturvariablen herangezogen, darunter (§ 18 Abs. 3 GWB):

- Marktanteil,
- Finanzkraft,
- Verflechtungen,
- Marktzutrittsschranken,
- Umstellungsflexibilität und
- Ausweichmöglichkeiten der Marktgegenseite.

Der § 18 Abs. 3a des GWB nennt darüber hinaus Bewertungskriterien, die insbesondere bei mehrseitigen Märkten zu berücksichtigen sind. **Mehrseitige Märkte** sind dadurch charakterisiert, dass der Betreiber einer Plattform zwei oder mehr Märkte zusammenführt. So bringt ein Zeitungsanbieter z. B. Inserenten mit den Lesern von Zeitungen zusammen. Ein Kreditkarteninstitut fungiert wiederum als Plattform für Einzelhandel und Konsumenten. Das Charakteristische für mehrseitige Märkte ist das Auftreten von Netzwerkeffekten, d. h. je mehr Konsumenten eine Kreditkarte verwenden, umso höher ist der Nutzen für Einzelhändler, welche die Karte akzeptieren. Und je mehr Einzelhändler die Karte akzeptieren, desto höher ist der Nutzen der Kreditkarte für Konsumenten. Aus wettbewerbspolitischer Sicht bergen diese **Netzwerkeffekte** das Risiko, dass Märkte für Plattformen zur Monopolisierung neigen. Sie nehmen oft die Form des engen Oligopols ein, das allenfalls durch erfolgreiche Innovatoren aufgebrochen werden kann. Ein Beispiel hierfür sind Kommunikationsplattformen wie Facebook. Die marktbeherrschende Stellung wurde zwar gelegentlich von innovativen Newcomern (z. B. WhatsApp, Instagram) erfolgreich bedroht, endete aber in der Vergangenheit meist mit deren Aufkauf durch das marktbeherrschende

Unternehmen. Die Feststellung einer marktbeherrschenden Stellung berücksichtigt u. a. die Höhe der Netzwerkeffekte, die parallele Nutzung von anderen mit der Plattform gekoppelten Diensten sowie den Zugang des Anbieters zu wettbewerbsrelevanten Daten (§ 18 Abs. 3a GWB).

Es wird vermutet, dass ein Unternehmen ab einem Marktanteil von 40 % marktbeherrschend ist. Darüber hinaus können mehrere Unternehmen durch abgestimmtes Verhalten gemeinsam eine marktbeherrschende Stellung innehaben. Zusammenfassend gelten folgende **Schwellenwerte für Marktanteile**, die Marktbeherrschung vermuten lassen (§ 18 Abs. 5 f. GWB)

- 40 % für ein Unternehmen,
- 50 % für zwei oder drei Unternehmen und
- 66,7 % für vier oder fünf Unternehmen.

Die betroffenen Unternehmen haben indes die Möglichkeit, diese Legalvermutung zu widerlegen (§ 18 Abs. 7 GWB).

EU-Wettbewerbsrecht

Art. 102 AEUV (Auszug)

„Mit dem Binnenmarkt unvereinbar und verboten ist die missbräuchliche Ausnutzung einer beherrschenden Stellung auf dem Binnenmarkt oder auf einem wesentlichen Teil desselben durch ein oder mehrere Unternehmen, soweit dies dazu führen kann, den Handel zwischen Mitgliedstaaten zu beeinträchtigen."

Im AEUV finden sich anders als im GWB keine Definition und keine Legalvermutungen für Marktbeherrschung. Hierfür muss auf andere Quellen zurückgegriffen werden wie z. B. die Rechtsprechung des Europäischen Gerichtshofs (EuGH) sowie verschiedene Mitteilungen und Verordnungen der Europäischen Kommission.

Art. 102 AEUV beruht auf der Vorstellung des unverfälschten Wettbewerbs, bei welchem die Unternehmen in spürbarer Konkurrenz stehen und sich bemühen müssen, der Marktgegenseite mindestens ebenso gute oder attraktivere Angebote zu machen wie ihre Mitwettbewerber. Ein Unternehmen gilt demgegenüber als marktbeherrschend, wenn es über die Macht verfügt, einen wirksamen Wettbewerb auf dem relevanten Markt zu verhindern, indem es den **Marktzugang beschränken** kann. Kennzeichnend für ein marktbeherrschendes Unternehmen ist seine Fähigkeit **unabhängige Marktstrategien** im Verhältnis zu seinen Konkurrenten, Lieferanten und Abnehmern zu verfolgen (Emmerich & Lange, 2024, S. 95). Verkürzt bedeutet dies, dass ein marktbeherrschendes Unternehmen die Bedingungen für Kunden oder Lieferanten verschlechtern könnte, ohne dass es mit einer spürbaren Abwanderung der Kunden bzw. Lieferanten rechnen müsste.

In der europäischen Wettbewerbspolitik haben sich folgende **Marktanteilsschwellen** etabliert:

- Unter 25 % wird vermutet, dass keine marktbeherrschende Stellung vorliegt.
- Ab 50 % wird Marktbeherrschung unterstellt.
- Zwischen 25 und 50 % werden weitere Marktstrukturvariablen für die Feststellung analysiert, wobei Marktbeherrschung ab einem Marktanteil von 40 % als wahrscheinlich gilt.

7.3 Ausnahmebereiche

Die **Missbrauchsaufsicht für natürliche Monopole** (→ Teil A | Kap. 9.1) und der **Briefmarkt** werden durch spezielle Gesetze geregelt (Energiewirtschaftsgesetz, Telekommunikationsgesetz, Postgesetz). Sie haben Vorrang gegenüber dem GWB, sodass dieses nur auf Sachverhalte angewendet wird, die in den branchenspezifischen Gesetzen nicht geregelt sind.

Die wettbewerbliche Sonderstellung der **Wasserversorgung** ergibt sich aus keinem speziellen Gesetz, sondern aus § 31 GWB (Verträge der Wasserwirtschaft). Insofern liegt die Zuständigkeit beim **Bundeskartellamt**. Die übrigen natürlichen Monopole unterliegen der Kontrolle durch die **Bundesnetzagentur**. Sie hat in weiten Teilen die Missbrauchsaufsicht über die Unternehmen inne. Die BNetzA genehmigt u. a. Preiserhöhungen und kontrolliert die übrigen Lieferkonditionen. Vor allem aber soll sie sicherstellen, dass die Netzbetreiber ihren Konkurrenten (z. B. Stromerzeuger, Gasversorger, Eisenbahnverkehrsunternehmen) den diskriminierungsfreien Zugang zu ihren Netzen gewähren und keine überhöhten Entgelte oder andere unangemessene Konditionen abverlangen. Dies dient der Herstellung und dem Erhalt eines wirksamen Wettbewerbs auf den Märkten, die dem natürlichen Monopol vor- oder nachgelagert sind.

7.4 Sonstige Verbote

Das **Boykottverbot** verbietet es Unternehmen, andere Unternehmen zu Liefer- oder Bezugssperren aufzurufen (§ 21 Abs. 1 GWB). Außerdem ist es verboten, andere Unternehmen zu vertraglichen Vereinbarungen zu veranlassen, die gegen das GWB oder die einschlägigen Artikel des AEUV verstoßen (§ 21 Abs. 2 GWB). Darüber hinaus darf kein Unternehmen gezwungen werden, einem grundsätzlich zulässigen Kartell (z. B. Mittelstandskartell, landwirtschaftliche Genossenschaft) beizutreten (§ 21 Abs. 3 GWB). Schließlich ist es verboten, einem Unternehmen Nachteile zuzufügen, das ein Kartellrechtsverfahren angeregt hat (§ 21 Abs. 4 GWB).

7.5 Fusionskontrolle

Die Regelungen zu Unternehmenszusammenschlüssen finden sich in den §§ 35–43 GWB. Der Begriff des Unternehmenszusammenschlusses wird relativ weit gefasst und umschließt neben dem Erwerb von Vermögen (Beteiligungen) und Rechten (z. B. Patente) auch jede sonstige Verbindung von Unternehmen, auf Grund deren unmittelbar oder mittelbar ein wettbewerblich erheblicher Einfluss auf ein anderes Unternehmen ausgeübt werden kann (§ 37 GWB). Dazu zählen u. a. personelle Verflechtungen.

Zusammenschlüsse müssen beim Bundeskartellamt angemeldet werden, wenn im Wesentlichen drei **Aufgreifkriterien** erfüllt sind (§ 35 Abs. 1 GWB):

- der weltweite gemeinsame Umsatz der beteiligten Unternehmen übersteigt 500 Mio. Euro,
- der inländische Umsatz eines Unternehmens liegt über 25 Mio. Euro und
- der inländische Umsatz von mind. einem weiteren Unternehmen ist größer als 5 Mio. Euro oder der Gegenwert des erworbenen Unternehmens übersteigt 400 Mio. Euro.

Bei der EU angemeldete Zusammenschlussvorhaben müssen nicht zusätzlich in Deutschland gemeldet werden.

§ 36 GWB: Grundsätze für die Beurteilung von Zusammenschlüssen (Auszug)

„(1) Ein Zusammenschluss, durch den wirksamer Wettbewerb erheblich behindert würde, insbesondere von dem zu erwarten ist, dass er eine marktbeherrschende Stellung begründet oder verstärkt, ist vom Bundeskartellamt zu untersagen. Dies gilt nicht, wenn

1. die beteiligten Unternehmen nachweisen, dass durch den Zusammenschluss auch Verbesserungen der Wettbewerbsbedingungen eintreten und diese Verbesserungen die Behinderung des Wettbewerbs überwiegen. [...]."

Das Bundeskartellamt vergleicht bei der Untersuchung von Fusionsvorhaben die Struktur des relevanten Marktes nach der Fusion mit derjenigen, die sich voraussichtlich ohne Fusion einstellen würde. Bei **horizontalen Fusionen** stützt sich das Kartellamt zur Klärung der Frage, ob eine marktbeherrschende Stellung entsteht oder verstärkt wird, zuvorderst auf den Marktanteil als **Eingreifkriterium**. Dieses ist in § 18 GWB konkretisiert (→ Kap. 7.2). Außerdem werden weitere Variablen in die Untersuchung einbezogen, u. a. Marktzutrittsschranken, Ausweichmöglichkeiten der Marktgegenseite, Kundenpräferenzen, Zugang zu Beschaffungsmärkten, Unternehmensverflechtungen sowie die Marktphase.

Bei vertikalen und konglomeralen Zusammenschlüssen wird geprüft, inwieweit eines der beteiligten Unternehmen über eine gewisse Marktmacht verfügt. Wenn durch einen **vertikalen Zusammenschluss** die Gefahr steigt, dass ein marktmächtiges Unternehmen den Zugang zu vor- oder nachgelagerten Beschaffungs- bzw. Absatzmärkten für Konkurrenten spürbar erschweren kann, kann daraus eine marktbeherrschende Stellung entstehen oder verstärkt werden. Bei **konglomeralen Zusammenschlüssen** wird insbesondere geprüft, inwieweit ein marktmächtiges Unternehmen durch die Fusion in die Lage versetzt wird, seine Macht auf dem originären Markt durch missbräuchliche Kopplungsgeschäfte auf den anderen Markt zu übertragen. Auch dadurch kann sich eine marktbeherrschende Stellung begründen oder ausgebaut werden.

Das Kartellamt setzt in letzter Zeit ergänzend zum **strukturorientierten Marktbeherrschungstest** den **wirkungsorientierten SIEC-Test** ein, welcher von der EU-Kommission seit 2005 standardmäßig verwendet wird.

SIEC steht für *„significant impediment to effective competition"*. Hierbei werden insbesondere quantitative Modelle herangezogen, um die Effekte einer Fusion einzuschätzen. Dabei werden die Wirkungen für die Konsumenten auf dem Gesamtmarkt betrachtet. Nimmt die Marktmacht derart stark zu, dass sich die Verbraucher schlechter stellen, wird die Fusion untersagt. Bei dem SIEC-Test wird zwischen unilateralen und koordinierten Effekten unterschieden. **Unilaterale Effekte** sind unmittelbare Wirkungen, mit denen infolge des Wegfalls mindestens eines Konkurrenten zu rechnen ist. Dazu zählt vor allem die gesunkene Zahl an Ausweichmöglichkeiten für die Nachfrager, wenn das (fusionierte) Unternehmen die Preise erhöht. **Koordinierte Effekte** erwachsen demgegenüber daraus, dass die Gefahr abgestimmter Verhaltensweisen zunimmt und deshalb mit branchendeckenden Preissteigerungen zu rechnen ist.

§ 36 Abs. 1 Nr. 1 GWB wird als Abwägungsklausel bezeichnet und stellt im Wesentlichen darauf ab, wie sich infolge der Fusion die Marktstruktur auf einem anderen Markt verändert. Wenn etwa ein Unternehmen oder eine Marke von einem Markt gänzlich verschwinden würde, dieses aber durch die Fusion auf einem anderen Markt abgewendet wird, dann wirkt dies positiv auf den Wettbewerb. Unter „verbesserte Wettbewerbsbedingungen" fallen hingegen keine in Aussicht gestellten Kosteneinsparungen, Preissenkungen oder F&E-Aktivitäten. (Bundeskartellamt, 2012, Rn. 189 f.)

Nicht angemeldete Unternehmenszusammenschlüsse oder Zusammenschlüsse, die vor Ablauf der Prüfungsfristen getätigt werden, sind unwirksam, wenn sie die Eingreifkriterien erfüllen (§ 41 GWB). Das bedeutet, dass Fusionen rückgängig gemacht werden müssen, also faktisch eine Entflechtung von Unternehmen stattfindet. Hiervon abgesehen sah das deutsche Kartellrecht bis vor kurzem keine Entflechtungen vor. Mit der 11. Novelle (2023) hat sich dies allerdings geändert § 32 f. GWB.

Ministererlaubnis

Der/die Bundeswirtschaftsminister:in kann unter bestimmten Voraussetzungen Fusionen genehmigen, die vom Bundeskartellamt untersagt wurden. Dies setzt voraus, dass die betroffenen Unternehmen einen Antrag stellen und „die Wettbewerbsbeschränkung von gesamtwirtschaftlichen Vorteilen des Zusammenschlusses aufgewogen wird oder der Zusammenschluss durch ein überragendes Interesse der Allgemeinheit gerechtfertigt ist." (§ 42 Abs. 1 GWB) Allerdings sind sog. **Ministerfusionen** nur zulässig, „wenn durch das Ausmaß der Wettbewerbsbeschränkung die marktwirtschaftliche Ordnung nicht gefährdet wird."

Seit der Einführung der Fusionskontrolle in das GWB im Jahr 1973 wurden 23 Ministerfusionen beantragt, von denen 17 zunächst erteilt wurden (Stand 2025). Davon mussten allerdings sieben zurückgenommen werden, da sie vom zuständigen Gericht für unwirksam erklärt wurden. Die letzte Ministererlaubnis wurde Miba und Zollern im Jahr 2019 erteilt; dies sind Hersteller von Motorengleitlagern, u. a. für Windkrafträder. Zur Begründung wurde vor allem die „Erhaltung von Know-how und Innovationspotential" angeführt, die insbesondere für die Energiewende und den Klimaschutz von überragendem gesellschaftlichen Interesse sei. Die Entscheidung ist sehr umstritten, ebenso wie die vorletzte Ministergenehmigung für die Übernahme von Kaiser's Tengelmann durch EDEKA (2015).

EU-Fusionskontrollverordnung (FKVO)

Im Falle einer Fusion mit unionsweiter Bedeutung greift die europäische Fusionskontrollverordnung (präziser: EG-FKVO) anstelle des nationalen Wettbewerbsrechts. Die FKVO legt Schwellenwerte fest, ab denen von der unionsweiten Bedeutung eines Unternehmenszusammenschlusses ausgegangen wird (Aufgreifkriterien):

- ein weltweiter Gesamtumsatz von mind. 5 Mrd. Euro und
- ein unionsweiter Umsatz von mind. zwei beteiligten Unternehmen von mehr als 250 Mio. Euro und
- ein Drittel oder mehr des unionsweiten Gesamtumsatzes wird in mehreren EU-Mitgliedstaaten erzielt.

Zusammenschlüsse von Unternehmen, die diese Werte erreichen, müssen bei der EU angemeldet werden. Eine Fusion wird untersagt, wenn durch sie ein wirksamer Wettbewerb im Gemeinsamen Markt erheblich behindert wird (Art. 2 Abs. 3 FKVO) (**Eingreifkriterium**). Die Entscheidung, ob dies der Fall ist, wird mittels des oben erklärten SIEC-Test (→ Kap. 7.5) getroffen. Damit spielt zwar der Aspekt der Entstehung oder Verstärkung einer marktbeherrschenden Stellung bei der Entscheidung eine gewichtige Rolle, aber Fusionen können aufgrund ermittelter Effizienzgewinne trotzdem genehmigt werden. Ebenso kann es zu Untersagungen kommen, obwohl das Eingreifkriterium nicht erfüllt wird.

Details finden sich in den Leitlinien zur Bewertung horizontaler bzw. nichthorizontaler Unternehmenszusammenschlüsse. Diese Leitlinien sind keine Gesetze. Da sie aber von der EU-Kommission angewendet werden und sich die zuständigen Gerichte oftmals auf diese Leitlinien stützen, sind sie von hoher Praxisrelevanz.

7.6 Institutionen und Verfahren

Bundeskartellamt (BKartA)

Die deutsche Wettbewerbsbehörde ist das Bundeskartellamt mit Sitz in Bonn und ca. 400 Beschäftigten. Seine Kernaufgaben sind

- Kartellverfolgung,
- Missbrauchsaufsicht über marktbeherrschende Unternehmen,
- Fusionskontrolle und
- Sektoruntersuchungen.

Das BKartA geht Hinweisen von Konkurrenten, Lieferanten und Verbrauchern auf wettbewerbsbeschränkendes Verhalten nach oder wird eigeninitiativ tätig, z. B. im Zuge der Beobachtung und Analyse von Märkten (sog. Sektoruntersuchungen). Fusionsvorhaben von Unternehmen werden ab gewissen Umsatzschwellen geprüft (→ Kap. 7.2).

Das BKartA ist weisungsungebunden. Entscheidungen des BKartA können indes auf eine Klage hin vom zuständigen Gericht (OLG Düsseldorf) aufgehoben werden. Außerdem kann der/die Bundeswirtschaftsminister:in vom BKartA untersagte Unternehmenszusammenschlüsse unter bestimmten Voraussetzungen genehmigen (→ Kap. 7.5).

Das BKartA reagiert auf unzulässige Unternehmensvereinbarungen und auf Missbrauch mittels zweier Verfahren:

- Anordnung, das beanstandete Verhalten zu beenden (**Verwaltungsverfahren**) oder
- Verhängung von Bußgeldern für Unternehmen und verantwortliche Personen (**Ordnungswidrigkeitsverfahren**); die Bußgelder richten sich nach der wirtschaftlichen Stärke der Unternehmen und bei ihrer Festlegung sollte idealerweise der wirtschaftliche Vorteil berücksichtigt werden, den die beteiligten Unternehmen durch den Kartellrechtsverstoß erzielt haben.

Im Fall von **nicht gemeldeten Fusionen**, die der Anmeldepflicht unterliegen, müssen die Unternehmen ebenfalls mit Bußgeldstrafen rechnen und damit, den Zusammenschluss rückgängig machen zu müssen.

Bei **Kartellen** kann das Bußgeld ganz oder teilweise erlassen werden, wenn ein Beteiligter das Amt als Erster über das Kartell informiert bzw. durch kooperatives Verhalten zur Aufdeckung maßgeblich beiträgt (§ 81h-n GWB). Diese **Kronzeugenregelung** wird als **Bonusregelung** bezeichnet (Bundeskartellamt, 2006). Laut Bundeskartellamt gehen rund die Hälfte aller eingeleiteten Kartellverfahren auf Hinweise von Beteiligten zurück (Bundeskartellamt, 2020)

Unternehmen, die nachweislich gegen das GWB verstoßen haben, müssen nicht nur mit Bußgeldern rechnen, sondern auch mit Geldforderungen von Geschädigten. Gerichte ziehen das BKartA bei **Schadensersatzprozessen** häufig hinzu, um die Schadenshöhe zu ermitteln.

Hinzu kommt das Instrument der **Vorteilsabschöpfung**. Für den Fall, dass das Bußgeld und die Schadensersatzleistungen zusammen niedriger als der wirtschaftliche Vorteil sind, den das betroffene Unternehmen aus dem Rechtsverstoß gezogen hat, kann es zur Zahlung des Differenzbetrags verpflichtet werden. Dabei wird vermutet, dass der – in der Praxis nicht exakt ermittelbare – Vorteil mindestens 1 % des Inlandsumsatzes beträgt.

Bei der Kontrolle von Unternehmenszusammenschlüssen gelten bestimmte Fristen für das BKartA. Soweit das BKartA binnen eines Monats nach Anmeldung kein Hauptprüfverfahren ankündigt, darf die Fusion vollzogen werden. Bei einem Hauptprüfverfahren muss das BKartA spätestens 4 Monate nach der Anmeldung entscheiden, ob es die Fusion freigibt, unter Auflagen zulässt oder untersagt.

Sektoruntersuchungen

Das Bundeskartellamt ist befugt einzelne Märkte daraufhin zu untersuchen, ob wirksamer Wettbewerb herrscht, wenn Umstände vermuten lassen, dass der Wettbewerb eingeschränkt oder verfälscht ist (§ 32e GWB). Für solch eine Sektoruntersuchung hat die Kartellbehörde 18 Monate Zeit. Beispiele sind Untersuchungen des Kraftstoffmarktes und des Lebensmitteleinzelhandels. Kommt solch eine **Sektoruntersuchung** zu dem Schluss, dass eine erhebliche und fortdauernde Störung des Wettbewerbs vorliegt, kann das Kartellamt seit 2023 Abhilfemaßnahmen (§ 32f GWB) vorschreiben. Diese sind unabhängig davon, ob ein Kartellrechtsverstoß vorliegt oder nicht. Abhilfemaßnahmen zielen zunächst auf das Unternehmensverhalten (z. B. Gewährung des Zugangs zu Schnittstellen, Vorgaben zu bestimmten Vertragsformen, Verpflichtung zur Etablierung von Normen und Standards). Als Ultima Ratio ist sogar eine eigentumsrechtliche **Entflechtung** für marktmächtige Unternehmen vorgesehen (§ 32f Abs. 4 GWB), was ein Novum in der deutschen Kartellgesetzgebung darstellt.

Das Bundeskartellamt hat neben seiner Funktion, den Wettbewerb vor Beschränkungen durch Unternehmen zu schützen, eine Reihe weiterer Aufgaben. Dazu zählen:

- **Behördlicher Verbraucherschutz (§ 32e Abs. 5 u. § 90 Abs. 6 GWB).** Seit 2017 kann das BKartA beim Verdacht auf gravierende Verstöße gegen verbraucherrechtliche Regelungen einzelne Branchen darauf hin untersuchen, ob erhebliche Verstöße gegen Verbraucherrechte üblich sind. Bisher wurden solche Sektoruntersuchungen im Bereich Verbraucherschutz für verschiedene digitale Märkte erstellt, z. B. für Online-Vergleichsportale, Nutzerbewertungen sowie Messenger- und Video-Dienste. Außerdem hat das BKartA bei Verbraucherschutzprozessen das Recht als *amicus curiae* („Freund des Gerichts") Einsicht in Akten zu nehmen und vor Gericht Stellungnahmen abzugeben.
- **Nachprüfung von öffentlichen Vergabeverfahren (Teil IV GWB).** Beteiligte Unternehmen können nach der staatlichen Vergabe von Großaufträgen (z. B. Bauaufträge über 5 Mio. Euro) beim BKartA beantragen, dass die Vergabe auf ihre Konformität mit vergaberechtlichen Gesetzen und Vorschriften geprüft wird.
- **Markttransparenzstelle für Kraftstoffe.** Seit 2013 müssen Betreiber öffentlicher Tankstellen die Preise gängiger Kraftstoffe in Echtzeit melden. Diese werden vom BKartA zum Zweck der Verbraucherinformation weitergegeben.

Europäische Kommission

Auf Ebene der EU existiert keine eigenständige unabhängige Behörde zur Anwendung des EU-Wettbewerbsrechts. Vielmehr liegt die Kompetenz für die Kontrolle und Verhinderung wettbewerbsbeschränkender Verhaltensweisen bei der EU-Kommission. Der/die zuständige Kommissar:in wird von der Generaldirektion Wettbewerb mit ca. 900 Beschäftigten unterstützt.

Die Aufgabenbereiche sind im Wesentlichen die gleichen wie beim BKartA. Hinzu kommt die Kontrolle staatlicher Beihilfen, also Subventionen und Steuervergünstigungen, für Branchen und Unternehmen.

Die Verfahren hinsichtlich der Ahndung von Verstößen gegen EU-Wettbewerbsrecht ähneln der deutschen Praxis. Gleiches gilt für die Instrumente. Dies ist auch wenig verwunderlich, da mit der weitgehenden Harmonisierung der nationalen an europäische Wettbewerbsregeln auch eine Angleichung der Prozesse stattgefunden hat. Jedoch gibt es nach wie vor einige Unterschiede; die deutsche Fusionskontrolle stützt sich z. B. stärker auf strukturorientierte Tests zur Feststellung von Marktbeherrschung, während die EU den SIEC-Test und damit das Marktmachtkonzept in den Vordergrund stellt.

Hinweise auf wettbewerbsrechtliche Verstöße

Jede Person kann mit dem Bundeskartellamt Kontakt aufnehmen, wenn sie den Verdacht auf wettbewerbswidriges Verhalten hat. Wenn mind. drei EU-Staaten betroffen sind, kann sie sich auch direkt an die Europäische Generaldirektion Wettbewerb wenden. Dafür gibt es spezielle Formulare, aber grundsätzlich kann dies auch formlos erfolgen, wenngleich dann die Erfolgsaussichten geringer sind. Unternehmensinsider:innen haben darüber hinaus die Möglichkeit, über ein gesichertes Verfahren anonyme Hinweise zu geben.

Lesetipps zu Teil C „Wettbewerbspolitik“

Emmerich, V./Lange, K. (2024). Kartellrecht, 16. Aufl., München: C.H. Beck

Kerber, W. (2019). Wettbewerbspolitik, in: Apolte,T., Erlei, M., Göcke, M., Menges, R., Ott, N. & Schmidt, A., Kompendium der Wirtschaftstheorie und Wirtschaftspolitik III, S. 115–187, Wiesbaden: Springer Gabler

Schmidt, I./Haucap, J. (2013): Wettbewerbspolitik und Kartellrecht, 10. Aufl., München: Oldenbourg

Literatur

Lehrbücher

Bartling, H., Luzius, F., & Fichert, F. (2019). Grundzüge der Volkswirtschaftslehre (18. Aufl.). München: Vahlen.

Blanchard, O. & Illing, G. (2021). Makroökonomie (8. Aufl.). Hallbergmoos: Pearson.

Clement, R., Terlau, W. & Kiy, M. (2023). Angewandte Makroökonomie (6. Aufl.). Bonn: Vahlen.

Dreher, M., & Kulka, M. (2023). Wettbewerbs- und Kartellrecht: Eine systematische Darstellung des deutschen und europäischen Rechts (12. Aufl.). Heidelberg: C.F. Müller.

Emmerich, V., & Lange, K. (2024). Kartellrecht (16. Aufl.). München: Beck.

Kerber, W. (2019). Wettbewerbspolitik. In A. Apolte, M. Erlei, M. Göcke, R. Menges, N. Ott, & A. Schmidt (Hrsg.), Kompendium der Wirtschaftstheorie und Wirtschaftspolitik III (S. 115–187). Wiesbaden: Springer Gabler.

Kulessa, M. (2018). Makroökonomie im Gleichgewicht: Praxis und Theorie (1. Aufl.). Konstanz: UVK utb.

Kurz, C. & Sputek, A. (2021). Mikroökonomie: 77 Aufgaben, die Bachelorstudierende beherrschen müssen. München: UVK utb.

Mankiw, N. G. (2017). Makroökonomik (7. Auflage). Stuttgart: Schäffer-Pöschel.

Schmidt, I., & Haucap, J. (2013). Wettbewerbspolitik und Kartellrecht. Eine interdisziplinäre Einführung (10. Aufl.). München: Oldenbourg.

Alle Quellen

Bach H., Lesch, H. & Vogel, S. (2022). *Die Legitimität der Tarifautonomie in Deutschland.* IW-Analysen 148. Köln: Institut der Deutschen Wirtschaft.

Bartling, H., Luzius, F. & Fichert, F. (2019). *Grundzüge der Volkswirtschaftslehre* (18. Aufl.). München: Vahlen. Bechtold, R. & Bosch, W. (2025). Gesetz gegen Wettbewerbsbeschränkungen GWB. Kommentar (11. Aufl.). Müchen: C. H. Beck.

Bien, F., Meier-Beck, P., Montag, F. & Säcker, F.J. (Hrsg.) (2022). *Münchener Kommentar zum Wettbewerbsrecht. Bd. 2. Deutsches Wettbewerbsrecht* (4. Aufl.). München: C.H. Beck.

Boss, A. (1987). *Incentives und Wirtschaftswachstum: zur Steuerpolitik in der frühen Nachkriegszeit.* Institut für Weltwirtschaft IfW. Kieler Arbeitspapiere Nr. 295. Abgerufen am 16.05.2020 von https://www.econstor.eu/handle/10419/1110

Buchheim, C. (2001). *Die Unabhängigkeit der Bundesbank. Folge eines amerikanischen Oktrois?* Vierteljahreshefte für Zeitgeschichte, 49(1), S. 1–30. Abgerufen am 17.04.2025 von https://www.ifz-muenchen.de/heftarchiv/2001_1_1_buchheim.pdf

Bundeskartellamt (07.03.2006). *Bekanntmachung Nr. 9/2006 über den Erlass und die Reduktion von Geldbußen in Kartellsachen – Bonusregelung.* Abgerufen am 05.09.2020 von https://www.bundeskartellamt.de/SharedDocs/Publikation/DE/Bekanntmachungen/Bekanntmachung%20-%20Bonusregelung.html?nn=3726194

Bundeskartellamt (29.03.2012). *Leitfaden zur Marktbeherrschung in der Fusionskontrolle.* Berlin.

Clark, J. (June 1940). *Towards a Concept of Workable Competition.* American Economic Review, 30 (2), S. 241–256.

Deutscher Bundestag (03.08.2018). *Bericht über die Ergebnisse der Arbeit der Markttransparenzstelle für Kraftstoffe.* Bundestagsdrucksache 19/3693. Berlin. Abgerufen am 17.04.2025 von https://www.bundeskartellamt.de/SharedDocs/Publikation/DE/Berichte/Evaluierungsbericht_MTS-K_.pdf

Dreher, M., & Kulka, M. (2023). *Wettbewerbs- und Kartellrecht: Eine systematische Darstellung des deutschen und europäischen Rechts* (12. Aufl.). Heidelberg: C.F. Müller.

Egner, B. (2014). *Wohnungspolitik seit 1945.* Aus Politik und Zeitgeschichte, 20–21. Abgerufen am 16.10.2020 von https://www.bpb.de/apuz/183442/wohnungspolitik-seit-1945

Egner, E. (1963). *Studien über Haushalt und Verbrauch.* Berlin: Duncker & Humblot.

Emmerich, V., & Lange, K. (2024). *Kartellrecht* (16. Aufl.). München: Beck.

Erhard, L. (1957). Wohlstand für alle (8. Aufl. von 1964). Düsseldorf: Econ.

EU Commission (12.05.1999). *White Paper on Modernisation of the Rules Implementing Articles 85 and 86 of the EC Treaty,* Commission Programme No 99/027, 1999/C 132/01). Official Journal of the European Communities.

Eucken, W. (1952). *Grundsätze der Wirtschaftspolitik.* (Eucken, E., Hrsg.) Bern Tübingen: Francke, J.C.B. Mohr.

Europäische Kommission (2004). *Bekanntmachung der Kommission, Leitlinien über den Begriff der Beeinträchtigung des zwischenstaatlichen Handels in den Artikeln,* 2004/C 101/07. Brüssel.

Europäische Kommission (2014). Mitteilung der Kommission 2014/C 291/01, *Bekanntmachung über Vereinbarungen von geringer Bedeutung, die im Sinne des*

Artikels 101 Absatz 1 des Vertrags über die Arbeitsweise der Europäischen Union den Wettbewerb nicht spürbar beschränken. Brüssel.

European Commission (05.04.2019). *Antitrust: Commission sends Statement of Objections to BMW, Daimler and VW for restricting competition on emission cleaning technology.* Press Release. Brüssel. Abgerufen am 01.06.2020 von https://ec.europa.eu/commission/presscorner/detail/en/IP_19_2008

FÖS Forum Ökologisch-Soziale Marktwirtschaft (kein Datum). FOES.de. Abgerufen am 13.10.2024 von https://foes.de/de-de/ueber-uns

Fredebeul-Krein, M., Koch, W.A.S., Kulessa, M., & Sputek, A. (2014). Grundlagen der Wirtschaftspolitik. (4. Aufl.). Konstanz München: UVK Lucius. UTB.

Goldschmidt, N./Kolev, S. (2023). *75 Jahre Soziale Marktwirtschaft in 7,5 Kapiteln.* Freiburg: Herder.

Goldschmidt, N./Wohlgemuth, M. (Hg.) (2025). *Soziale Marktwirtschaft. Grundtexte zur Ordnungsökonomik,* 2. Aufl., Stuttgart: Mohr Siebeck (UTB).

Hauff, V. (1987). *Unsere gemeinsame Zukunft: Brundtland-Bericht der Weltkommission für Umwelt und Entwicklung.* Greven: Eggenkamp.

Hentschel, V. (1998). *Ludwig Erhard, die „soziale Marktwirtschaft" und das Wirtschaftswunder. Historisches Lehrstück oder Mythos?* Bonn: Bouvier.

Heuss, E. (1965). *Allgemeine Markttheorie.* Zürich: Polygraphischer Verlag.

Hockerts, H. (1977). *Sozialpolitische Bestrebungen in der frühen Bundesrepublik.* Vierteljahreshefte für Zeitgeschichte, 25(3), S. 341–72. Abgerufen am 17.04.2025 von https://www.ifz-muenchen.de/heftarchiv/1977_3_3_hockerts.pdf

Kantzenbach, E. (1966). *Die Funktionsfähigkeit des Wettbewerbs.* Göttingen: Vandenhoeck u. Ruprecht.

Kerber, W. (2019). *Wettbewerbspolitik.* In A. Apolte, M. Erlei, M. Göcke, R. Menges, N. Ott, & A. Schmidt (Hrsg.), Kompendium der Wirtschaftstheorie und Wirtschaftspolitik III (S. 115–187). Wiesbaden: Springer Gabler.

Kulessa, M. (2016). *Neoliberalismus (wirtschaftlich).* In J. Hübner, J. Eurich, M. Honecker, T. Jähnichen. M. Kulessa, G. Renz (Hrsg.), Evangelisches Soziallexikon, 9. Aufl. (S. 1100–1106). Stuttgart: Kohlhammer.

Kulessa, M. (2018). *Makroökonomie im Gleichgewicht: Praxis und Theorie* (1. Aufl.). Konstanz: UVK utb.

Kulessa, M. (2024). *Die Konzeption der Sozialen Marktwirtschaft.* Tübingen. UVK utb.

Loewenheim, U., Meessen, U., Riesenkampff, A., Kersting, A., & Meyer-Lindemann, H. (Hrsg.). (2020). *Kartellrecht. Kommentar zum Deutschen und Europäischen Recht* (4. Aufl.). München: Beck.

Losse, B. (08.10.2012). *Inflation. Milliarden fürs Brot.* Wirtschaftswoche. Abgerufen am 25.04.2020 von https://www.wiwo.de/politik/konjunktur/inflation-milliarden-fuers-brot/7219052-all.html

Marx, K., & Engels, F. (1973). *Das Kapital. Werke.* Berlin: Dietz.

Meadows, D. M. (1972). *The Limits to Growth.* New York: Universe Books.

Miksch, L. (1937). *Wettbewerb als Aufgabe.* Stuttgart: Kohlhammer.

Monopolkommission (2020). *Hauptgutachten.* Baden-Baden: Nomos.

Mössner, U. (2011). *Das Ende der Gier. Nachhaltige Marktwirtschaft statt Turbokapitalismus.* München: Oecom.

Müller-Armack, A. (1947). *Wirtschaftslenkung und Marktwirtschaft.* Hamburg: Verlag für Wirtschaft und Sozialpolitik.

Münter, M.T. (2021). *Mikroökonomie, Wettbewerb und strategisches Verhalten.* München:UVK utb.

Oncken, A. (1886). *Die Maxime Laissez Faire Et Laissez Passer, Ihr Ursprung, Ihr Werden.* Bern (Wiederabdruck 2016): Hansebooks.

Schlösser, H.-J. (2007). *Wirtschaftspolitik und gesellschaftliche Grundwerte.* Informationen zur politischen Bildung, Nr. 294/2007. Staat und Wirtschaft. Abgerufen am 25.03.2020 von https://www.bpb.de/izpb/8449/wirtschaftspolitik-und-gesellschaftliche-grundwerte

Schmidt, I., & Haucap, J. (2013). *Wettbewerbspolitik und Kartellrecht. Eine interdisziplinäre Einführung* (10. Aufl.). München: Oldenbourg.

Smith, A. (1789). *Wohlstand der Nationen* (5. gekürzte Aufl.). (W. Wallwitz, Hrsg., & C. Recktenwald, Übers.) München: dtv.

Smith, A. (1827). *An Inquiry into the Nature and Causes of the Wealth of Nations.* (T. Nelson, & P. Brown, Hrsg.) Edinburgh: University Press. Abgerufen am 27.04.2020 von https://books.google.de/books?id=rpMuAAAAYAAJ&;pg

SPD (1959). *Grundsatzprogramm der Sozialdemokratischen Partei Deutschlands (Godesberger Programm).* Bonn. Abgerufen am 17.04.2025 von https://library.fes.de/inhalt/digital/voll-prog-spec01.html

United Nations World Commission on Environment and Development. (1987). *Our Common Future – Brundtland Report.* New York.

Vieweg, W. (2019). *Nachhaltige Marktwirtschaft. Die soziale Marktwirtschaft des 21. Jahrhunderts.* Wiesbaden: Springer Gabler.

Weizsäcker, E.-U. v. (1991). *Die Preise sollen die ökologische Wahrheit sagen.* S. 63ff. In Organisationsforum Wirtschaftskongress (Hrsg.). Umweltmanagement im Spannungsfeld zwischen Ökologie und Ökonomie. Wiesbaden: Gabler.

Register